심리학으로 알아보는
연애사용 설명서

심리학으로 알아보는
연애사용설명서

초판 1쇄 발행 2020년 9월 1일

지은이 염채원
펴낸이 장길수
펴낸곳 지식과감성#
출판등록 제2012-000081호

디자인 최지희
편집 최지희
교정 김혜련
마케팅 고은빛

주소 서울시 금천구 벚꽃로298 대륭포스트타워6차 1212호
전화 070-4651-3730~4
팩스 070-4325-7006
이메일 ksbookup@naver.com
홈페이지 www.knsbookup.com

ISBN 979-11-6552-385-5(03180)
값 15,000원

ⓒ 염채원 2020 Printed in Korea

잘못된 책은 구입하신 곳에서 바꾸어 드립니다.
이 책의 전부 또는 일부 내용을 재사용하려면 사전에 저작권자와 펴낸곳의 동의를 받아야 합니다.

이 도서의 국립중앙도서관 출판예정도서목록(CIP)은 서지정보유통지원시스템
홈페이지(http://seoji.nl.go.kr)와 국가자료공동목록시스템(http://www.nl.go.kr/kolisnet)에서
이용하실 수 있습니다. (CIP제어번호 : CIP2020035396)

홈페이지 바로가기

심리학으로 알아보는
연애사용 설명서

염채원
심리치유에세이

연애&결혼
사랑에 대한 수많은 의문점들을 들여다보다!

나 스스로 타인을 근본적으로 믿지 않으면서,
타인의 선의를 신뢰하지 않으면서 다시 사랑할 수 있을까요?

♥
♥
♥

사랑하고 일하고,
일하고 사랑하라, 그게 삶의 전부다

- 지그문트 프로이트 Sigmund Freud -

목차

PROLOGUE · 8

1장
연애와 결혼의 어려움

01	외로움을 고독감으로 바꾸어 잘 숙성시키는 방법도 잘하는 연애입니다	· 13
02	이상적인 사랑과 현실 사랑이 다른 이유는 나만의 착각 때문입니다	· 19
03	어린 시절 받지 못한 사랑, 나 스스로 사랑과 지지를 통해 사랑해야 합니다	· 24
04	근접성, 가는 곳은 정해져 있다	· 29
05	뇌와 신경호르몬이 시키는 대로 했을 뿐입니다	· 34
06	감정의 뇌를 자극하는 커피 같은 내가 되자	· 38
07	나와 직면하기	· 43
08	낡은 방어기제들을 버려야 합니다	· 50
09	외부 현실과 내면세계가 잘 소통되고 통합되어야 정서적으로 안정될 수 있습니다	· 55
10	너의 천복을 따르라, 그 과정에서 두려움이나 죄의식을 갖지 마라	· 61
11	옹이가 빠져나간 자리에 사랑의 마음을 채워 넣어야 합니다	· 67
12	자연스럽게 심리적 거리를 조절해야 합니다	· 74

2장
연애와 결혼의 배경

- 01 나를 먼저 사랑해야 상대방을 나처럼 사랑할 수 있습니다 • 85
- 02 남자는 자신의 DNA와 유전자를 다음 세대로 잘 전달해야 합니다 • 91
- 03 욕망은 결코 채워질 수 없다 • 95
- 04 자아가 역할을 잘 할 수 있도록 사랑하기 • 101
- 05 나를 사랑한다는 생각이 호흡하는 것과 같이 느껴져야 합니다 • 106
- 06 그 사람도 나도 자기를 객관화하는 능력이 있습니다 • 112
- 07 배우자를 선택한 기준은 나를 잘 돌보는 '나'를 잘 선택해야 합니다 • 119
- 08 엉켜버린 자신의 실타래를 풀고 내가 나를 먼저 공감하다 보면 타인의 자아에도 관심을 가지게 됩니다 • 125
- 09 서로 다른 환경에 자란 사람 두 사람은 상호 보완해야 가족을 유지할 수 있습니다 • 131
- 10 우리는 간격의 여유를 가져야 합니다 • 137
- 11 하늘을 날 수 있는 용기 • 141
- 12 적응유연성(회복탄력성) vs 회복 • 146

3장
연애와 결혼의 시작

- 01 나를 사랑하는 것과 같이 그 남자, 그 여자를 사랑하는 것 • 155
- 02 나만의 도식 또는 프레임을 잘 들여다보아야 합니다 • 163
- 03 고독할 수 있는 용기 • 169
- 04 이성을 찾아가는 과정을 통해 나를 알아가는 과정을 경험해야 합니다 • 173
- 05 열린 창을 유지하기 • 178

06	스스로에게 조망수용능력이 생겼을 때	• 185
07	타나토스적인 사람보다 에로스적인 사람 되기	• 190
08	사소한 일상에서 느끼는 기쁨을 경험하는 것이 중요합니다	• 195
09	비움과 채움의 반복하기	• 202

4장
연애와 결혼의 필수 요소, 건강한 성

01	아픈 상처를 계속 보듬어 주고 치료하기	• 213
02	성생활은 자기가치감을 확인하는 중요한 영역	• 217
03	시대가 변하여도 신뢰를 지켜나가는 성 문화를 유지하기	• 222
04	안정된 정체감을 형성하기	• 229
05	뇌의 충동을 제어할 수 없는 10대를 통제해주어야 합니다	• 236
06	분리개별화 된 사랑하기	• 243
07	첫 경험은 자기 통제력과 회복탄력성을 갖추었을 때 하기	• 250
08	건전하게 해결할 수 있는 나만의 방법을 찾기	• 257

부록

| 용어정리 | • 266 |
| 참고문헌 | • 303 |

| **EPILOGUE** – 숨을 쉴 수 있는 여유 | • 307 |
| **감사의 글** | • 309 |

PROLOGUE

    나 스스로 타인을 근본적으로 믿지 않으면서, 타인의 선의를 신뢰하지 않으면서 다시 사랑할 수 있을까요?

    사람들에게 솔직하려면 먼저 내가 어떤 사람인지 나 스스로를 들여다보아야 합니다. 그러나 나는 스스로 옳다고 자주 착각을 합니다. 나는 위험한 상황에 놓였을 때 '내가 생각했던 나'의 반응과 나의 진짜 모습은 다르다는 것을 종종 발견하게 됩니다. 언제부터 나는 진실된 사람이고, 타인의 진실은 믿을 수 없다고 생각한 걸까요. 사실 나는 나만이 진실된 사람이라고 착각하게 된 이유를 알고 있습니다. 나는 연애와 결혼의 괴로운 경험을 했고, 사람들에게 상처를 입었습니다. 하지만 나 스스로 타인을 근본적으로 믿지 않으면서, 타인의 선의에 신뢰하지 않으면서 다시 사랑할 수 있을까요?

　지금 이 순간에도 대형서점에서는 연애심리학, 연애하는 방법, 부부생활, 노년의 사랑 등의 주제로 많은 서적이 출판되고 있습니다. 또한 언론과 SNS에서는 실시간으로 연애폭력, 성폭력, 사랑의 실패로 자살을 하는 등 잘못된 사랑을 하고 있는 사람들이 너무나도 많습니다. 필자는 심리학을 접하기 전까지 연애심리학과가 있다고 생각했습니다. 안타깝지만 연애심리학과는 없습니다. 미국심리학회APA, American Psychological Association 기준에 의하면 현대 심리학은 54개 분과가 있습니다. 발달심리학, 사회심리학, 실험심리학, 상담심리학, 성격심리학, 다문화심리학, 범죄심리학 기타 등이 있습니다. 연애심리학과가 있었다면 필자는 연애심리학과로 입학을 했을 것입니다.

　필자는 크게 힘든 일 없이 여중, 여고를 나와 간호학과를 졸업하였습니다. 간호사로 일하다 선을 보고 남자를 만났습니다. 선을 보고 6개월 만에 무언가에 이끌려 결혼을 하였습니다. 결혼 후 만 1개월 만에 그 남자가 조현병을 19세부터 앓고 있었다는 사실을 알게 되었습니다. 그 남자와 가족들이 필자에게 그 사실을 숨겼다는 것에 충격을 받고 저는 일생의 뼈아픈 경험을 하였습니다. 그 이후 필자에게는 누군가를 사랑하고, 누군가에게 사랑받고, 여름 햇살에 반짝이는 해변을 함께 걷는 그런 나날들은 이제 사치로 느껴지기 시작하였습니다.

필자는 연애 경험이 많지 않았고, 연애와 결혼의 크게 관심이 없었습니다. 깊게 생각해보지 않았습니다. 그냥 막연히 결혼을 하고 싶지 않았거나 때로는 결혼을 하면 내 삶의 안정될 수 있다고 생각했습니다.

이 책에는 필자가 사랑에 실패를 한 이유가 무엇인지, 앞으로 사랑은 어떻게 해야 하는 건지, 사랑을 시작하기가 두려운 이유는 무엇인지, 왜 사랑은 하면 할수록 어려운 건지, 또 유지하기는 어려운 건지, 다시 한번 사랑으로 아픔을 겪지 않는 방법은 무엇인지 등 필자의 의문점들이 담겨 있습니다. 그리고 글을 쓰면서 필자가 받은 아픈 감정에 대해 끝까지 들여다보려고 힘을 다해보았습니다.

시간이 흐른 뒤 이 글들을 읽어보면 다르게 해석될 것입니다. 하지만 글 안에 있는 그 순간순간에 필자의 진실을 담기 위해 정성을 다해 썼습니다. 남자와 여자는 연애와 결혼을 잘해야 합니다. 그리고 부부는 잘 싸워야 합니다. 그보다 더 중요한 것은 배우자를 만나기 전, 결혼 전 나와 대화하는 시간을 가지고, 나의 아픔이 무엇인지, 나의 상처가 무엇인지, 나의 애착 관계에 어떤 문제점이 있는지 등을 잘 살피고, 나를 사랑하는 방법을 알고 난 후에 사랑을 시작해야 행복할 수 있습니다.

2020년 9월 염채원

1장

연애와 결혼의 어려움

사랑받는 것은 타버리는 것,
사랑하는 것은 어두운 밤을 밝힌 램프의 아름다운 빛,
사랑받는 것은 꺼지는 것,
그러나 사랑하는 것은 긴 긴 지속….

— 라이너 마리아 릴케 Rainer Maria Rilke —

01

외로움을 고독감으로 바꾸어
잘 숙성시키는 방법도 잘하는 연애입니다

Q

나의 외로움이,
남녀의 사랑으로 채워질 수 있을까?

저는 30대 회사원입니다. 똑같은 일상을 매일 반복하고, 지친 몸으로 집에 오면 아무도 반겨주지도 않고, 연락하는 사람은 아무도 없습니다. 맥주 한 캔으로 외로움을 달래다가 잠이 들면 또 하루가 시작됩니다. 외로움이 우울증이 되고, TV를 틀면 온통 연애 이야기뿐. 사랑을 하게 되면 외롭지 않겠죠?

1952년도에 출간된 소설 《소나기》로 유명한 황순원의 장남인 황동규 시인은 2000년도에 출간한 《버클리풍의 사랑노래》란 시집에 수록된 〈1997년 12월 24일의 홀로움〉이란 제목의 시에서 '홀로움'이란 신조어를 선보였습니다. 홀로움이란 '홀로'와 '즐거움'을 합성한 말입니다. 황동규 시인은 '홀로움'이라는 단어를 '외로움을 통한 혼자 있음의 환희'라고 설명하였습니다.

자녀가 태어난 시점부터 6개월이 될 때까지, 부모 혹은 양육자와 애착형성이 건강하게 이루어진 유아들은 성인이 되어서도 부모와 타인과의 관계에서, 애착을 형성하는 과정에서 문제가 없는 것으로 나타납니다. 애착을 형성하는 과정에서 긍정적인 이미지와 부정적인 이미지 중 어떤 이미지를 더 많이 형성하는지가 매우 중요합니다.

사랑을 하고 있어도 외로운 이유는 양가감정_{ambivalence}의 횟수가 늘어나기 때문입니다. 가까이 있고 싶은 애착관계와 멀리 있고 싶은 자율성관계의 양가감정을 가지게 되기 때문입니다.

심리학 용어: 양가감정

채원이는 상사의 꾸지람 앞에서 드라마 〈미생〉의 등장인물 '장 그래'와 같았다가, 집에서 혼자 있을 때는 꾸지람을 받았다는 것에 화가 나 애니메이션 영화 〈인사이드 아웃〉의 '버럭_{Anger}'이가 됩니다. 즉, 서로 반대되는 두 감정이 동시에 존재하는 상태를 말합니다. 생각해보면 매우 혼란스러운 감정이지만 생각 없이 양가감정을 바라본다면 자연스러운 감정입니다. 양가감정을 설명할 때 가장 자주 사용되는 표현은 애증_{愛憎}입니다. 한자어로 풀이해보면 사랑 애_愛와 미울 증_憎 두 한자어로 구성되어 있습니다. 사랑 애_愛

는 형성문자로서 천천히걸을쇠발夊과 기운기엄气이 합合하여 이루어졌습니다. 구름이 천천히 걸어가듯 다가간다는 뜻을 가지고 있습니다. 미울 증憎은 심방변↑=心, 忄과 상처를 내다의 뜻을 나타내기 위한 증曾으로 이루어졌습니다. 즉, 애증은 천천히 다가가지 말아야 할 두 마음이 만나 상처를 내는 감정을 이야기하는 것입니다. 상반되는 감정인 애정과 증오가 합쳐진 애증은 경험을 통해서만 알 수 있습니다. 소위 논리적으로 생각한다는 사람들은 "사랑이면 사랑이고, 미움이면 미움이지 어떻게 사랑한다면서 미워할 수 있느냐?"고 반문할지 모르겠습니다. 하지만 이 질문에 대한 답은 간단합니다. 사랑하기 때문에 미워한다는 것입니다. 역설적이고 모순적이지만 사실입니다.

양가감정이란 말은 스위스의 정신의학자 오이겐 블로일러 Eugen Bleuler가 처음으로 사용했습니다. 지그문트 프로이트 Sigmund Freud 학파의 정신분석학에서는 우리 내면에 존재하는 감정의 어두운 측면이 밝은 측면과 짝을 이룬다고 하여 '양가감정'이라 정의하였으며, 칼 구스타프 융 Carl Gustav Jung 학파의 정신분석학에서는 밝은 의식의 반대 면에 있는 어두운 면이라는 뜻으로 '그림자'라고 부릅니다. '양가감정'을 생각 없이 바라본다면 자연스러운 감정이긴 하지만 상반되는 두 가지 감정이 동시에 나타나는 정도가 심해서 아무런 결정을 할 수 없거나 빠르게 오간다면 심리적인 문제로 볼 수 있습니다. '양가감정'은 늪과 같아서 벗어나려고 할수록 더 빠져듭니다. 이런 경우에는 전문가의 도움을 받을 필요가 있습니다. '양가감정'은 심리상담에서 자주 다루는 주제 중 하나이기 때문입니다.

심리학 용어: 고슴도치 딜레마

　수많은 오피스텔과 원룸은 많지만 필자가 진정한 독립을 하기에는 집값이 터무니없이 비쌉니다. 필자가 버는 월급으로 독립하자면 아마 여유가 없는 생활을 할 수밖에 없을 것입니다. 하지만 필자가 진정한 독립을 하지 못한 것은 경제적인 이유 때문만은 아닙니다. 미국 심리학자 로렌스 스타인버그Laurence Steinberg는 인지와 태도가 모두 홀로 서야 비로소 자립이라 할 수 있다고 하였습니다. 모순을 한자어로 살펴보면, 창 모矛와 방패 순盾 두 글자로 구성되었습니다. 창 모矛는 긴 창을 본뜬 글자이며, 방패 순盾은 투구의 차양이 눈目을 가려 보호하고 있는 모양을 본뜬 한자입니다. 중국의 전국시대 초楚나라에서 이야기 중 하나로 《한비자韓非子》 난일難— 난세편難世篇에 있는 고사故事로, 법지상주의자法至上主義者인 한비韓非가 유가儒家의 덕치주의를 비판한 우화에 나온 용어입니다. 필자와 같이 독립을 원하면서도 부모와의 보호를 원하는 모순적인 심리 상태를 '고슴도치 딜레마'라고 합니다.

　1851년도 마지막으로 출판된 독일의 철학자인 아르투르 쇼펜하우어Arthur Schopenhauer의 《소품과 단편집Parerga and Paralipomena》에서 고슴도치 딜레마라는 용어가 설명되었습니다. 추운 날씨에 고슴도치들이 서로 몸을 밀착해서 물리적인 거리를 좁히려고 하지만 몸에 붙어 있는 가시들이 서로를 공격할 수 있기 때문에 어쩔 수 없이 일정한 거리를 유지해야 하는 상황을 가지게 된다고 하였습니다. 이러한 고슴도치의 관계를 인간의 관계성으로 비유하여 고슴도치 딜레마라고 하였으며, 인간이 애착형성을 할 때 가지는 몸이나 마음이 편하지 않은 괴로운 상태를 고슴도치에 비유하여 설명하였습니다.

"아~~ 외롭다 외로워." 지금 솔로이거나 연애를 못 한 지 몇 년이 된 홀로움을 느끼는 분들의 메아리가 들립니다. 2016년도 독일의 쾰른대학교 루만Luhmann 교수 연구에 따르면 연애 중이든 솔로든 상관없이 외로움을 느끼는 연령대가 따로 있다는 사실을 확인하였습니다. 루만 교수는 16,132nationally representative German study, N=16,132명을 조사하여 사람들은 30대, 60대 초반에 특히 다른 연령대에 비해 외로움을 더 느끼는 것으로 확인되었으며, 30대의 외로움의 이유로는 연애를 못 해서가 아니라 매일 같은 생활과 친구를 만날 수 없는 여유 없는 팍팍함이 외로움의 이유였습니다. 60대의 외로움의 이유는 노후의 대한 두려움, 삶이 불안하다고 느낄 때 사람들은 외로움을 느낀다고 답하였습니다.

나의 외로움, 남녀의 사랑으로 채워질 수 있을까요?

정답은 'YES-NO-YES'입니다

YES! 남자의 바소프레신vasopressin, 항이뇨호르몬, ADH(antidiuretic hormone), 뇌하수체후엽 호르몬의 하나과 여자의 옥시토신oxytocin, 자궁수축호르몬 호르몬의 최고의 신경호르몬이 작동하기 시작하면서 외로움 따위는 당분간 잊을 수 있습니다.

NO! 하지만 남자와 여자의 신경호르몬만 믿으면 안 됩니다. 상대방을 내 틀에 맞추며, 나의 사랑의 틀에 들어오지 않으면 사랑하지 않는다고 착각하고 있지는 않은지? 나 스스로를 잘 알지도 못하면서 외로움을 안개 같은 사랑으로 던져버리고 있지는 않은지 잘 살펴보아야 합니다.

YES! 연애 전, 연애 후 나는 외로움loneliness을 잘 숙성시켜야 합니다. 아무리 양념이 잘 된 외로움이 나에게 다가와도, 설령 태생부터 잘 이루어지지 않은 애착형성으로 타인과의 관계형성에 어려움이 있더라도, 외로움이라는 놈을 잘 숙성시켜야 합니다. 그렇지 않으면 외로움의 깊은 바다에 빠져 허우적대거나, 나 스스로 파놓은 구덩이에 빠져 지옥과 같은 연애의 맛을 맛볼 수 있습니다.

외로움loneliness은 홀로되어 쓸쓸한 마음이나 느낌을 말하며, 고독감solitude은 고독을 느끼는 마음을 뜻합니다. 바꾸어 말하면 외로움이라는 놈을 고독감으로 바꾸는 잘 숙성시키는 방법도 잘하는 연애입니다. '홀로움'을 오랫동안 만끽하기 위해서 또는 좋은 사랑을 하기 위해서 무엇보다 나의 신체적 건강, 정신적 건강 그리고 생활의 건강에 귀 기울여야 합니다.

02

이상적인 사랑과 현실 사랑이 다른 이유는 나만의 착각 때문입니다

Q 내가 생각하는 사랑과 현실 속 사랑이
다른 이유는 무엇일까요?

내가 생각하는 사랑은 나를 위해서라면 무엇이든지 희생할 수 있고, 모든 것을 이해할 수 있는 사람을 만나는 것입니다. 이왕이면 다홍치마라고 의사, 변호사, 교수 전문가 직업이었으면 좋겠습니다. 하지만 아무리 주위를 둘러보아도 능력이 있으면 외모가 별로고, 다 괜찮은데 성격이 별로이며, 음식을 먹을 때 쩝쩝 소리를 내면서 먹습니다. TV에서 잘 접할 수 있는, 외모면 외모, 성격이면 성격을 다 갖춘 사람과 평범한 사랑이 저는 왜 이리도 어렵나요? TV를 보다 보면 애처가를 자초하는 탤런트와 잉꼬부부의 대표하는 연예인 부부들 그리고 아름답게 연애를 하고 있는 연예인 커플들. 하지만 내가 하는 연애는 왜 다른 걸까요? 그리고 2019년을 뜨겁게 달구었던, 유명가수의 집단 성폭행 사건과 유명한 변호사의 불륜 뉴스 등을 보다 보면, 현실과 마주하는 진실된 사랑이란 정말 존재하지 않는 것일까요?

봄, 여름, 가을, 겨울, 그리고 봄이 오는 것은 분명하지만, 2019년의 봄과 2020년의 봄은 분명히 다릅니다. 2001년에 상영되어 큰 화제가 되었던 영화〈봄날은 간다〉의 명대사를 기억해보시기 바랍니다. 내가 생각하는 사랑과 현실 사랑이 다른 이유의 답은 어쩌면 너무나도 쉬운 답일 수도 있겠습니다. 지금의 나의 정서적, 감정적, 신체적, 경제적 상황과 그리고 현시대의 문화적, 사회적, 경제적, 정치적인 상황에 따라 변할 수 있습니다.

고대 그리스의 경우에는 여자는 남자의 지배 아래에 있었으며, 남자와 여자는 출산을 위한 목적으로 맺어진 관계였기에 여자의 '성적 자기결정권'은 크게 제한되었습니다. 또한 고대 그리스는 남자와 여자 간의 연애 감정이 존재하지 않았던 대표적인 사회였습니다. 즉 고대 그리스 시대에 남자들이 여자에게 가지고 있었던 사랑은 인간에 대한 사랑이라기보다는 애완동물에 대한 사랑과 비슷하다고 볼 수 있습니다. 고대 그리스 시대, 남자와 여자의 사랑이 순수하고 깨끗한 사랑으로 인식되었습니다.

혹시 아직도 운명적인 사랑을 꿈꾸고 있습니까? 2014년도 미국 캘리포니아주 오렌지카운티에 있는 채프먼대학교 베로니카 헤프너 Veronica Hefner 교수는 작은 남서부 대학교에서 온 249명의 학부생을 대상으로 이성의 사진을 보여주고 얼마나 매력적인지 물어보았습니다. 그 결과 낭만적 신념 romantic beliefs 을 가진 그룹은 다른 그룹에 비해 25%나 더 높은 점수를 주었습니다.

심리학 용어: 후광효과

　배우 정우성과 같이 잘생긴 사람은 성격과 인성과 인간관계가 모든 면에서 좋은 평가를 하게 됩니다. 반면에 악역으로 자주 나오거나 차갑고 정신병적으로 나오는 배우는 역할이 끝났음에도 불구하고 차갑고 나쁜 이미지를 벗어나기가 힘듭니다. 즉, 사람이 가지고 있는 두드러진 특성이 그 사람의 다른 특성을 평가하는 데 전반적인 영향을 미치는 효과를 말합니다. 후광後光은 어떤 사물의 뒤에서 더욱 빛나게 하는 배경이라는 뜻을 가지고 있습니다. 영어 명칭을 따서 '헤일로 효과'라고도 불립니다.

　1920년 후광효과halo effect를 처음 주목하고 연구하기 시작한 미국의 심리학자 에드워드 손다이크Edward Lee Thorndike가 군인들을 대상으로 한 실험에서 증명하였습니다. 제1차 세계대전 때 손다이크는 지휘관들에게 병사들 개개인의 역량성격, 지능, 체력, 리더십 등을 항목별로 평가하도록 했습니다. 지휘관들은 체격 좋고 품행이 단정한 병사들은 지성, 리더십 역시 높을 것이라 예상했고, 그렇지 않은 군인들은 대부분의 역량들이 낮을 것이라 보았습니다. 이른바 '모범 병사'로 꼽히는 일부 병사들에 대해서는 거의 모든 항목에서 높이 평가한 반면에 다른 병사들에 대해서는 모든 항목에서 평균 이하로 평가하였습니다.

　지금까지 개봉된 애니메이션 영화 및 TV 드라마를 계속 시청하고 있노라면 남자와 여자주인공과 같은 연애를 할 것만 같습니다. "제발~ 나를 위해서라면 무엇이든지 희생할 수 있고 모든 것을 이해할 수 있는 사람만 만나게 해주세요." "이왕이면 직업도 좋고, 능력도 있으면, 경제적인 조건은 물론이고, 주변 사람들과 잘 지내고, 성격도 싹싹한 사람 만나게 해주세요." 이러한 바람은 이상적인 사랑과 현실 사랑이 다른 이유는 나만의 '착각' 때문입니다.

  1392년부터 일제에 나라를 빼앗긴 1910년 동안의 조선 시대의 연애는 어떠했을까요? 《춘향전》은 우리나라의 대표적인 고전 소설로, 조선 시대의 한글 소설이며 판소리계 소설입니다. 양반인 이몽룡과 기생의 딸 춘향의 신분을 초월한 사랑 이야기로, 해학적이고 풍자적이며 조선 후기의 평민 의식을 담고 있는 작품입니다. 신분 사회를 뒤흔든 여인의 사랑 이야기라고 하지만 조선 시대의 현실에서 가능한 사랑이었을까요? 현실적으로는 절대로 이루어질 수 없는 사랑이었습니다.

사랑도 배워야 합니다

사회심리학자 버시드 E. Berscheid 와 월스터 Walster 는 사람들이 연애, 특히 정열적인 연애에 빠지기 위해서는 반드시 건전한 연애 문화가 필요하다고 주장하였습니다. 일정 연령이 되면 그 연령대에 맞게 사랑을 해야 한다는 것을 알려주어야 한다고 하였습니다. 우리는 10대, 20대, 40대, 50대, 60대 등 연령대의 자연스러운 교제방법을 학습하여야 합니다. 또한 언론과 뉴스, TV 드라마, SNS의 자극적이고 비정상적인 연애에 청소년들과 성인들은 집중하고 있습니다. 이러한 비정상적이고, 불건전한 연애는 건강한 연애를 망칠 수도 있음을 인지하고 있어야 합니다.

♥ ♥ ♥

03

어린 시절 받지 못한 사랑,
나 스스로 사랑과 지지를 통해
사랑해야 합니다

Q

노력해도 안 되는 사랑? 연애? 어떻게 하나요?

에휴~ 사랑? 연애? 이 생애 사랑하기에는 글렀습니다. 저는 40대 초반, 대기업을 다니는 여성입니다. 이성을 만나기 전부터 미리 철벽치고 후회합니다. 선 자리를 나가도, 결혼정보업체의 도움을 받아도, 친구들의 조언으로 사랑을 시작하려 하여도 만남의 시간이 길어야 3개월입니다. 소개받은 자리에서 상대방이 저를 좋아하지 않는다고 생각하곤 미리 알아서 저 스스로 선을 그어버립니다. 제 모습을 그대로 봐주고 사랑해주는 사람이 나타났으면 좋겠습니다. 100% 나를 이해해주길 바라는 사람과 만나고 싶습니다. 저 나름대로 노력해도 안 되는 사랑, 연애 그리고 결혼. 직장의 상사를 접하는 것보다 더 어렵습니다. 그냥 포기하고 혼자 살까요? 이 세상에서는 사랑, 연애, 결혼은 포기해야 할 것 같습니다.

1951년 영국인 정신과 의사 존 볼비John Bowlby는 모성애를 적절하게 받지 않은 아기들은 어른이 된 후 사회적 문제와 정서적 문제를 겪게 된다고 보고하였습니다. 즉 나 스스로 애착형성이 충분히 이루어졌는지 살펴보아야 합니다.

심리학 용어: 신데렐라 콤플렉스

신데렐라 신드롬이 반영된 대표적인 드라마로 1994년 배우 차인표와 신애라 주연의 〈사랑을 그대 품안에〉가 있습니다. 1994년도 당시 여자 캐릭터의 존재는 드라마 내용과 같이 여자의 고난과 역경은 사랑하는 남자가 나타나 해결해 주곤 했는데요. 즉 남성에게 의존하려는 여성의 심리적 특성을 나타내는 심리적인 용어입니다.

신데렐라 콤플렉스Cinderella complex는 1982년 출간된 미국의 심리학자 콜레트 다울링Colette Dowling의 책 《신데렐라 콤플렉스》에서 처음 사용한 용어입니다. 이 책에서 다울링은 신데렐라 콤플렉스를 억압된 태도와 불안이 뒤얽혀 여성의 창의성과 의욕을 발휘하지 못하고 일종의 미개발 상태로 묶여 있는 심리 상태라고 정의하였습니다.

신데렐라 콤플렉스에 빠진 여성들은 무언가를 하려고 할 때 두려움과 불안으로 시도하지 못하며 대신 누군가 해주기를 바랍니다. 이는 여자의 삶을 통제하는 보이지 않는 벽으로, 여자로 하여금 도전과 경쟁을 기피하게 만드는 것입니다. 여자에게 아내와 어머니로서 '여성다운' 매력을 지키도록 하면서, 자립적인 독신여성이나 이혼녀 등에 대해서는 비정상적으로 규정하여 여성 간의 분리를 조장하기도 합니다. 즉 아무런 노력을 하지 않고 사랑과 성공을 동시에 갖고 싶다는 인간의 욕망, 예를 들어 필자와 같은 장롱 운전면허증을 가진 사람이라면 어서 빨리 자동 운전시스템 도입 또는 로봇이 나타나기만을 기다리는 것과 같습니다. 문화적 차이와 시간적, 공간적 배경만 다를 뿐, 우리나라 옛날부터 내려오는 옛날이야기 '선녀와 나무꾼', '바보온달과 평강공주', '우렁 낭자 이야기', 2019년 4월 29일 재개봉하여 큰 화제가 되었던 뮤지컬 영화 〈알라딘Aladdin〉 등은 가난하고 미천한 사람이 귀한 신분의 사람을 우연히 만나 성공하게 되는 이야기라는 공통점이 있습니다. 그중 〈알라딘〉 속 주인공인 '양탄자'와 '지니Genie'는 현실과 환상이 끊임없이 상호작용하면서 우리의 마음을 기쁘게 합니다. 마치 환상이 현실인 것과 같은 '착각'을 일으키기도 합니다.

1978년 미국 시카고대학교의 커뮤니케이션 전문 냅Knapp 교수는 연애를 5단계로 나눠어 정의하였습니다.

1단계: 공통점 찾기, 자기제시 Self-Presentation
자기제시란 이성에게 보다 좋은 평가를 받기 위해서 자신의 모습을 표현을 화려하게 또는 기교 있게 꾸며 이성에게 전하는 것으로 말뿐만 아니라 행동이나 표정을 사용하는 경우도 있으며 의식적, 무의식적으로 실제로 시행하는 것입니다. 사람들은 자기 제시를 할 때 본래의 모습과 나쁜 모습을 숨기고 좋은 모습만 보여주려고 합니다.

2단계: 좋은 관계 구축하기 Building Good Relationships

3단계: 자기 개시 Self-Disclosure

설령, 나의 단점을 보여주고 싶지 않지만, 서서히 나의 모습을 조금씩, 조금씩 표현함으로써 서로의 신뢰감을 쌓아가는 시간을 갖는 것입니다. 그렇다고 "나의 단점은 말이야" "나는 이런 것을 잘 못해"라고, 처음부터 표현하기보다는 어느 정도 연애가 진행된 상태에서 표현을 하는 것도 괜찮습니다. 또한 자연스럽게 이야기하거나, 이야기하다가 어색하거나 어렵다면 행동으로 표현하는 것도 하나의 방법입니다.

4단계: 통합 Lntegrating

4단계로 진입하면 두 사람은 서로 상대에게 도움이 되는 역할에 충실하게 행동하기 시작합니다. 서로 맡은 역할에 충실하다 보니 두 사람 사이에 전혀 유사성이 없어 보일 수 있지만 두 사람은 서로 유사성을 인지한 후 역할 분담이 이루어졌기 때문에 문제 되지 않습니다.

5단계: 결정 Selection

이제 두 사람은 하나의 단위로 행동하는 단계에 이르러 떼려야 뗄 수 없는 사이라고 인정하게 됩니다. 이 단계를 넘어서면 결혼을 약속하게 됩니다.

연애에도 단계가 있습니다

미국 사회심리학자 머스타인 Murstein, B.J. 은 연애에도 단계가 있다고 이야기하였습니다.

SVR Stimulus-Value-Role 이론, 즉 연애 3단계 이론을 발표하면서 연애의 단계에 따라 다른 상황을 이끌어나갈 수 있으며, 그 단계의 변화를 긍정적으로 이끌어나가는 것이 연애라고 하였습니다.

영화 〈알라딘〉 속 '양탄자'와 '지니'는 현실에 존재하지 않습니다. 사랑의 시작, 연애의 두려움과 불안으로 시도하지 못하며 누구도 만날 수 없습니다. 아기가 20개월이면 모성의 보호가 필요한 시기입니다. 즉 애착형성이 충분히 이루어져야 할 시기입니다. 그 시기에 어린이집을 가기 위해 엄마의 품을 떠나는 것은 아이의 입장에서는 최고의 공포입니다. 네, 모든 아이가 따뜻한 가정에서 자라는 것은 아닙니다. 하지만 어린 시절 받지 못한 사랑을, 어른이지만 아직 20개월에 머물러 있는 나에게 사랑과 지지로 사랑을 주어야 합니다. 그 여자와 그 남자와 만남이 서툴러도 괜찮습니다. 나를 알아봐주지 못하는 이성에게 나를 다양하게 표현해보십시오. 나는 로맨틱 guy라고, 나는 달콤한 girl이라고.

저기요~~ 저와 사랑하실 분! 저 여기 있습니다.

04

근접성, 가는 곳은 정해져 있다

Q

사랑하고 싶어도 남자, 여자 만날 기회가 없다.

저는 여중, 여고를 나왔고, 대학 시절에는 스펙 쌓는 데 집중하고, 또 20대에는 취업전선에 뛰어들기 위해 갖은 노력을 다했습니다. 지금은 처량하게도 능력 있는 과장, 30대 중반 골드미스입니다. 사람들은 높은 연봉에 한 미모 하는 저에게 왜 연애를 안 하냐, 결혼을 안 하냐고 묻습니다. 회사에 만남을 시도하려고 하는 남자 직원은 여자 친구가 있고, 애인은 없지만 그런 남자는 눈에 들어오지도 않습니다. 어디에 가야 남자를 만날 수 있을까요?

옛날 어느 나라에 왕과 왕비가 살았습니다. 이들에게는 세 명의 딸이 있었습니다. 첫째와 둘째 딸 미모도 예사 수준을 넘었지만, 그중 막내딸 프시케psyche는 이 세상의 어떤 언어로도 표현할 수 없을 정도로 인간 중에 최고의 미인이었습니다. 프시케가 아름답다는 소문이 사방팔방으로 퍼지자 이웃 나라 사람들이 프시케를 보기 위해 떼를 지어 그 나라로 모여들었습니다. 뿐만이 아니었습니다. 일단 프시케의 모습을 한 번이라도 본 사람들은, 이제까지 아름다움의 대표 여신 비너스Aphrodite, Venus, 아프로디테에게나 바치던 경의와 찬사를 프시케에게 바치게 되었습니다. 그 시대에 경의와 찬사를 보낸다는 것은 신에게만 할 수 있는 것이었습니다. 하지만 인간이 인간에게 경의와 찬사를 하다니, 비너스의 질투가 시작되고야 말았습니다. 비너스 여신은 아들 에로스Eros, Cupid, Amor, 큐피드에게 나를 위해 프시케에게 벌을 내리라고 말합니다. 이 말을 들은 에로스는 누구든 사랑의 빠지는 황금 화살을 가지고 프시케에게 다가가지만 자고 있는 프시케의 황홀한 모습에 놀란 에로스는 스스로 황금 화살에 찔려 결국 프시케를 사랑하게 됩니다.

사람들은 습관적으로 입던 옷만 입게 되고, 자취를 하다 보면 집밥이 그리운 것과 같이 항상 보고, 듣고, 함께하고 있는 사람이 나의 인연일 수 있습니다. 그러한 분이 없다면 함께 할 수 있는 운동, 취미생활을 할 수 있는 장소로 가는 것도 한 가지 방법입니다.

심리학 용어: 근접성

TV 예능 프로그램 또는 회사 워크숍에 흔히 볼 수 있는 게임이 있습니다. 원을 그려 음악에 맞추어 돌다가 사회자가 10명, 하고 외치면 10명이 모이고, 사람 숫자가 맞지 않으면 탈락하는 게임입니다. 그때 멀리 있는 사람보다는 빨리 모으기 쉽고 편한, 가장 가까운 사람들끼리 모이게 됩니다. 이처럼 근접성이란 시간적으로 또는 공간적으로 얼마나 가까운지를 가리킵니다.

파블로프식 학습에서 근접성이란 조건자극과 무조건자극 간의 간격을 말하기도 합니다. 1992년도 미국 남동부 대서양 안에 있는 노스캐롤라이나주립대학교 노인병리학과 레베카 아담스 Rebecca. G. Adams 교수에 따르면 나이가 들수록 연애를 시작하는 어려운 점 3가지를 제시하였습니다.

1. 근접성, 가는 곳은 정해져 있다.
2. 만남을 지속하는 이유는 이유가 있어서이다.
3. 마음을 보여주는 것은 위험하기 때문이다.

20대만 하더라도 근접성 contiguity 의 장점으로 사내연애를 시작하는 커플들을 종종 관찰할 수 있지만, 30대, 40대가 되면서 사내연애는 하면 안 된다는 고정관념과 회사와 집을 왕래하는 자신을 볼 수 있습니다. 하늘을 봐야 별을 딸 수 있는데, 하늘을 볼 수 없는 나는 결국 별을 딸 수 없다고 단념하게 됩니다. 나이가 들수록 만남의 의미를 부여하고, 큰 목적 없이는 만남을 지속하지 않게 되며, 쉽게 나의 곁으로 속마음이나 일의 내막을 표현하지 못합니다.

 필자가 20대에 서울이 아닌 경기도 지역 외에 거주하는 남자친구를 계속 사귀어야 할지 고민하던 시기가 있었습니다. 왜냐하면 지금처럼 KTX, SRT, 1~2시간이면 갈 수 있는 비행기 등 교통수단이 없었기 때문입니다. 지금과 같이 휴대전화가 흔한 시기도 아니었습니다. 즉 저에게 보사드 법칙이 작용했다고 할 수 있습니다. 보사드 법칙이란 물리적인 거리가 가까우면 심리적인 거리도 가까워진다는 법칙을 말합니다.
 20세기 중반 미국의 심리학자들이 연인들을 대상으로 대규모 연구를 수행한 결과, 사랑이 이루어지려면 물리적인 거리가 가까워야 한다고 주장하였습니다. 1932년도 보사드 J. H. Bossard 와 연구 동료들이 필라델피아에 사는 결혼한 남녀 5천 명에게 결혼 상대가 얼마나 가까운 곳에 살고 있었는지 물어봤더니, 처음 만났을 때 그들이 같은 건물에 살고 있었다는 대답이 12%, 다섯 블록(반경 약 3km) 이내에 살고 있었다는 대답이 무려 33%에 달했습니다. 1952년 클라크와 그의 동료들이 431쌍의 결혼한 남녀를 인터뷰한 연구에서도 결과는 비슷했습니다. 34%가 다섯 블록 이내에 살고 있었고, 54%가 16블록 이내에 살고 있었습니다.

 1957년 미국 사회심리학자 레온 페스팅거 Leon Festinger 의 연구는 더욱 흥미로웠습니다. 레온 페스팅거가 매사추세츠공대 MIT 에 재직하고 있을 당시, 학부 기숙사에 살고 있는 학생들을 대상으로 교우관계를 조사해봤습니다. 그랬더니 같은 기숙사 안에서도 서로 가까운 방을 쓰고 있는 학생들끼리

친했으며, 사람들이 많이 지나다니는 우편함이나 계단 근처에 있는 방을 쓰는 학생들의 교우관계가 훨씬 폭넓었습니다. 다시 말해 물리적 거리가 가깝고 자주 얼굴을 볼수록 사랑에 빠지거나 친해질 가능성이 크다는 것이었습니다.

당신의 인연은 바로 옆에 있습니다

보사드는 "큐피드는 화살을 가지고 있었지만 멀리 날아가지 못했다"와 같은 명언을 남겼습니다. 30대 중반의 골드미스님 그리고 많은 싱글 남자와 여자 여러분. 연인을 멀리서 찾지 마세요. 당신의 인연은 바로 옆에 있습니다.

05

뇌와 신경호르몬이
시키는 대로 했을 뿐입니다

Q

사랑받고 싶은 남자와 여자!

저는 서울 H대 영어영문학과 2학년 20대 이아름(가명)입니다. 최근 여름방학 동안 영자신문반 동아리에서 호감이 가는 H군을 보러 가는 것이 저의 유일한 행복입니다. H군과 같이 많은 활동하기 위해 아침 일찍 일어나 샌드위치와 과일 샐러드, 그리고 다양한 과일 주스를 매일 준비하고 있습니다. 하지만 이러한 모습이 같은 동아리 여자아이들에게는 꼴불견이었나 봅니다. H군을 좋아하는 저에게 그녀들은 갖은 험담과 그리고 H군에게는 차마 보이고 싶지 않은 나의 콤플렉스를 동아리 여자아이들이 이야기하여 H군이 결국 다 알게 되었습니다. 사랑받고 싶은 나. 제가 이상한 걸까요?

사람들이 사랑을 받고 싶은 이유의 답은 아주 간단합니다. 여자는 고유한 능력을 가지고 태어났을 뿐이고, 남자는 성장기 시절 왕성하게 분비되는 호르몬인 '테스토스테론'을 따를 뿐이기 때문입니다.

물컵이 바닥으로 떨어지려고 하여 순간적으로 잡으려고 할 때, 귀에서 엥~~ 소리를 내는 모기를 손바닥으로 쳐서 잡아본 경험이 있을 것입니다. 이때 사람의 눈과 귀는 빠르게 뇌로 정보를 보내 위험 여부를 판단한 뒤 말초신경의 명령에 따라 근육을 움직이게 합니다. 이처럼 신체의 움직임은 신경계를 통해 명령과 신호가 뇌로 전달되면서 나타나게 됩니다. 사람의 신경계는 촘촘한 그물망과 같이 매우 정교한 네트워크를 이루고 있습니다. 신경계는 크게 중추신경계CNS, Central Nervous System와 말초신경계PNS, Peripheral Nervous System로 구분할 수 있습니다. 먼저 중추신경계는 뇌brain와 척수spinal cord로 구성되어 있습니다. 신경정보를 모두 모아 통합하고 조정하는 중앙처리장치를 하는 기관입니다. 말초신경계는 체성신경계뇌신경, 척수신경와 자율신경계교감신경, 부교감신경로 구성되었으며 전신에 뻗어 있습니다.

뇌를 구성하는 약 천억 개의 신경세포들은 끊임없이 정보를 교환하여 근육과 심장, 소화기관 같은 모든 기관의 기능을 조절할 뿐 아니라, 생각하고 기억하고 상상하는 등 인간의 복잡한 정신 활동을 일으킵니다. 사람들은 이러한 뇌에 의해서 보고, 듣고, 냄새를 맡고 맛을 봅니다. 특히, 뇌신경에는 총 12종류가 있습니다. 후각신경, 시각신경, 눈돌림신경, 도르래신경, 삼차신경, 갓돌림신경, 얼굴신경, 속귀신경, 혀인두신경, 미주신경, 부신경, 혀밑신경으로 구분할 수 있습니다. 이름에서 추측할 수 있듯이 이들 뇌신경은 냄새를 맡는 것, 보는 것, 얼굴의 감각, 혀의 미각, 청각 등 감각

기능을 하는 것과 눈동자의 움직임, 표정, 인후두부 근육의 움직임, 혀의 움직임 등 운동기능을 하는 것으로 나눌 수 있습니다. 이처럼 뇌의 능력은 무궁무진하며, 계절, 날씨, 감정에 따라 뇌는 사람들에게 일어나는 현실의 모든 일을 들었다 놓았다 합니다.

특히, 여자의 뇌는 남자의 뇌에 없는 고유한 능력을 가지고 있습니다. 여자의 뇌에는 언어를 순발력 있게 구사하는 능력, 우정을 깊고 진지하게 유지하는 능력, 갈등과 분쟁을 조정하고 화해시키는 능력을 가지고 있습니다. 또한 정신건강의학과, 신경과 의사보다 뛰어나게 심리 상태를 짐작할 수 있는 능력을 가지고 있습니다. 사람의 표정, 목소리, 눈빛, 움직임만 보아도 타인의 심리 상태를 짐작할 수 있습니다. 즉 여자들은 태생기부터 고유한 능력을 가지고 태어납니다. 하지만 남자들은 성장기 시절 '테스토스테론', 성적 욕망을 불을 지피는 호르몬이기도 한 이 호르몬이 왕성하게 작동하면서, 공격성으로 인해 사회적 관계를 적극적으로 추구하지 않는 모습을 보이기도 합니다.

2017년 미국 미시간주립대학교 윌리엄 초픽 William Chopik 교수와 연구팀은 1,981쌍의 중년 남녀 커플의 '행복감'과 '건강'의 연계 관계를 연구한 결과, 삶에 대한 불만이 많은 이성보다 높은 '행복감'을 느끼는 이성과 함께하는 사람들이 더 건강한 신체를 가진 것으로 확인되었습니다. 그 이유를 초픽 교수는 3가지로 정의하였습니다.

첫째, 삶의 불만이 많은 사람은 자신의 스트레스만 집중하는 반면에 행복감을 많이 느끼는 사람은 주변을 잘 돌보는 경향이 있다.

둘째, 쉽게 우울함을 느끼는 사람들은 수면 패턴이 불규칙하고 항상 기운이 없는 반면, 행복한 사람은 제시간에 숙면을 취하고 운동도 많이 하는 편이다.

셋째, 삶의 불만이 없는 사람은 술이나 담배 등에 의존하지 않는다고 정의하였으며, 이러한 성향은 자연스럽게 연인에게 영향을 주는 것으로 나타났습니다.

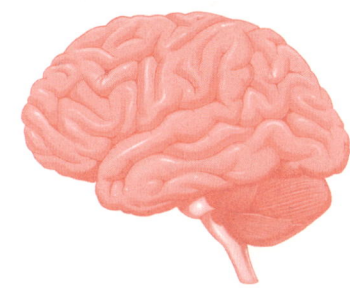

남자와 여자는 뇌와 신경호르몬이 시키는 대로 했을 뿐입니다

사랑받고 싶은 남자와 여자, 그들이 이상한 건가요?

남자와 여자는 뇌와 신경호르몬이 시키는 대로 했을 뿐입니다. 여자는 고유한 능력을 가지고 태어났을 뿐이고, 남자는 성장기 시절 왕성하게 분비되는 호르몬인 '테스토스테론'을 따를 뿐입니다.

프로이트의 '오이디푸스 콤플렉스 Oedipus Complex'란 용어는 상황에 기인하고 느끼는 주체가 느끼기에 당연히 자신의 것이라고 여기는 사랑을 경쟁자에게 빼앗기거나 그럴 위험에 처했을 때 느끼는 감정 질투과 자기 자신에게 생명을 제공해주고 유지시키는 대상을 파괴하고자 하는 공격성 시기심의 정신분석 용어입니다.

중요하게 짚어 보아야 할 것은 호감이 가는 이성이 신뢰할 사람인지? 행복감이 높은 사람인지? 입니다. 잘 살펴보고 만남을 지속하길 바랍니다.

06

감정의 뇌를 자극하는 커피 같은 내가 되자

Q

연애를 하고 있지 않으면 불안합니다.

저는 20대 중반 취업 준비생입니다. 대학교 캠퍼스 커플로 외로울 틈은 없었습니다. 그 사람과 헤어지고 허전함을 채우기 위해 부단히도 노력하였습니다. 소개팅 자리는 빠지지 않고 나가고, 소개팅 자리에서 특별히 끌리는 사람이 아니지만, 연애 공백기를 채우기 위해 급하게 인연을 맺고 급하게 끝나는 연애 패턴을 반복하고 있습니다. 현재 제 연애의 기억은 후회와 실망감만 가득합니다. 왜 연애를 하고 있지 않으면 불안한 건가요?

연애를 하지 않고 특정한 활동이나 업적 따위 없이 그냥 지내는 기간에 혼자 생활하는 것에 매우 힘이 든다면 특정한 활동을 하지 않는 기간을 채우기 위해 왜 부단히도 노력하는지 나와의 대화 시간이 필요하겠습니다. 연애를 하지 않으면 불안한 이유는 어린 시절 부모 또는 양육자와의 불안정한 애착형성 때문입니다.

정신의학진단체계 《DSM-5》는 외상 사건을 비롯한 다양한 스트레스 사건의 경험으로 인한 심리적 문제들을 외상 및 스트레스 사건 관련 장애 Trauma and Stressor-Related Disorders 라는 독립된 장애 범주로 분류하여 제시하였습니다. 외상 및 스트레스 사건 관련 장애에는 외상 후 스트레스 장애, 급성 스트레스 장애, 급성 스트레스 장애, 반응성 애착 장애, 탈억제 사회관여 장애, 적응 장애가 포함됩니다.

영국 정신의학자이자 정신분석가 존 볼비 John Bowlby, 1969, 1973, 1980 의 애착 이론에 따르면 애착 attachment 이란 부모, 친구와 같은 특별히 지정한 사람에 지속적인 감정적으로 기대는 것이라고 하였습니다. 유아는 적어도 5가지의 구조화된 반응체계, 즉 빨기 sucking, 울기 crying, 웃기 smiling, 매달리기 clinging, 따라다니기 following or orienting 를 가지고 살아가기 시작합니다. 이러한 유아의 본능적인 반응체계들이 활성화될 때 엄마가 적절한 피드백 feedback 을 해 주지 않으면 분리불안, 반항 행동 그리고 슬픔과 애도가 나타납니다.

1978년도 미국과 캐나다의 아동 및 발달심리학자 메리 애인스워스 Mary Ainsworth 와 동료들은 아동의 애착 패턴을 확인하기 위해 엄마와 아이를 낯선 실험실에 오게 한 뒤 엄마가 잠시 자리를 비우게 하였습니다. 이 연구는 '낯선 상황 절차_{strange situation procedure}'를 실험하였습니다. 연구 결과 아동의 애착 패턴 유형은 3가지로 확인되었습니다.

안정 애착_{secure attachment}, 불안정성 회피_{insecure-avoidant attachment}, 양면적 애착_{ambivalent attachment} 입니다.

1. 안정 애착_{secure attachment}

채원이 엄마와 같이 일관성 있는 행동을 통해서 수용적이고 지지적인 애정을 나타내는 부모에게 성장한 채원이는 안정 애착을 형성합니다.

2. 불안정 애착_{insecure-avoidant attachment}

불안정 애착은 불안과 회피 두 가지 유형으로 크게 나눕니다. 15개월 된 채원이는 채원이 엄마가 나가도 전혀 관심 없이 놀고 별 저항을 보이지 않으며 낯선 사람을 채원이 엄마보다 비교적 더 잘 받아들여 친근하게 대합니다. 잠깐 나갔다 왔던 채원이 엄마가 다시 돌아와도 고개를 돌리거나 시선을 돌리는 등 무관심한 회피 행동을 보입니다.

3. 양면적 애착_{ambivalent attachment}

15개월 된 채원이는 채원이 엄마가 곁에 있으면, 불안해하면서 안기려고 합니다. 하지만 막상 채원이 엄마가 채원이를 안아주면 벗어나려고 떼를 쓰거나 울면서 고집을 피우게 됩니다. 즉, '서로 맞서는 두 가지의 감정'을 보이는 유형을 말합니다.

아동의 애착 유형은 엄마의 양육 행동과 밀접하게 연계되어 있습니다. 일관성 있는 행동을 통해서 수용적이고 지지적인 애정을 나타내는 엄마에게서 성장한 아동은 안정 애착_{secure attachment}을 형성합니다. 하지만 엄마가 일관성 없이 변덕스러운 행동을 하거나 비판적이고 거부적인 행동으로 양육한 아이는 불안정 애착_{insecure attachment}을 형성하게 됩니다. 불안정 애착을 경험하게 되면 다른 사람에게 도움을 요청하거나 위안을 구하는 행동을 나타냅니다. 또한 사람들과 잘 어울리지 못하고 융통성이 없으며 고집스러운 보이거나 우울하고 불안한 모습을 나타내는 경향이 있습니다. 아동기 애착 경험은 개인의 인생 전반에 매우 중요한 영향을 미치는 것으로 확인되었습니다.

심리학 용어: 동기

대한민국에서 처음 커피를 마셨던 사람은 고종황제로 1896년 아관파천 당시 처음 커피를 마셨다고 전해지고 있습니다. 일반인은 1902년 러시아 공사 웨베르_{Karl. Waeber}의 처남의 처형 손탁_{Sontag}을 통해 처음 커피를 접하게 되었다고 알려져 있습니다. 1896년경 커피를 가배차_{珈琲茶}, 가비차_{加比茶} 또는 양탕_{洋湯}이라고 불렀습니다. 명성황후가 시해된 을미사변_{乙未事變} 이후 고종의 왕세자는 일본군의 무자비한 공격에 신변에 위협을 느끼고 1896년 2월 11일부터 약 1년간 조선의 왕궁을 떠나 러시아 공사관에 거처를 옮겼습니다. 1896년 신변의 위협을 느낀 불안함 심리 상태에서 마셨던 커피 한 모금이 어떤 맛이었을지 궁금하지만 현재 편의점이나 슈퍼에 가면 한 코너 가득히 커피음료가 자리 잡고 있습니다. 심지어 전국 어디에 가더라도 커피전문점이 자리 잡고 있습니다.

인간의 뇌는 크게 뇌간brainstem 또는 brain stem과 소뇌cerebellum, 생명 유지 기능을 하고 있는 생명의 뇌와 후뇌 뒤에 있는 중뇌중간뇌, midbrain&변연계, Limbic system, 이름처럼 모든 정보를 전달해주는 중간 정거장 역할을 하며 감정 기능을 담당하는 뇌, 대뇌 피질부가 있는 전뇌앞뇌, forebrain,로 이루어져 있습니다. 전 세계 사람들에게 커피가 사랑을 받는 이유는 바로 중뇌, 변연계의 감정의 뇌를 자극했기 때문입니다. 이를 동기성이라고도 합니다. 동기motive란 행동을 가능하게 하는 생리적 에너지 혹은 행동을 조절하는 힘을 말합니다.

커피 같은 사람이 되었으면 좋겠습니다

감정의 뇌를 자극하는 커피가 되십시오! 비록 유아기 시절 불안정 애착을 경험했을지라도 지금부터라도 나를 모든 사람들이 좋아할 수 있도록 나와 대화하는 시간을 갖고 나를 먼저 사랑하십시오. 나를 먼저 사랑하고 아껴야 다음에 진실한 사랑을 하고 설령 헤어짐을 경험하더라도 불안하지 않습니다. 기억하십시오! 나는 소중한 사람입니다.

07

나와 직면하기

Q

이상형만 기다리는 남자와 여자!

내가 아직까지 연애를 못 하는 이유는 이상형을 만나지 못해서라고 생각하고 있는 J씨. J씨의 이상형은 키는 180cm, 몸무게는 상관없지만 남성미가 넘치는 남자, 매일매일 운동을 안 하는 사람은 게을러 보여서 별로이며, 잘 꾸미는 남자, 매너가 좋은 남자, 음식을 먹을 때 쩝쩝거리면서 먹지 않는 남자, 잠을 잘 때 코를 골지 않는 남자, 나의 출퇴근을 책임질 수 있는 남자 등입니다. 가부장적 환경, 엄격한 아버지에게 자란 J씨에게 가장 중요한 것은 자상한 사람을 만나는 것입니다. 친구들은 그러한 남자를 만나려면 별나라나 가야 만날 수 있다고 하지만, J씨는 이상형의 남자가 언젠가 꼭 나타날 거라 믿고 있습니다. J씨의 이상형, 계속 기다리면 나타날까요?

2013년 탤런트 겸 영화배우 소유진은 15살 차이가 나는 기업인, 요리연구가인 백종원과 결혼을 하여 큰 화제가 되었습니다. 소유진의 부모님 또한 30살 차이가 난다고 한 언론에 공개가 되어 또 한 번 화제가 되었습니다. 또한 소유진의 어머님이 상견례 날 차에서 내려 상견례 자리에 가지 않겠다고 대성통곡을 하였다고 합니다.

연구에 의하면 소유당하고자 하는 정서가 남자보다 여자에게 더 많다고 합니다. 우리나라와 같이 가부장제 중심의 가치관이 지배하는 환경에서 자라난 여자들은 자신의 가치를 남성에 의해 선택을 받느냐 못 받느냐에 따라 스스로의 가치를 평가하는 경향이 있습니다.

바라는 이상형을 만날 수 있는 확률이 없는 것은 아닙니다. 첫 만남으로 이상형을 만나고, 어려움 없이 결혼하여 행복하게 사는 사람들도 있습니다. 하지만 진정으로 원하는 이상형의 유형 중 나의 아버지 어머니와 같은 사람을 원하는지, 반대의 사람을 원하는지 중요하게 생각해보아야 합니다. 또 자신이 연애를 하기를 원하는 것인지, 부모 이미지를 대신할 인물을 원하는 것인지 생각해보아야 합니다.

심리학 용어: 방어기제

필자와 같이 심리학을 처음 접하는 사람이라면 방어기제를 처음 정의한 학자가 누구인지 잘 모를 수 있습니다. 사람들이 사용하는 방어기제는 모두 나쁜 습관과 같은 것일까요? 방어기제는 몇 가지인가요? 방어기제에 관련 강의를 들어도, 이재연 지도교수님에게 몇 번을 질문해도 이해하기 매우 어려웠습니다.

"너 정말 방어적이구나" 할 때 '방어'라는 용어는 1984년 정신분석의 창시자인 지그문트 프로이트Sigmund Freud의 〈방어의 신경정신증The NeuroPsychoses of Defence〉이라는 논문에서 최초로 등장하였습니다.

수년 동안 억압과 방어를 같은 의미로 사용했습니다. 1929년 프로이트는 공식적으로 '방어', '억압' 두 용어를 전혀 다른 방향으로 설명했습니다. '방어'는 무의식적인 심리과정이며 총괄적인 개념으로 설명했고, '억압'은 가장 중요하거나 원형적인 것이지만 많은 방어 중의 하나로 설명했습니다.

1937년 프로이트가 세상을 떠나기 전 "자아는 위험과 걱정, 그리고 불쾌함을 피하려는 자신의 의무를 완성하기 위해 다양한 절차들을 사용한다. 이런 절차들을 가리켜 우리는 '방어기제'라 부른다"라고 정의하였습니다. 방어기제라는 용어는 1936년 프로이트의 6명의 자녀 중 막내딸인 안나 프로이트Anna Freud가 자신의 책인 《자아와 방어기제The Ego and the Mechanisms of Defense》에서 처음 사용했습니다. 퇴행, 억압, 반동형성, 격리, 취소, 투사, 내사, 자기 향하기, 역전, 9가지 방어기제를 더해 승화, 혹은 전치를 합하여 10가지로 정의하였습니다. 우리가 지금 알고 있는 방어기제는 대부분 안나 프로이트가 정리한 것입니다.

미국의 정신과 의사인 조지 베일런트George E. Vaillant, 1971, 1992는 18개의 방어기제를 설명하였으며, 미성숙에서 성숙으로의 위계상의 방어기제가 나누어져 있다고 했습니다. 그는 20대 초반의 젊은이들을 대상으로 주로 사용하는 방어기제를 조사했고, 수십 년에 걸쳐 그들이 어떻게 살아가는지 몇 년마다 관찰했습니다. 그 결과를 토대로 그는 《성공적인 삶의 심리학Adaptation to Life》이라는 1997년 책을 출간하였는데, 성숙한 방어, 신경증적 방어, 미성숙한 방어, 자기애적 방어로 크게 4가지로 나누어볼 수 있다고 했습니다.

1. 성숙한 방어
    예) 승화, 이타주의, 유머, 억제

2. 신경증적 방어
    예) 억압, 반동형성, 대치, 합리화

3. 미성숙한 방어
    예) 퇴행, 신체화, 동일시, 행동화

4. 자기애적 방어
    예) 부정, 분리, 투사

또한 정신의학진단체계 《DSM-5》의 기준에서 방어기제는 대략 50개 이상으로 분류될 수 있습니다. 예를 들어 정신분석적 입장에서 특정한 방어기제를 통해 무의식적 갈등으로 인한 불안에 대처하려 할 때 강박장애가 나타날 수 있다고 간주하였습니다. 이러한 충동 의식이 떠오르게 되면, 불안을 경험하게 되며 이를 통제하기 위해 4가지 방어기제인 격리, 대치, 반동형성, 취소가 사용됩니다.

심리학 용어: 프루스트 효과

데자뷔 현상은 필자뿐만 아니라 많은 사람들이 경험했을 것입니다. 비슷한 말로 기시감既視感이라고도 합니다. 즉 처음 온 장소, 처음 본 그림, 처음 먹어보는 음식, 처음 겪는 경험 등임에도 불구하고, 경험한 적이 있는 것 같은 이상한 느낌이나 환상을 말합니다. 프랑스어로 '이미 보았다'는 의미로 영어로는 'already seen'이라고도 합니다. 이와 비슷한 개념으로 심리학에 프루스트 효과Proust effect라는 용어가 있습니다. 냄새는 기본적으로 식욕을 돋우는 역할을 하지만, '기억'을 끄집어내는 역할도 합니다. 냄새를 맡는다는 것은 후각적인 감각을 넘어서 언어의 기억을 살리는 작업을 하는 것입니다. 후각의 경험을 매개로 해서 깊은 곳의 기억을 순간 떠오르게 만드는 현상을 프루스트 효과, 마들렌 효과라고 합니다. 냄새를 통해 과거의 일을 기억해내는 현상이라는 이 단어는 1913~1927년 출간한 프랑스 작가 마르셀 프루스트Marcel Proust의 대하소설《잃어버린 시간을 찾아서 la recherche du temps perdu》에서 유래하였습니다. 이 책에서 주인공 마르셀은 홍차에 적신 마들렌의 냄새를 맡고 어린 시절을 회상합니다. 즉 프루스트 현상Proust phenomenon은 과거에 맡았던 특정한 냄새에 자극받아 기억하는 일을 말합니다.

2001년 필라델피아에 있는 미국 모넬화학감각센터의 레이첼 헤르츠Rachel Herz 박사팀에 의해 입증되었습니다. 〈냄새가 기억에 최고의 단서인가? 연상 기억 자극의 교차 양상 비교〉라는 논문을 발표했습니다. 레이첼 헤르츠 박사 외 연구팀은 과거의 캠프파이어 기억을 떠올리도록 세 가지 단서를 제공했습니다. 첫 번째는 캠프파이어 영상, 두 번째는 캠프파이어 소리, 세 번째는 캠프파이어 냄새였습니다. 연구 결과 '냄새'가 가장 기억을 생각나게 되살려준 것으로 나타났습니다. 이 결과를 바탕으로 과거를 이끌어내는 기억자극은 '냄새'가 가장 강하다는 것을 증명하였습니다. 뇌 속에서 감정을 관장하는 편도체는 시각보다 냄새를 맡을 때 기억을 관장하는 해마Hippocampus를 더 자극한다는 것입니다. 또한 뇌는 운동중추, 지각중추 등의 고차원적인 정신기능에도 관여합니다. 과거 경험들이 지각중추에 흩어져 있고, 서로 긴밀하게 연결되어 있다는 결론을 이끌어냈습니다.

엄격한 아버지에게 받지 못한 사랑을 남자친구에게 대신 받으려는 나의 억눌려 있던 욕구가 이상형으로 표출됩니다. J씨는 아버지와 반대로 늘 따뜻하고 자상한 남자친구를 만났습니다. 하지만 J씨는 왠지 행복하지 않습니다. 왜냐하면 이렇게 맺게 된 사랑은 성인으로 만난 남자와 여자가 만난 것이 아니기 때문입니다. 자세히 들여다보면, 심리적으로 자상하고 따뜻한, 새로운 아버지와 딸의 관계를 맺게 된 것입니다. 알뜰하게 챙겨주고 보살펴주는 남자친구에게 편안함을 느끼면서도, 동시에 남자친구에게서 벗어나고 싶다는 생각을 하게 됩니다. 이는 아버지, 즉 미운 대상이나 바람직하지 않다고 느꼈던 부모님의 모습이 무의식 속에 동일시identification되었기 때문입니다.

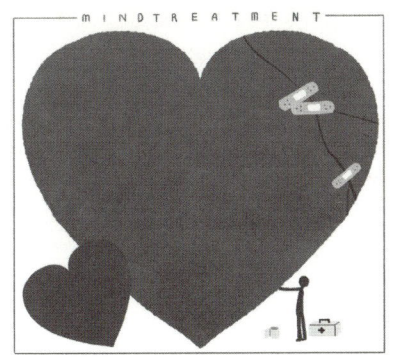

직면하기

　진정한 연애를 하려고 한다면, J씨는 권위적인 아버지와 이야기를 나누어야 합니다. 물론 대화는 1초도 지나지 않아 분노와 감정을 불러일으킬 것입니다. 그때 참거나 피하거나 물러서지 말고, 본인의 감정을 가만히 느껴보아야 합니다. 아주 큰 미사일이 내 심장에서 폭발하면서 온몸에 느껴지는 전율, 나의 몸이 다 타고 재로 바뀌는 감정을 감지하게 될 것입니다. 그 감정을 느끼는 것을 직면하기라고 합니다. 그 모든 감정과 감각을 지금이라도 다시 체험해야 합니다. 단 한 번이 아니라 반복해서 거듭 그 감정을 체험해야 합니다.

08

낡은 방어기제들을 버려야 합니다

Q

일편단심, 한 사람만 사랑하기!

저는 30대 남성 중반 회사원입니다. 5년 전 그녀와 파혼을 했고 지금까지 다른 여자가 눈에 들어오지 않습니다. 제 마음속에는 여전히 그녀만 있습니다. 1년 전 소개로 만난 J는 그녀와 성격도 비슷하고, 청순한 외모도 비슷하여 만남을 유지했지만 얼마 전 헤어졌습니다. 그녀는 저에게 자주 이렇게 물어보곤 하였습니다. "오빠는 나를 사랑하기는 하는 거야?" 저는 왜 그녀를 잊지 못하고 있는 걸까요?

그녀를 못 잊는 이유는 30대 남성분의 무의식에 자리 잡은, 어린 시절 다양한 경험으로 형성된 30대 남성분의 보호자에 대한 이마고_{imago} 때문입니다.

심리학 용어: 이마고

"채원이 꼬예요." "채원이가 오늘 학교를 갔는데여." "채원이가 밥을 먹었는데요." 초등학교 2학년인 채원이는 요즘 채원이가, 자기 이름을 앞에 붙여서 이야기합니다.

성인이 되었는데 "채원이가 회사를 갔는데요"라며 스스로 자신의 이름을 자주 부르는 것은 이상합니다. 하지만 초등학교 2학년 아이들과 같이 자기 이름을 부르는 시기가 꼭 한 번씩은 있습니다. 유아기 4살부터 어린이 10살까지는 정체성을 형성하는 시기로, 심리학 용어로는 이 시기를 내면자아 형성시기라고 합니다.

이마고란 이미지에 의해 형성된 자아_{image + ego = imago}를 말합니다. 이마고라는 개념은 1912년도에 출판된 융의 책 《리비도의 변형과 상징》에서 비롯되었습니다. 융의 기본 저작집 제7권 《상징과 리비도》는 《변환과 상징》 5권으로 전반부에 《리비도의 변형과 상징》이라는 제목으로 1912년에 출간되었고, 후에 《변환의 상징》으로 보완되었습니다. 융은 사람이 타인과 맺는 관계들의 기초를 이루는 무의식적 인물의 '원형'이 가족 관계에서 만들어진다고 보았고, 어머니, 아버지, 형제의 이마고에 대해 기술하였습니다. 이 용어는 분명 '이미지'라는 용어와 관련되어 있지만, 단순히 하나의 이미지라기보다 이미 습득된 상상적 형태로서 실제 개인의 반영이 아니라 환상적인 표상을 말합니다. 시각적 표상뿐만 아니라 느낌도 포함하는 주관적 결정체라는 것입니다. 이마고는 개인적인 경험의 산물이 아니라 누구에게나 정신 속에서 현실화될 수 있는 보편적인 원형이기 때문에 주체가 다른 사람들과 관계를 맺는 방식에 영향을 미치는 고정관념으로 작용합니다. 이런 다양한 이마고라는 렌즈를 통해 다른 사람들을 지각하는 것입니다.

부부관계 치료에서는 결혼생활에서 부부갈등의 원인이 되는 다양한 배우자의 특성이 사실 본인의 어린 시절 상처로 형성된 이마고가 배우자 선택의 당시에는 상대방에 대한 무의식적 이끌림으로 나타난 결과임을 설명하고 있습니다.

언어가 열리면 생각이 열리게 됩니다. 아기가 태어나서 18개월쯤이 되면 '의미의 확대 적용 과정(손으로 하던 비언어표현을 언어로 늘려나간다)'을 거칩니다. 손동작, 표정으로 싫고, 좋음을 표현하다가 구강기 oral stage, 0~1세를 지나 항문기 anal stage, 2~3세인 36개월쯤 지나면서 생각과 감정을 전달하기 위해서 언어로써 표현하기 시작합니다. 이때 저장해둔 언어는 언어의 무늬들이 다 드러나지는 않습니다. 그래서 부모들은 아이에게 흡수된 부정적인 언어무늬를 발견하지 못합니다. 하지만 열 살쯤 되면서 제2의 언어의 빅뱅 시기를 맞이하게 됩니다. 모국어로서 최대치의 언어를 받아들일 수 있는 시기가 바로 이때입니다. 머리는 새로운 단어를 충분히 받아들이고 싶어 하는데 이를 채워주지 못하면 친구들이나 주변 환경을 통해 '욕과 성'에 관련된 단어들을 받아들입니다. 이러한 어휘들은 사춘기를 지나서 자주 사용하거나 반복하게 되면 '화석화 fossilization'가 됩니다. 긍정적인 어휘와 부정적인 어휘의 화석화 비율에 따라 생각과 행동도 결정됩니다.

심리학 용어: 전치·전이

전라도 출신 정치인을 싫어하는 아내가 전라도 출신 남편에게 화를 내는 경우, 일본을 미워하는 경우 일본 브랜드 옷을 사는 사람을 공격하는 행동이 있습니다. 즉 원래의 무의식적 대상에게 주었던 감정을, 그 감정을 주어도 덜 위험한 대상에게 옮기는 과정을 말합니다. 이는 방어기제의 하나로 치환에 해당합니다. 영어로 'displacement'이며, 'place'는 동사의 의미로 '~에 놓다'라는 'put'의 의미와 같습니다. 긍정적인 감정과 부정적인 감정을 포함하여 감정을 돌리는 것을 말합니다.

전치·전이는 일반적으로 아동기 시절 중요한 대상자와의 미해결 과제의 산물입니다. 과거 대인관계에서의 미해결 경험을 이해하고 현재 치료 관계를 통해 해결할 수 있도록 하는 분석의 중요한 단서입니다. 아동기에 경험했던 감정이나 갈등을 무의식으로부터 의식의 표면으로 떠올리기 시작하며 정서적인 퇴행을 나타냅니다. 예를 들어, 내가 과거에 엄격하고 애정이 없는 아버지와의 관계에서 해결되지 못했던 감정을 타인에게 전이시키면 타인은 나의 눈에 엄격하고 애정이 없는 사람으로 보입니다.

전치·전이에는 두 가지 유형이 있습니다. 먼저, 긍정적 전이 혹은 양성적 전이 positive displacement 란 타인에게 우호적이고 친밀한 감정을 갖는 것이며 성애적 기반을 둡니다. 반면 부정적 전이 혹은 음성적 전이 negative displacement 란 타인에게 공격적이고 불신감을 갖는 것입니다. 적대적인 감정은 부정적 전이의 산물이지만, 내가 타인을 좋아하게 된다거나 사랑과 인정을 받으려고 할 경우 긍정적 전이가 나타납니다.

나만의 낡은 방어기제를 버려야 합니다

　현실적으로 같은 사람이 아님에도 불구하고 무의식은 나에게 그 남자, 그 여자의 유사점이 있으면 같은 사람으로 착각하게 합니다. 그래서 우리는 무의식에 그려진 이마고 imago 에 따라 비슷하지만 다른 사람을 찾아 사랑을 하게 됩니다. 결국 현실에서 여러 사람과 사랑을 하더라도 우리의 무의식은 유일한 그, 그녀와 사랑하게 됩니다. 긍정적인 어휘와 부정적인 어휘의 '화석화 fossilization' 비율에 따라 생각과 행동이 결정됩니다. 즉 긍정적인 어휘의 화석화가 높은 사람은 '감정의 동굴'이 아닌 '감정의 터널'로 잘 갈아탈 수 있습니다. 속으로는 좋아하지 않으면서 겉으로는 잘 지내는 반동형성 등 지금까지 가지고 있던 나만의 낡은 방어기제를 버려야 합니다. 내가 진심으로 원하는 사랑이 무엇인지 생각해보고, 어린 시절 내가 받은 사랑의 미해결된 산물은 무엇인지 확인하고 해결한 후에 그 남자, 그 여자와 사랑을 하시기 바랍니다.

09

외부 현실과 내면세계가 잘 소통되고 통합되어야 정서적으로 안정될 수 있습니다

Q

첫사랑을 잊지 못하는 이유가 무엇일까요?

고1 남학생입니다. 그 여자아이에게 말이라도 걸어볼까 했는데, 남녀 분반이어서 만날 수가 없고, 그녀 앞에 서기도 어색합니다. 진짜 어떻게 해야 할지 모르겠습니다. 고백하면 받아 줄까요? 그 여자아이도 저에게 관심이 있을까요? 말을 걸어야 한다면 어떻게 할지 추천 좀 해주세요. 지금 고백하지 못하면 평생 후회할 것 같습니다. 그 여자, 그 남자는 왜 첫사랑을 못 잊는 건가요? 남자들은 첫사랑을 무덤까지 가져간다고 하는데 정말인가요?

대상관계 이론에 근거하면 우리의 삶은 내면세계와 외부 현실 두 가지 영역으로 나뉩니다. 지금 글을 쓰고 있는 필자의 모습을 '외부 현실', 필자가 유명작가가 된 꿈을 꾸는 것과 같이 매일 꿈꾸고 생각하지만 눈에는 보이지 않는 '내면세계'입니다. '내면세계'에서 사람들은 외부의 현실과 다른 삶을 살고 있습니다. '내면세계'에서는 생애 초기부터 관계를 맺어온 모든 인물이 존재하며, 나만의 희망사항이 만들어낸 가공의 인물도 함께 있습니다. 사람마다 정도의 차이가 있을 뿐 사람들은 내면에 가상의 인물과 허구의 세계를 간직하고 있습니다. 현실에서 이루지 못한 꿈을 꾸고, 현실에서 가보지 못한 곳도 갈 수 있습니다. '언젠가는 수영장과 영화관이 있는 큰 집에서 돈 걱정 없이 멋진 이성을 만나 행복한 삶을 살게 되겠지'와 같은 희구(바라고 요구하는 것)로 가득합니다. 내면에 있는 희구들을 '환상'이라고 부릅니다. 환상 속에 있는 채워지지 않은 욕망들로 사람들은 좌절감에서 헤어나지 못할 수도 있습니다.

드라마 또는 영화의 소재로도 빠지지 않는 단편소설이 있습니다. 바로 1952년 황순원의 《소나기》입니다. 이 소설은 대한민국의 중학교 1학년 국어 교과서뿐만 아니라, 초등학교 6학년 국어(듣기 말하기) 교과서에도 수록되어 있습니다. 황순원의 《소나기》는 시적이고 서정적입니다. 소설의 소녀少女와 소년少年의 이루어지지 않은 사랑 이야기는 정말 간절히 이루어졌으면 하는 여운餘韻으로 남아 있습니다.

심리학 용어: 자이가르닉 효과

　미해결 과제, 마치지 못한 일을 마음속에서 쉽게 지우지 못하는 현상을 말합니다. 러시아 심리학자인 블루마 자이가르닉_{Bluma Zeigarnik}은 어느 날 식당에서 수많은 손님들의 주문을 기억하고 서빙하는 웨이터들이 서빙이 끝나고 나면 바로 직전에 가져다 놓은 메뉴를 잊어버린다는 것을 알게 되었습니다. 자이가르닉은 이 현상을 문제로 생각해서 실험을 통해 하나의 효과를 발견하게 됩니다.

　자이가르닉은 일반 학생들을 대상으로 실험을 진행했습니다. 실험에 참가한 학생들을 두 집단으로 나누어 간단한 과제들을 수행하도록 했습니다. 한 집단에는 지속적으로 그들이 과제를 수행하는 것을 방해하였고, 다른 집단에는 아무런 관여도 하지 않았습니다. 지속적으로 방해를 받은 집단은 과제를 완결하지 못하게 되었고, 그렇지 않았던 집단은 과제를 끝낼 수 있게 되었습니다. 과제 수행 이후, 참가한 학생들의 과제 회상률_{recollection rate}을 조사해보자 지속적으로 방해를 받아 과제를 마치지 못한 집단의 회상률이 1.9배 더 높았습니다. 자이가르닉은 이러한 현상을 인지적 불평형 상태_{disequilibrium state}가 야기되었다고 주장했습니다. 불평형 상태에서의 긴장이 과제가 해결될 때까지 계속되어 문제와 관련된 기억은 생생하게 남는다는 것입니다. 이에 따르면 수많은 손님들이 하나의 과제가 끝나기 전에 끝없이 새로운 과제로 웨이터들을 방해했던 것이 오히려 웨이터가 그 많은 과제들을 기억할 수 있게 해주었던 것으로도 볼 수 있습니다.

　첫사랑을 잊지 못하는 이유도 자이가르닉 효과_{Zeigarnik effect}를 이용하고 있다는 것을 알 수 있습니다. 사랑이 완성되지 않았다는 것과 더 나아가서 우리는 성공하고 행복했던 기억보다는 실패하고 좌절했던 기억을 더 생생하고 잘 떠올린다는 것과도 연결할 수 있습니다. 일상적이고 다정했던 연애의 기억보다는 안타깝고 불쌍했던 첫사랑 또는 짝사랑의 기억이 오래 남는 것 또한 비슷한 맥락입니다. 자이가르닉 효과는 언뜻 기억력과 수행력을 순간 증진시켜 준다는 점에서 긍정적이기도 하지만, 때로 나를 소모하고 힘들게 하는 일이 되어버릴 수도 있습니다.

심리학 용어: 인지적 불평형 상태

채원이는 사랑하는 사람에게 사랑한다고 말할지, 말하지 않을지 고민 중입니다. 사랑한다고 말했다가 차이면 어떡하죠? 후회 없이 사랑한다고 말이라도 해볼까요? 즉 기존의 생각과 편견을 사용하여 계속 새로운 정보에 동화되고, 동화가 이루어지지 않는 불평형 상태 disequilibrium state 에서는 생각과 편견을 조절해가는 과정을 통해 인간의 사고가 변화하고 발달해가는 것을 말합니다.

인지적 불균형이란 만약 문제가 해결되지 않으면 긴장은 지속되고, 해결되지 않은 문제와 관련된 기억은 생생하게 남습니다. 즉 문제해결이나 상황 이해가 불가능하다는 사실을 인식할 때 발생하는 현상을 말합니다. 쉽게 말해 기존의 생각과 편견으로 돌아가느냐와 기존의 생각과 편견을 깨고 추가적인 정보를 받아들이고 수용하느냐 하는 인지적 갈등 상태를 말합니다. 즉 동화와 조절, 두 과정을 통해 인지체계와 외부세계는 균형 상태를 향해 끊임없이 나아갑니다. 반면에 불평형 상태 또는 인지적 갈등 상태는 인지구조가 내놓는 해결책의 불균형, 부조화, 불확실성을 암시합니다.

인지발달 심리학자인 피아제Jean Piage는 모든 사람은 자기 자신과 환경 사이에 조화로운 관계를 만들고자 하는 인간의 정신 속에 선천적으로 가지고 있는 관념을 가지고 있다고 전제하였습니다. 즉 사람들의 모든 측면은 생각의 균형을 이루는 쪽으로 연결되어 있다는 것입니다.

평형은 지적 성장을 촉진하는 동기적 요인입니다. 아동이 외부환경과 상호작용할 때 기존에 가지고 있는 생각과 편견으로 해결될 수 없는 새로운 사태에 직면하면 조절이 일어나야 합니다. 그러나 조절이 이루어지는 과정은 인지적 긴장과 갈등을 일으키며 사람들을 불평형 상태에 처하도록 합니다. 인지적 불평형 상태는 사람들이 평형 상태를 회복하고자 노력하게 만들며, 그 결과 기존에 가지고 있는 생각과 편견이 수정되고 인지적 성장이 이루어지면서 인간의 사고가 변화하고 발달해갑니다.

자이가르닉 효과가 초래하는 것 중 하나는 외상 후 스트레스 증후군PTSD, post traumatic stress disorder입니다. 끔찍한 과거의 일들에 대한 기억이 계속해서 반복되는 증상인 외상 후 스트레스 증후군PTSD은 완결할 수 없을 만큼 거대한 심리적 충격이 기억에 각인되어 버리는 것입니다. 끝나지 않음은 어떤 사람들에게 도저히 출구를 찾을 수 없는 미로와 같습니다.

"과거를 이해하지 못하는 사람은 과거를 반복할 운명이다."
- 조지 산타야나 George Santyana -

　스페인 태생의 미국의 철학자, 시인인 조지 산타야나 George Santyana 는 "과거를 이해하지 못하는 사람은 과거를 반복할 운명이다"라고 하였습니다. 우리는 평소에도 끝맺지 못한 일들을 자주 흘려보내곤 합니다. 우리는 때로 마무리를 지어 시간의 편으로 흘려보내 주어야 합니다. 내 기억의 주인과 그 기억 속에 남아 있는 사건의 주인공은 언제나 자기 자신이기 때문에 그 일들을 마무리 짓고 끝을 보는 것 또한 자기 자신입니다. 즉 외부 현실과 내면세계가 잘 소통하고 통합된 사람일수록 정서적으로 안정될 수 있으며, 정신적 성장을 할 수 있습니다. 용기를 내서 직접 내면세계의 이루어질 수 없는 환상을 하나씩 떨쳐버린다면 나 스스로 발걸음이 가벼워지고 지금껏 보지 못했던 새롭고 아름다운 세상이 조금씩 잘 보이기 시작할 것입니다.

10

너의 천복을 따르라, 그 과정에서 두려움이나 죄의식을 갖지 마라

Q

나는 왜 인내하고 순종적인 사랑만 하게 될까?

저는 26세 여성으로 요가학원에서 강사로 일하고 있습니다. 오후반 수업을 맡고 하고 있어 오후 1시부터 5시까지는 개인 연습을 하고, 오후 6시부터 11시까지 수업을 합니다. 개인 연습과 수업을 마치고 나면 너무 피곤합니다. 하지만 외국계 대기업을 다니고 있는 남자친구는 너무 긴장하면서 일했던 자신의 몸을 풀어주어야 한다며, 근무 시간 외에 학원에 와서 저에게 1:1 트레이닝을 해달라고 합니다. 남자친구는 제가 하고 있는 일의 어려움을 한 번도 이해해준 적도 없고, 매번 남자친구의 약속 시간에 맞추어 데이트를 하고 있습니다. 데이트 장소와 시간 그리고 음식 등 그 사람의 취향이나 시간에 맞추어 하고 있습니다. 하루는 남자친구가 밤 11시 10분경에 찾아와서 1:1 스트레칭을 도와주고 있는데 가슴이 죄어 오고 숨이 차면서 식은땀이 나고 어지럼증이 있어 응급실에 갔던 적이 있었습니다. 하지만 그 후에도 한 달에 몇 번씩 같은 증상이 있어 병원에 갔더니 '공황장애'라고 하였습니다. 남자친구에게 이 이야기를 하였더니 나보다 어려운 직장을 다니는 것도 아니고, 힘든 일을 하는 것도 아닌데 '공황장애'는 말도 안 된다고 합니다. 이 사람은 왜 내 마음을 몰라주나요? 내가 얼마나 인내하고, 순종적인 사랑을 하고 있는지? 또한 저는 연애를 할 때 왜 저만 희생하게 될까요?

2002년 출간된 조셉 캠벨Joseph Campbell의 책 《신화의 힘》에서 '자신의 천복bliss이 무엇인지 분별하기 위해서는 신성한 공간, 즉 방해받지 않는 상념과 서두르지 않는 창조적인 작업을 위한 공간이 필요하다'고 말하였습니다. 그녀가 희생적인 사랑만 하는 이유는 타인의 관심과 인정을 받기 위해 부단히도 노력하기 때문입니다.

현대 이상심리학 용어: 공황장애

2020년 6월 14일 방송된 SBS 〈집사부일체〉에서 영화배우 겸 가수 엄정화는 "수년 전 공황장애가 왔다. 내가 숨을 못 쉬고 있다는 느낌이 계속 들었다"라고 인터뷰하였습니다. 공황장애는 개그맨 이경규, 김구라, 정형돈, 가수 김장훈 등 연예인들이 앓은 적이 있어 '연예인병'으로 유명합니다. 의학계에서는 심장박동이 매우 빨라지고 호흡곤란을 일으키는 증상 등 공황발작이 반복적으로 일어나는 경우 공황장애로 판단합니다. 즉 갑자기 감정, 생각, 감각 등이 갑작스럽게 덮치는 강렬한 불안 또는 공포를 말합니다. 공황장애는 영어로 'panic disorder'입니다. 그리스 신화에 등장하는 판pan은 인간의 얼굴과 상반신에 염소나 산양의 뿔과 하반신을 갖고 있는 모습으로 묘사돼 있습니다. 목동을 보호하고 가축과 자연을 관장하는 신으로 숭배되었습니다. 하지만 반신반수의 험악한 형상과 변덕스럽고 화를 잘 내는 성격 탓에 인간들에게는 공포의 대상이기도 했습니다. 극심한 공포, 공황을 뜻하는 영어단어 패닉panic은 판pan에서 비롯되었습니다.

공황발작은 대뇌변연계limbic system에 기억을 담당하는 해마 앞쪽 위치한 편도체amygdala의 과민반응으로 인해 발생하는 증상입니다. 뇌와 관련된 용어는 라틴어에 기반합니다. 뇌에 관한 초기 연구들은 맨눈이나 간단한 현미경만을 이용해서 이루어졌기 때문에 대부분 눈에 보이는 시각적 형태에 따라 이름을 지었습니다. 편도체는 아몬드_{almond}처럼 생겼다고 해서 'amygdala'라는 이름이 붙었습니다. 편도라는 말을 보면, '편_扁'은 '작다'라는 뜻입니다. '도'는 '복숭아_桃'라는 뜻입니다. 즉 작은 복숭아라는 뜻입니다. '편도'라는 말은 아몬드의 한자음입니다.

편도체는 '공포 감정'과 관련이 있습니다. 무섭거나 공포스러운 사진을 보게 되면, 뇌의 편도체가 활성화됩니다. 또 심박수도 빨라집니다. 반대로 편도체가 손상되면 타인으로부터 위협을 느낀다거나 공포와 같은 감정을 가지지 못하게 됩니다. 이런 편도체는 태어난 지 두 살이 되면 거의 성인 수준의 크기까지 발달합니다. 즉 편도체는 태어나서부터 공포와 두려움과 같은 상황을 학습해서 어른으로 성장해서도 유사한 상황이나 대상을 직면하게 되면, 어려서 경험했던 공포스러운 상황에 대해 또다시 반응하게 되는 것입니다.

정신분석적 이론에 따르면 공황발작_{painc attack} 스트레스가 많은 시기에 발생한다는 점에 주목하며 그 원인에 대해 3가지 견해를 제시하였습니다.

첫째, 공황발작은 불안을 야기하는 충동에 대한 방어기제가 적절히 사용되지 않았기 때문입니다. 즉 억압되어 있던 두려운 충동이 마구 방출될 것에 대한 극심한 불안을 경험하게 된다는 것입니다.

둘째, 공황발작의 증상을 어린아이가 어머니와 이별할 때 나타나는 분리불안_{separation anxiety}과 관련된 것이라고 하였습니다.

마지막으로 공황발작은 무의식적인 상실 경험과 관련되어 있다고 하였습니다.

Busch 등(1991)의 연구에 따르면, 공황장애 환자는 대부분 공황발작을 경험하기 전에 '상실'과 관련된 심한 사회적 스트레스를 겪는다고 합니다. 연구에 포함된 32명의 공황장애 환자 중 50%가 의미 있는 타인을 상실한 후에 공황발작을 경험했으며, 특히 17세 이전에 부모를 상실한 경우 공황장애가 생길 가능성이 상대적으로 높다고 하였습니다.

심리학 용어: 관계성 욕구

필자는 초등학교 때 운동을 너무 못해서 아파트 단지의 유명인이었습니다. 초등학교 2학년 필자는 학교가 너무 가기가 싫었습니다. 체육시간이 너무 싫었기 때문입니다. 특히 줄넘기를 못해서 아이들과 함께할 수 없다는 것이 너무 속상했습니다. 필자는 줄넘기 2개 하기가 너무 힘들었습니다. 다행히 필자의 엄마와 저녁을 먹고 매일 연습한 결과 학교를 무사히 다닐 수 있었습니다. 이와 관련하여 관계성 욕구 relatedness need 는 사람들과 긍정적, 안정된 관계를 형성하고 인정받고자 하는 욕구입니다. 예를 들어 학생은 교사 또는 부모와 안정적인 관계를 가질 때 높은 내재적 동기를 가진다고 하였습니다.

미국 사회심리학과 교수인 에드워드 데시 Edward. L. Deci 와 〈뉴욕타임스〉 과학 및 건강 분야 에디터인 리차드 라이언 Richard Ryan 의 자기결정권이론 Self determination theory, Deci&Ryan, 1985 에 의하면, 인간이 추구하는 기본적인 욕구는 자율성 autonomy, 유능성 competence, 관계성 relatedness 이라고 정의하였습니다. 사람은 관계를 형성하고자 하는 심리적 욕구를 갖는다고 하였습니다.

보살피고 보살핌을 받으려고 하며, 타인과 연결되고 소속되며, 친밀감과 애착을 형성하고자 합니다. 욕구를 만족시키는 관계 내에서 사람들이 본질적으로 추구하는 것은 진실과 배려, 다른 사람과 의미 있는 관계를 맺을 수 있는 기회라고 하였습니다.

2017년 네덜란드 암스테르담 대학교 비서만Visserman 교수팀은 125쌍 커플을 대상으로 연구를 하였습니다. 실험 참가자들에게 2주간 매일 애인이 희생한 날은 언제인지, 그 희생이 뭐였는지 자세히 기록하도록 하였습니다. 느낀 고마움을 점수로 기재하도록 하였습니다. 하지만 결과는 너무나도 놀라웠습니다. 당연히 희생을 많이 한 날에 높은 점수가 나왔을 거라는 예상과 반대로 오히려 낮았습니다. 그 이유는 대가를 바라는 희생이 아닌 애인이 '나의 행복'만을 생각해주었을 때 비로소 감동했다고 합니다.

너의 천복을 따르라, 그 과정에서 두려움이나 죄의식을 갖지 마라

심리상담 첫날, 필자는 이러한 이야기를 들었습니다. "저는 왜 맨날 희생하는 사랑만 할까요? 왜 나만 손해 보는 사랑을 하는 건가요?"라는 질문을 받았을 때 이재연 지도교수님은 이렇게 이야기해주셨습니다. 사자와 사슴이 사랑을 하였는데 사자는 사랑하는 사슴에게 사자가 좋아하는 고기를 잔뜩 잡아서 주었으며, 사슴은 사랑하는 사자에게 많은 풀을 뜯어 주었습니다. 사자와 사슴은 진심으로 사랑하고 있는 것이 맞을까요? 필자는 지금까지 소통하려고 하지 않고, 필자가 하는 사랑 방법이 옳다고만 고착화하였는지도 모르겠습니다.

조셉 캠벨 Joseph Campbell 이 말하길 "너의 천복 bliss 을 따르라, 그 과정에서 두려움이나 죄의식을 갖지 마라" 하였습니다. 26세 여성 요가학원 강사님이 계속해서 희생하는 손해 보는 사랑을 계속할지 말지의 선택은 오직 자신만이 알 수 있고, 선택할 수 있습니다. 다만, 필자는 26세 여성 요가학원 강사님이 지금의 남자친구의 의지대로가 아닌 스스로의 의지대로 살아가는 당당한 독립적인 여성이 되었으면 좋겠습니다.

11

옹이가 빠져나간 자리에 사랑의 마음을 채워 넣어야 합니다

Q

20대 남자 알바생입니다. 카페에서 같이 일하는 여자분을 좋아하고 있습니다. 하지만 요즘 들어 저 혼자 짝사랑하는 것 같습니다. 그 여자분과 만나는 시간 동안 저는 관심 없는 주인을 바라보는 한 마리의 강아지가 된 기분이 듭니다. 아무리 꼬리를 흔들고 애교를 피워도 "나는 너 같은 강아지에게는 아무 관심이 없어, 그냥 필요할 때만 찾게 돼~"라는 듯한 느낌을 받습니다. 그런데도 좋다고 매달려 있는, 그 여자분만 생각하고 있는 제 스스로가 너무 밉습니다.

짝사랑, 포기할까요?

국어사전을 검색해 보면 짝사랑 one-sided love 이란 한 사람에게 연애 감정이 있지만, 상대는 자신에게 그런 감정이 있지 않거나 명확히 알 수 없는 상황을 말합니다. 양측이 서로 상대를 짝사랑하는 경우도 있습니다. 현대 사회에서는 한쪽이 홀로 누군가를 사랑한다는 의미로 해석되기도 합니다. 메리엄 웹스터 온라인 사전에서는 짝사랑의 정의를 "not reciprocated or returned in kind"라고 표현했습니다. 영어사전에서 검색해보면 "be in one-side love"라고 표현합니다. 짝사랑에 대한 설렘도 잠시, 그 남자 그 여자가 바라봐주지 않아 혼자 아파하고, 혼자 스스로 짝사랑을 포기할까 고민하는 이유는 거절당할까 봐 두렵기 때문입니다.

요즘 TV 프로그램 중 애완견을 주제로 한 프로그램을 흔하게 볼 수 있습니다. 특히 수의사이며 애완견 행동교육 전문가, 반려동물 행동교정(반려동물훈련사/애견훈련사) 등 각 가정을 방문하여 가족과 함께한다는 점에서 더욱더 신뢰가 됩니다. 또한 애완견을 기르는 가족들과 시청자들은 프로그램을 통해 애완견의 행동이 가족들과 시청자들이 생각하고 있었던 것과는 다른 해석에 주의 깊게 보게 됩니다. 가장 인상이 깊었던 점은 강아지를 만지려고 할 때 강아지가 혀 날름거리기, 고개 돌리기, 눈 깜빡이기 같은 행동을 보인다면 이는 손길을 피하려는 뜻이며, 사진을 찍을 때 강아지가 얼굴이나 입술을 핥는 것은 '고개를 치워 달라'는 의미, 턱을 핥는 행동은 '정말 좋아해'의 의미라는 반려동물훈련사 강형욱 님의 이야기는 흥미로웠습니다.

정신장애의 분류체계 《DSM-5》에서는 불안장애 Anxiety Disorders가 크게 7가지의 하위 유형, 즉 범불안장애 Generalized Anxiety Disorder, 특정공포증 Specific Phobia, 광장공포증 Agoraphobia, 사회불안장애 Social Anxiety Disorder, 공황장애 Panic Disorder, 분리불안장애 Separation Anxiety Disorder, 선택적 무언증 Selective Mutism으로 구분하였습니다.

불안 Anxiety을 느끼면 우리의 몸과 마음에는 여러 가지 변화가 일어납니다. 자율신경계 교감신경이 활성화되어 동공이 확대되고 혈압이 상승하며 호흡이 가빠지고 근육이 긴장되고 땀이 나게 됩니다. 또한 인지적으로 위협적인 상황에 주의를 집중하고 혹시 일어날지 모르는 부정적 사건을 예상하며 그에 대한 대비방법을 강구하게 됩니다. 즉 현실적으로 위험을 내포한 위협적인 상황에서 불안을 느끼는 것은 자연스럽고 적응적인 심리적 반응이며 정상적인 불안 Normal Anxiety이라고 할 수 있습니다.

상담학 용어: 위독약 효과

2004년 상영되었던 배우 정재영, 이나영 주연의 영화 〈아는 여자〉에서 주인공 동치성(정재영)은 3개월 시한부 판정을 받고 엉망진창이 되어 버린 마음으로 살아가게 됩니다. 병원에서 차트가 바뀌어 일어난 해프닝으로 동치성의 3개월은 진짜 시한부 인생을 경험하고 생을 마감하려고 하였습니다. '부정적인 암시가 초래하는 부정적인 결과'를 의미한다고 말할 수 있습니다. 진짜 약을 먹어도 효과가 없다고 생각하면 약의 효과가 나타나지 않는 심리적 현상을 말합니다.

위독약 효과_{노시보 효과, nocebo effect}는 원어 그대로 '노시보 효과' 또는 '노시보 이펙트'라고 읽기도 하며, 위약 효과_{플라시보 효과, placebo effect}와 반대되는 개념입니다. 서인도제도에 있는 아이티의 원시종교인 부두교의 의식에 잘 나타나 있는 현상인데, 부두교의 주술사가 저주를 내린 사람은 그 저주대로 죽음을 맞이하게 되는 상황이 나타납니다. 이는 병이 아닌 것을 병이라고 믿음으로써 실제 없던 병이 생기거나 가벼운 병이 악화되는 심리적 현상입니다. 이 현상은 처음 1942년 미국의 생리학자 캐넌_{W. Cannon}이 '부두 죽음_{Voodoo death}'이라고 명명하였습니다. 이후 1961년에 '나는 해를 입을 것이다'라는 뜻을 지닌 라틴어 '노시보_{nocebo}'를 인용하여 이 같은 현상을 위독약 효과라고 정식으로 부르게 되었습니다. 이 현상은 종교적 의식이 아니라 일반인에게도 나타납니다.

미국의 어떤 인부가 냉동차에 갇힌 다음 날 시체로 발견되었는데, 냉동고 차 안 내부에는 "나는 점점 얼어가면서 죽어가고 있다"라고 적혀 있었습니다. 그러나 이 냉동차는 고장으로 실제 온도는 14도였으며, 내부의 산소도 숨을 쉬기에 충분하였습니다. 이 사건은 자신이 위험에 처하지 않았는데도 불구하고 위기에 처한 상황으로 인식하여 그것에서 벗어나지 못한다는 믿음을 갖게 됨으로써 더욱 큰 위기를 맞게 되는 위독약 효과가 잘 설명된 예입니다. 윤리적 이유로 위독약 효과에 대한 연구는 많지 않지만, 대학생을 대상으로 이를 경험적으로 검증한 연구 결과 34명의 대학생에게 실제 전기가 흐르지 않는 한 전극을 머리에 붙이게 한 다음 전기가 머리로 흘러 들어가서 두통을 일으킬 것이라고 말하였습니다. 이 중 3분의 2 이상의 학생들이 실제 두통을 호소하였습니다. 이와 같이 개인의 신념은 인간의 행동과 감정에 큰 영향을 미친다는 것을 확인할 수 있었습니다.

심리학 용어: 위약 효과

필자가 간호사로 근무하였을 때 환자가 통증을 견디지 못하고 다시 진통제를 요구하는 상황이 있었습니다. 약의 작용시간이 있음에도 환자가 진통제를 요구하는 경우 주치의는 고민하기 시작합니다. 주치의는 어쩔 수 없이 결정합니다. 따뜻한 말 한마디와 플라시보를 처방합니다. 즉 인간이 '일부러 거짓말을 하다, 속이다'를 뜻합니다.

위약 효과라는 용어보다 플라시보placebo라는 용어를 더 많이 들어보셨을 겁니다. 플라시보placebo라는 단어는 원래 '좋아지게 하다, 만족스럽게 하다'는 의미의 라틴어로 프랑스 출신 심리학자이자 약학자 쿠에Emile Coue는 1882년부터 1910년까지 트루아에 있는 약국에서 일을 하다가, 후에 플라시보 효과 혹은 위약 효과라고 알려지게 되는 현상을 발견하였습니다. 노먼 필Norman Peale, 로버트 슐러Robert Schuller, 클레멘트 스톤Clement Stone과 같은 많은 미국인들이 그의 사상과 방법을 받아들여 미국에서도 쿠에의 이론은 급속도로 확산되었습니다. 또한 쿠에 낙관적 자기암시optimistic autosuggestion에 근거한 심리치료방법 및 자기개선방법을 소개한 인물입니다. 이를 쿠에이즘Coueism 혹은 쿠에의 방법Coue method이라고 합니다. 주문처럼 의식적으로 "매일, 어떤 방법으로든 나는 점점 더 나아지고 있다Day by day, in every way, I am getting better and better"라고 이 말을 매일 아침저녁으로 20번씩 눈을 감고 외우며, 머릿속에 그려보는 것입니다.

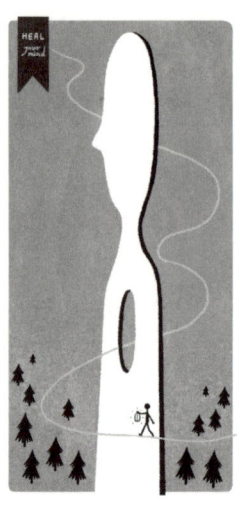

**무의식에 응축된, 단단한 덩어리 '옹이(가슴에 맺힌 감정 등)'들을
천천히 녹여서 해결해주어야 합니다**

   그녀가 나를 사랑하지 않는다고 거절당할까 걱정하고 있나요? 평생 다른 누구와도 짝사랑만 할 것만 같은 위독약 효과 노시보 효과, nocebo effect 를 경험하고 있는 것은 아닌가요? 고통스러운 사랑의 과정을 체험하고 나면 무의식에 쌓이는 상처들이 다음 사랑의 시작에 방해가 됩니다. 무의식에 응축된, 단단한 덩어리 '옹이(가슴에 맺힌 감정 등)'들을 천천히 녹여서 해결해주어야 합니다. '옹이'를 해소할 수 있는 방법으로 정신분석, 명상 등이 있습니다. 어떠한 방법을 통해서라도 우리는 자신의 깊은 내면과 직면하는 시간을 가져야 합니다. 특히 사랑을 시작하기 전, 사랑을 하는 중, 이별을 한 뒤 그대로 느껴지는 모든 감정을 있는 그대로 느껴보아야 합니다. 단, 주의할 점은 옹이를 해소하는 과정에서 타인에게 감정을 쏟아붓거나, 외면하고 회피하거나, 다른 사람을 찾아 위안받으려고 한다면 '옹이'를 해소할

수 없습니다. 그다음 긍정적인 자기암시를 통해 그 자리를 채워나가야 합니다. 실제 현대 의학은 이러한 자기암시가 뇌의 작용을 활발히 해주고 뇌는 다시 신체의 행동에 영향을 주어 적극적으로 행동하게 함으로써 암시했던 일이 이루어진다는 과학적인 증명을 하기도 했습니다. 그 대표적인 방법 한 가지로 책을 매일 읽음으로써 옹이가 빠져나간 자리에 사랑의 마음을 채워나가는 것입니다. 지금부터 20대 남성 알바생 마음에 사랑이 잘 자랄 수 있도록 따뜻한 햇볕 비추고, 촉촉한 단비만을 내리기를 바랍니다.

12

자연스럽게
심리적 거리를 조절해야 합니다

Q

20대 겨울님은 2년째 연애 중입니다.
하지만 혼자 있을 때보다
연애하고 있는 지금이 더 외롭다고 합니다.

저는 남자친구가 항상 언제 어디서나 옆에 있어주기를 바라지만 내 마음 같지 않습니다. 친구들은 내가 남자친구에게 집착이 심할 때도 있는 거 같다고 합니다. 남자친구만큼 잘해주는 사람도 없다고 하지만 아무리 남자친구가 잘해주어도 나는 외롭습니다. 계속 이런 마음이 든다면 헤어지자고 하는 게 낫겠죠? 남자친구를 계속 만나는 것도, 헤어지는 것도 결정하기가 어렵습니다. 저는 왜 연애를 하고 있어도 외로운 걸까요?

짝사랑과 같이 연애의 시작이 어려운 경우와 연애를 하는 동안 상대방에 집착하게 되는 경우 모두 사랑을 믿지 못하는 감정을 원인으로 두고 있습니다. 연애를 하고 있는데 여전히 외롭다는 것은 나의 내면에 형성된 사랑이라는 감정에 대한 확신의 문제가 있기 때문입니다.

인본주의 심리학자 에이브러햄 매슬로Abraham Harold Maslow에 의하면 인간의 동기를 설명하는 데 가장 보편적으로 이용되고 있는 욕구 단계 이론은 에이브러햄 매슬로가 1943년에 발표한 논문 〈인간 동기의 이론A theory of human motivation〉에서 주장한 것으로, 이는 임상실험에서 관찰된 대다수 사람들에 의해 소유되는 주요한 욕구들을 단계화함으로써 하나의 이론으로 발전시킨 것입니다.

매슬로의 욕구 단계 이론은 인간의 동기가 일반적으로 움직이는 양상을 묘사하기 위해 각 동기 단계를 생리적, 안전, 애정과 소속, 존중, 그리고 자아실현의 욕구로 명명했습니다. 생리적 욕구와 안전의 욕구가 충족되면 대인관계로부터 오는 애정과 소속의 욕구need for love and belonging가 나타납니다. 애정과 소속의 욕구는 사회적으로 조직을 이루고 그곳에 소속되어 함께하려는 성향으로 생존을 위해 무리를 지어 다니는 모습은 근본적으로 동물적 수준의 사회적 성향을 반영하는 것으로 볼 수 있습니다. 다시 말하면 사회적인 상호작용을 통해 전반적으로 원활한 인간관계를 유지하고자 하는 욕구를 말합니다. 애정과 소속의 욕구는 특히 다른 발달단계보다도 애착이 중요한 어린아이에게서 강하게 나타나며, 심지어 학대 부모의 자녀에게서는 안전의 욕구보다 더 중요하게 나타나기도 합니다. 폭력, 방만, 회피, 외면과 같이 애정과 소속의 욕구를 결핍시키는 요인이 나타나면 교우

관계, 가족관계를 포함한 전반적인 사회적 관계를 맺고 유지하는 데 큰 장애를 형성할 수 있습니다.

매슬로에 의하면 인간은 누구나 규모가 크든 작든 사회 집단에 소속되어 수용되고자 하는 욕구가 있습니다. 규모가 큰 사회 집단의 예로는 직장 동료, 종교 단체, 전문적 조직, 스포츠 팀과 같은 것이 있으며, 소규모 사회 집단의 예로는 가족 구성원, 연인관계, 멘토, 친구 관계 등이 있습니다. 사람은 사랑하기를 원하고 다른 이에게서 사랑받기를 원합니다. 많은 사람들은 사랑과 소속의 욕구가 결핍되었을 때 외로움이나 사회적 고통을 느끼며, 스트레스나 임상적인 우울증 등에 취약해집니다.

심리학 용어: 소유 효과

드라마 작가 김수현의 장편소설로 각색된 2007년 MBC 드라마 〈겨울새〉라는 드라마에 나오는 주경욱(배우 윤상현)은 일류대 피부과 레지던트이며 겉으로는 예의 바르고 부드럽고 착해 보입니다. 하지만 내성적인 지독한 마마보이로 다중인격자처럼 여러 얼굴을 가지고 있습니다. 본성은 여리고 착한 남자이나, 자기주장이 강하고 과도한 애정을 요구하는 엄마에게 길들여져 자기주장을 펴지 못합니다. 아내 영은(배우 박선영)을 좋아하지만 엄마의 요구를 거절하지 못하고 욕구 불만이 터지면 광폭하게 돌변합니다. 주경욱이 마마보이가 된 이유는 강 여사(배우 박원숙)가 아들을 소유하고 아들에게 병적으로 집착하기 때문입니다. 즉 대상을 소유하고 난 뒤 갖기 전보다 그 가치를 높게 평가하는 경향을 말합니다.

소유 효과_endowment effect_라는 용어란 행동경제학을 통해 정의된 개념으로, 어떤 대상을 소유한 뒤 그 대상에 대한 애착이 생겨 객관적인 가치 이상을 부여하는 심리적 현상을 뜻합니다. 2001년도 미국 행동경제학자인 리처드 탈러_Richard Thaler_ 교수와 이스라엘 심리학자이자 경제학자인 대니얼 카너먼_Daniel Kahneman_이 대학생들에게 소유 효과를 실험했습니다.

대학생을 2그룹으로 나눈 뒤 한 그룹은 미국 뉴욕 코넬대학교 로고가 새겨진 컵을 주었습니다. 다른 그룹 대학생들에게는 현금을 주었습니다. 코넬대학교 로고가 새겨진 컵을 받은 대학생들에게는 그 컵을 얼마에 팔고 싶은지 물었습니다. 또 현금을 받은 학생들에게는 그 컵을 얼마의 가격에 구매할 생각인지 물어보았습니다. 그 결과 가격의 차이는 두 배 가까이 차이가 났습니다. 희망판매가격은 평균 5.25달러, 희망구매가격은 평균 2.75달러였습니다. 이렇게 2배의 차이가 나는 이유는 자신이 소유한 것을 그대로 가지고 있으려는 경향이 강했습니다. 소유 효과가 강력하게 작용한 결과입니다.

일반적으로 사람은 자기 것으로 만들어 가지고 싶어 하는 욕망을 가지고 있습니다. 그렇다면 사랑과 소유욕의 차이는 무엇일까요? 항상 어디에 내가 있는지 내가 무엇을 하고 있는지 나의 애인이 알기를 바라는 것인가요?

2015년 출판된 생텍쥐페리의 잠언집 《우리가 사랑해야 하는 이유》의 사막의 도시에서 '사랑의 반대말은 미워하는 일이나 미워하는 마음이 아닙니다. 사랑의 반대말은 자기 것으로 만들어 가지고 싶어 하는 욕망'이라고 하였습니다. 자기 것으로 만들어 가지고 싶어 하는 욕망 때문에 몸이나 마음이 편하지 않고 고통스러운 상태 또는 그런 느낌이 시작된다고 하였습니다. 즉 '사랑을 소유욕과 착각하지 마라'는 명언이 있습니다. 소유욕은 영어로 'possessiveness'입니다. possessiveness의 기본형 'possess'를 해석해 보아도 소유하다 하나의 뜻만 가지고 있습니다.

연애를 하고 있어도 외로운 이유는 나의 애착 패턴이 어디에 해당이 되는지 확인해보아야 합니다. 영국 정신의학자이자 정신분석가인 존 볼비 John bowlby, 1969는 인간의 애착행동을 연구하였는데, 어린 시절 어머니와의 애착관계가 성장 후의 인간관계에 영향을 미친다는 점을 시사하였습니다. 어린아이는 어머니에 대해 매달리고 따라다니는 애착행동을 보이게 되는데, 이때 그러한 아이의 행동에 대해 어머니가 일관성 있게 수용적이고 우호적인 행동을 보이게 되면 아이는 안정된 애착stable attachment을 하게 됩니다. 이렇게 안정된 애착을 형성한 아이는 어머니에 대한 신뢰를 형성하게 되어 자발적으로 독립적으로 바깥세상을 탐색하게 될 뿐만 아니라 어머니가 보이지 않은 상황에서도 비교적 안정된 감정 상태를 유지하게 됩니다. 이렇게 어머니와 안정된 애착을 형성한 사람은 성장해서도 타인에 대한 신뢰를 갖고 지나치게 의존함이 없이 안정되고 친밀한 인간관계를 형성하게 됩니다. 반면, 아이의 애착행동에 대해 어머니가 적절하게 반응해주지 못하여 아이의 애착욕구를 좌절시키게 되면 아이는 불안정된 애착을 형성하게 됩니다.

불안정된 애착에는 두 가지가 유형이 있습니다.

첫 번째 유형으로 아이의 애착행동에 대해 어머니가 수용적 행동과 거부적 행동을 일관성 없이 나타나게 되면 아이는 불안한 또는 양가적인 애착

anxious or ambivalent attachment 을 형성하게 됩니다. 어머니의 비일관적이고 변덕스러운 반응으로 인해 아이는 어머니에 대한 안정된 신뢰를 갖지 못하고 어머니의 사랑에 대해 불안감을 갖게 됩니다. 따라서 어머니를 잃지 않으려고 지나치게 매달리는 의존적인 행동을 보이거나 눈치를 보는 등 불안한 행동을 보이게 됩니다.

두 번째 유형은 회피적 애착 avoidant attachment 입니다. 회피적 애착은 아이의 애착행동에 대해 어머니가 지속적으로 거부반응을 보일 경우에 형성됩니다. 회피적 애착을 형성하는 아이는 어머니에 대해 매달리는 행동을 포기하고 혼자 시간을 보내거나 놀이를 하는 등 혼자만의 세계로 후퇴하게 됩니다. 또한 성장 후에도 타인과의 인간관계에 관심을 보이지 않고 친밀한 관계를 회피하게 됩니다. 이와 같이 애착은 어린 시절뿐 아니라 성인기에 이성과의 관계에도 영향을 미치기 때문에 이와 관련된 현상을 다각적인 측면에서 살펴볼 필요성이 있습니다.

심리학 용어: 자기애

자기애가 강한 사람이 가장 많이 사용하는 방어기제는 부인 또는 부정 denial 입니다. 이 방어기제는 사실을 얼버무리거나 부정함으로써 인정하고 싶지 않은 것에서 마음의 평화를 유지하려는 가장 원시적인 방어기제 중 하나입니다. 만약 채원이가 원하던 대학교에 불합격했다고 한다면 자기를 과대평가하는 채원이는 채원이가 머리가 좋지 않다거나 공부에 임하는 자세가 좋지 않았음을 인정하고 싶지 않습니다. 그래서 "학원에 보내주지 않는 부모님 때문이다" "대한민국 입시제도로는 진짜 실력을 따질 수 없다"

"학교에서 잘못 가르쳤다" 등 주위 사람이나 사회를 탓합니다. 즉 자기애 narcissism라는 용어는 연못에 비친 자신의 아름다운 얼굴을 너무 사랑하여 연못 속에 몸을 던져 죽었다는 그리스 신화 속의 인물 나르키소스 Narcissus에서 연유되었습니다.

이상심리학 용어: 자기애성 성격장애

1992년 MBC에서 방송되었던 〈아들과 딸〉이라는 드라마가 있었습니다. 2020년 JTBC 〈부부의 세계〉 드라마에서 좋은 연기를 보여준 배우 김희애, 1990년대 오빠 부대를 만들었던 배우 최수종, 가나초콜릿 CF에서 청순한 이미지로 스타덤에 오른 배우 채시라가 주인공으로 나왔던 드라마였습니다. 이 드라마는 1960년대 말부터 1980년대까지를 시대적 배경으로 남아선호사상이 뿌리 깊었던 시대에 이란성 쌍둥이 후남(김희애)과 귀남(최수종)을 내세워 가족 간의 갈등과 화해를 통해 가족과 혈연을 되짚어보는 드라마였습니다. 그중 귀남이는 상처 입은 자기애와 자기실현을 포기할 수 없는 상황에 대한 보상을 자식을 통해 재생하려는 부모님 밑에서 성장한 사람입니다. 즉 자기애성 성격장애 narcissistic personality disorder는 과도한 자기상과 자기도취로 인해 사회적 부적응을 초래하는 장애입니다.

프로이트는 생후 5~6년 동안의 경험이 성격 형성에 지대한 영향을 준다고 주장하였습니다. 3~5세에 해당하는 남근기 phallic stage는 긴장을 느끼고 쾌감을 얻는 리비도가 성기에 집중합니다. 심리성적 발달단계에서 갈등이 너무 클 경우 성적 충동이 초기 단계에 머무르는 고착 fixation이 발생합니다. 남근기의 고착이 유발하는 성격으로는 자신의 아름다움과 비범함에 도취되어 타인으로부터 끊임없이 인정받고 싶어 하는 자기애적 성격장애가 있습니다.

자기애성 성격은 외현적 자기애와 내현적 자기애 2가지로 구분됩니다. 외현적 자기애의 특성을 보이는 사람은 자신만만하고 타인의 반응에 반응하지 않고 자기주장적인 모습을 보입니다. 반대로 내현적 자기애를 지닌 사람은 수줍어하고 타인의 반응에 매우 민감하여 조심스러운 행동을 나타냅니다.

자기애성 성격장애는 자신에 대한 과장된 평가로 인한 특권, 의식을 지니고 타인에게 착취적이거나 오만한 행동을 나타내어 사회적인 부적응을 초래하는 성격을 말합니다. 자기 자신을 사랑하는 것은 자연스럽고 건강한 것입니다. 그러나 자기 사랑이 지나쳐서 자신을 비현실적으로 과대평가하고, 타인을 무시하며 자기중심적인 행동을 나타내게 되면 대인관계의 갈등과 부적응을 초래하게 되는데, 이러한 경우를 자기애성 성격장애라고 합니다.

자연스럽게 심리적 거리를 조절해야 합니다

소유 효과_{endowment effect}는 주관적인 애착형성 때문입니다. 정성과 사랑을 다하고 마음을 다한 대상에 대해서는 객관적으로 바라볼 수 없고, 남들은 다 아는데 나 스스로만 모르는 주관적인 바보가 되는 것입니다. 내가 애인을 소유하거나 또는 소유할 수 있다고 생각하는 순간, 나의 순수한 사랑은 주관적인 애착으로 깨져버리고 결국 이별만이 정답일 수 있습니다. 진심으로 사랑하는 사람은 스스로의 감정과 상대방의 감정을 절대 무시하지 않습니다. 현재 상황과 나 스스로의 분석이 끝났다면 남자친구에게 나의 생각을 솔직하게 이야기하다 보면 나와 외로움을 느끼는 이유가 무엇인지 뚜렷하게 알게 될 것입니다. 애인 사이에서 서로의 거리를 정확히 파악해야 합니다. 너무 가까이 다가가 있다면 거리를 두고 지켜봐줄 수 있어야 합니다. 나도 모르게 욕심을 부려서 사랑이라는 이름으로 너무 가까이 가 있다면 조금 떨어져 감정과 생각의 여유를 주어야 합니다. 내가 자연스럽게 노력하고 변화하는 모습으로 애인에게 모델이 된다면 나의 연인도 자연스럽게 심리적 거리를 조절하게 될 것입니다.

2장

연애와 결혼의 배경

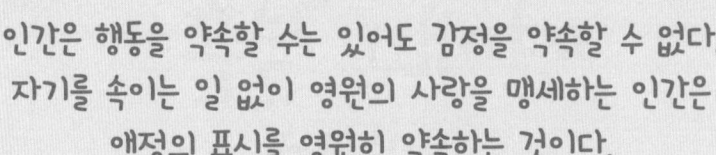

인간은 행동을 약속할 수는 있어도 감정을 약속할 수 없다.
자기를 속이는 일 없이 영원의 사랑을 맹세하는 인간은
애정의 표시를 영원히 약속하는 것이다.

- 니체 Friedrich Wilhelm Nietzsche -

♥ ♥ ♥

01

나를 먼저 사랑해야
상대방을 나처럼 사랑할 수 있습니다

Q

좋아하는 것과 사랑은 다른 건가요?

저와 여자 친구는 다른 커플에 비해서 대화를 많이 하는 편입니다. 기분이 좋을 때 "이대로 시간이 멈춰버렸으면 좋겠다" "오빠가 너무 좋아" 서로 다투었을 때도 "오빠가 이런 모습을 보일 때 오빠가 싫어지더라고" 등 여자 친구는 표현을 잘합니다. 하지만 여자 친구는 제 사랑을 자주 확인합니다. 이럴 때 '나의 사랑이 부족한가'라는 생각으로 고민하고 있습니다.

표현한다는 것은 건강한 마음을 가지고 있다는 것입니다. 하지만 사랑을 자주 확인하려고 하거나 그 남자 그 여자에게 주는 사랑이 부족하다고 고민하게 되는 이유는 낮은 자존감의 문제 때문입니다.

2019년 TV에서는 트로트의 열풍을 일으킨 모 방송국의 〈미스트롯〉에 이어 2020년 〈미스터트롯〉의 출연자들은 많은 팬층으로 인기를 실감하고 있습니다. 물론 전 세계적으로 인기가 있는 방탄소년단의 인기만큼, 2020년 코로나바이러스의 심리적 어려움을 해소해줄 만큼 사람들은 〈미스트롯〉과 〈미스터트롯〉 출연 가수들을 좋아하고 있습니다. 심리학에서는 '좋아하는 것'과 '사랑하는 것'을 구분합니다. 남을 통해 내가 행복해지려고 하는 마음은 '좋아하는 것'이고, 나를 통해 남을 행복하게 만들고 싶어 하는 마음을 '사랑하는 것'으로 구별합니다.

심리학 용어: 자기대상

지난 2018년 12월 공연된 뮤지컬 〈마리 퀴리〉를 통해 자기대상을 이해해볼 수 있습니다. 마리 스클로도프스카 퀴리 Marie Curie는 우리에게 퀴리부인으로 익숙한 분입니다. 1898년 라듐을 발견하였지만, 불행하게도 1920년대에 접어들면서 라듐연구소의 연구원들이 악성 빈혈이나 백혈병으로 목숨을 잃는 일이 발생했습니다. 퀴리 부인도 방사선에 지속적으로 노출된 결과 1934년 7월 4일 세상을 떠났습니다. 〈마리 퀴리〉 뮤지컬은 '퀴리 부인'의 연구가 초래한 비극 때문에 힘들어했지만 아랑곳하지 않고 연구를 재촉하는 '안느 코발스키'의 이야기입니다. 안느에게 퀴리부인은 이상화 자기대상입니다. 안느는 라듐시계공장 노동자로 있지만 라듐을 발견한 과학자를 친구로 두고 있기 때문에, 자신과 자신의 일에 높은 가치와 의미를 부여하려고 합니다. 때때로 안느는 퀴리부인을 비난합니다. 그 이유는 이상화 자기대상이 더 이상 이상화 자기대상이 아니게 될 것이라는 두려움에 그런 반응을 보였을 수 있습니다.

자기대상이란 자신의 요구에 반응하면서 그 역할과 기능을 수행하는 대상을 말합니다. 미국 정신분석학자 하인츠 코헛 Heinz Kohut은 다른 사람들을 이상화하며, 근사성을 갖기를 요구하는 자기의 필요에 반응하여 그러한 역할을 실행하는 다른 사람을 일컫는 개념을 말합니다. 즉 자기의 성장과 발달이라는 관점에서 보면 타인은 독립된 개체가 아니라 자기의 이러한 욕구를 충족해주기 위한 하나의 대상이라고 하였습니다. 따라서 어떤 의미에서는 자기대상이 사람을 일컫는 개념이 아니라 오히려 감싸주고 확인시켜 주는 하나의 기능으로 보아야 합니다.

자기대상은 본래 유아가 필요로 하는 심리적 기능을 충족시켜 주는 양육자를 뜻하였습니다. 후일 성숙했을 때 자신의 심리구조가 스스로 담당해야 하는 기능을 지금 대신 제공해주는 대상을 자기대상이라고 합니다. 코헛은 자기대상이 자기와 분리되어 경험되지 않는다는 점에서 자기대상이 자기의 근원이라고 보았습니다. 자기가 응집적이고 조화롭게 발달하기 위해서는 세 가지 자기대상이 필요하다고 정의하였습니다.

첫째, 거울 자기대상 mirroring self object, 칭찬과 인정을 받고 싶어 하는 자기대상. 둘째, 이상화 자기대상 idealizing self object, 부모 이마고의 자기애적 욕구, 힘없는 자기에 대한 불안감을 줄이기 위해, 힘이 있고 완벽하고 전능한 이미지와 융합하려고 찾는 자기대상. 셋째, 쌍둥이 자기대상 twinship self object, 부모와 유사하거나 동일하다는 느끼길 원하는 자기대상입니다. 즉, 생애 초기 처음 만나게 되는 어머니의 공감적인 반응에 아기는 최고의 행복한 상태를 경험하게 됩니다. 아기는 엄마로부터 수많은 말과 정서를 주고받으며 교류합니다. 한 사람으로 존중받게 되는 과정에서 "넌 소중한 사람이야" "이 세상에 너만큼 사랑스러운 아이는 없어" 등 엄마의 반응과 공감, 격려가 아이를 긍정적인 자아를 형성하게 해줍니다. 코헛은 이를 '거울 자기대상 mirroring self object'이라고 하였습니다.

2002년 버팔로대학교 산드라 머레이 Sandra L. Murray 교수는 〈When rejection stings: How self-esteem constrains relationship-enhancement processes〉라는 논문을 성격사회심리학 저널 Journal of Personality and Social Psychology 에서 발표하였습니다.

64명의 참가자를 대상으로 연인들의 자존감 설문조사를 측정하였습니다. 이 실험에서 중요한 점은 자존감 설문조사 후 남자와 여자에게 각각 다른 설문지를 나누어주었습니다. 하지만 남자와 여자는 서로 같은 설문지라고 생각하고 받았다는 것입니다. A 설문지에는 '상대가 고쳤으면 하는 단점을 쓰시오', B 설문지에는 '자신의 방에 있는 물건을 최대한 기재하시오'라고 쓰여 있었습니다. 이러한 상황에서 A 설문지를 받은 사람은 B 설문지를 받은 사람들이 열심히 답을 기재하는 모습을 보고 충격을 받게 됩니다. A 설문지를 받은 사람은 상대가 나에게 있어서 고쳐야 할 점이 많다고 여기는 것으로 생각하게 되었습니다. 그래서 산드라 머레이 교수 연구팀은 다음과 같은 질문을 추가로 하게 됩니다. "상대의 매력과 친밀도는 어떻게 생각합니까?"

연구 결과 처음 자존감 검사에서 높은 검사를 받은 사람은 연인이 자신의 단점을 많이 적었다는 것에 영향을 미치지 않았고, 연인이 매력적이고 친밀도가 높다고 평가하였습니다. 반면에 처음 자존감 검사에서 낮은 점수를 받은 사람은 연인의 매력도가 14% 감소하였고, 친밀도는 19%가 감소한 것으로 평가되었습니다.

사랑에 빠지게 되면 누구나 할 것 없이 조금씩은 어린 시절로 퇴행하게 되어 상대방에게 보호받고 싶어 합니다. 이를 정신분석학적으로 설명하자면 연애를 하면서 어린 시절, 부모를 사랑할 때의 감정적 움직임을 다시 한번 반복해서 재경험하기 때문입니다. 사람들은 어려서 부모를 보며 느꼈던 완벽한 사랑의 원형을 상대방에게 찾으려고 합니다. 자신이 필요로 할 때면 언제나 달려와 조건 없는 사랑을 베풀었던 부모님, 언제나 자신을 말없이 지켜보다가 스스로가 곤경에 빠졌을 때 달려와 도움의 손길을 내미는 그들의 깊은 사랑을 자신의 파트너에게서 다시 한번 바라게 됩니다.

나를 먼저 사랑해야 그녀도 나처럼 사랑할 수 있습니다

    오감 중 '시각'이란 전적으로 보는 사람이 능동적으로 조절할 수 있는 주체적인 감각이고, '촉각'은 누군가 만지거나 만짐을 당할 대상이 있어야 하기에 관계지향적 감각입니다.

    따라서 좋아하는 것은 실제로 좋아하는 남자와 여자를 단순히 보는 것만으로도 감정이 정화되고 몸이 풀리는 카타르시스를 경험할 수 있습니다. 그래서 좋아하는 연예인을 직접 보지 않고 TV로만 보아도 좋아할 수 있는 것입니다. 반면에 사랑이란 나를 투영하는 거울이고 내가 선택한 사람은 나의 그림자입니다. 낮은 자존감의 문제는 건강한 사랑을 방해합니다. 여자 친구가 사랑을 확인하려고 하거나 나 스스로 사랑이 의심된다면 내가 나를 어떻게 보았는지, 나의 심리적 취약성을 살펴보는 것이 중요합니다. 나는 소중한 사람입니다. 나를 먼저 사랑해야 그녀도 나처럼 사랑할 수 있습니다.

02

남자는 자신의 DNA와 유전자를 다음 세대로 잘 전달해야 합니다

Q

한 인터넷 사이트에서 남자와 여자의 이상형을 연령대로 조사한 결과가 기억납니다. 여자는 남자의 키, 외모, 학력, 자산 등 다양한 결과 나온 반면에 남자는 10대에서 50대까지 '예뻐? 정말 예뻐? 그렇게 예쁘냐?'였습니다. 더 자세한 답은 '내 눈에 예쁘면 된다'라는 답변이었습니다. 남자들이 생각하는 예쁜 여자란? 기준이 무엇인가요?

남자들이 '내 눈에만 예쁘면 된다'가 자세한 답변이 된 이유는 시각적인 신경회로의 활발한 활동 때문입니다. 여자의 뇌와 남자의 뇌는 사랑과 관련된 서로 다른 신경회로를 갖고 있습니다. 사랑에 빠진 여자의 뇌에서는 본능적인 직감, 주의력, 기억력 회로가 활발해지지만 남자의 뇌는 시각적 처리에 관련된 회로가 높은 활동을 보입니다. 남자들이 '첫눈에' 사랑을 빠지게 되는 이유도 바로 시각적인 신경회로의 높은 활동 때문입니다. 그 이유는 남자의 뇌, 시상하부의 성적 추구 영역에서 큰 불꽃놀이가 시작되고 있기 때문입니다. 시상하부hypothalamus란 시상에 위치하고 있는 뇌의 작은 부위로, 다양한 기능을 수행하는 여러 개의 신경세포 집단인 신경핵들로 구성되어 있습니다. 시상하부에서는 신체에서 필요한 조절 호르몬regulatory hormone과 화합물질chemical substances들을 생산하며, 뇌하수체를 통해 신경계와 내분비계를 연결하며, 항상성 유지에 관여하는 기능을 합니다.

	세계적으로 여자들은 조금이라도 연상인 남자와 결혼하려는 경향이 있습니다. 나이가 많은 남성이 일반적으로 더 높은 사회적 지위와 많은 자원을 보유하기 때문입니다(Buss, 1989; Dunn, Kenrick&Keefe, 1992).
	하지만 남자들은 이보다 복잡한 양상을 보였습니다. 일반적으로 연하의 여자를 선호하지만 20대 남자들은 또래의 여자에 끌리고, 10대 소년들은 자신보다 나이가 조금 더 많은 여성에게 매력을 느낍니다(Buunk et al., 2001; Kenrick et al., 1996).
	남자들은 의식하지 못하겠지만 고대적인 명령에 따르고 있을 뿐입니다. 오늘날 이 지구에 살고 있는 모든 남자들은 수백만 년 동안 생식력이 있는 여자에게 집중해온 생물학적으로 선택받은 남자들의 자손입니다. 남자들은 건강하게 재생산할 수 있는 특정 외모의 여자에게 집중하게 진화되었다는 사실을 모르고 있습니다. 많은 심리 연구자들은 남자들이 S라인의 몸매, 큰 가슴과 날씬한 허리, 납작한 배, 애플 엉덩이에 매력을 느끼는 현상은 전 세계 모든 문화권에서 동일하다는 것을 확인하였습니다. 남자의 시각피질은 그녀가 건강한 나의 아이를 낳아줄 나의 짝이라는 것을 알아보도록 미리 정해져 있습니다.

문득 필자는 여러 연구 결과, 남자들이 재생산을 할 수 있는 여자를 좋아한다는 결과에 글을 작성하다가 서글퍼지기 시작했습니다. 그래서 자료를 더 찾아보기로 하였습니다. 그리고 질문을 바꾸어 생각해보려고 합니다.

"사람들은 어떤 점을 매력적이라고 생각할까요?"

이 질문의 답은 시대와 장소, 문화에 따라 조금씩 달랐습니다. 예를 들어 아프리카계 미국인 남자들은 비교적 엉덩이가 크고 체중이 많이 나가는 여성을 선호하였습니다(Freedman et al., 2004).

일반적으로 허리 대비 엉덩이둘레 비율이 낮아 허리가 가늘고 엉덩이가 큰 평균 체중의 여성에 대한 선호도가 높았습니다(Singh et al., 2010; Perrioux et al., 2010).

샴푸 광고를 보면 윤기 흐르는 머릿결을 가진 여성이 매력점이라는 점과 더불어, 머리카락 길이와 머릿결이 젊음, 건강과 관련 있다는 점을 알 수 있습니다(Hinz et al., 2001).

여자의 경우 큰 눈과 작은 코가 매력적이라고 여겨지는 반면, 남자는 중간 크기의 코와 큰 광대뼈를 중심으로 얼굴의 아래쪽 턱 부분(하관)이 더 매력적이라고 여겨진다고 하였습니다.

매력과 관련해 성적으로 정형화된sex-typed 또 다른 특징은 목소리의 높낮이입니다. 남자는 목소리가 높은 여성이 매력적이라고 생각하는 반면에 여자는 소프라노보다 바리톤에 가까운 목소리를 선호하였습니다(Feinberg el al., 2005; Puts, 2005).

또한 성관계 상대를 선택할 때 여자는 근육질에 기력이 왕성한 남자를 선호하였습니다(Li & Kenrick, 2006).

남자는 자신의 DNA와 유전자를 다음 세대로 잘 전달해야 합니다

사랑을 하고 있거나, 썸을 타고 있는 남자와 여자라면 앞에 나와 있는 심리학의 결과들이 중요하지 않다는 것을 이미 육감으로 느끼고 있을 것입니다. 왜냐하면 당신을 사랑하는 남자의 편도체가 감정의 충동을 일으켜 논리적인 사랑을 할 수 없을 정도로 당신을 너무너무 좋아하니까요~

03

욕망은 결코 채워질 수 없다

Q

S라인 사랑의 필수인가요?

그 남자가 그 여자가 저를 좋아하지 않는 것은 아무래도 뚱뚱하고 매력적이지 않아서인 것 같습니다. 여자의 탄력적인 S라인, 가장 섹시한 엉덩이와 허리, 남자의 식스팩 사랑의 필수인가요?

여자의 탄력 S라인, 가장 섹시한 엉덩이와 허리, 남자의 식스팩Six pack이 사랑을 하는 데 꼭 필요하게 느껴진 이유는 욕망 때문입니다.

필자가 학창 시절 부모님과 학교 선생님 몰래 읽은 책이 있었습니다. 일명 빨간책입니다. 책 이름이 빨간책인 이유는 표지가 빨간색이었기 때문입니다. 책은 그림 한 점 없이 남자와 여자가 사랑하는 장면을 묘사해놓은 내용뿐이었습니다. 아주 야한 장면은 남자와 여자가 키스를 하는 장면이 전부였습니다. 하지만 그보다 책에는 여자와 남자의 섹시한 몸에 대해서 잘 묘사되어 있었습니다. 예를 들어 "그 남자가 셔츠를 벗는 순간, 배꼽 위의 식스팩을 선명하게 볼 수 있었다." 필자는 그 책을 읽을 때마다 꼭 성당에 가서 고백성사를 해야 할 것 같았습니다.

성장하면서 우리는 저마다 사랑에 대한 환상을 갖게 됩니다. 사랑에 대한 관심이 폭발적으로 늘어나는 사춘기가 되면 사랑을 인식하는 방식에서 남자와 여자는 확실한 차이를 보입니다. 여학생들은 로맨틱한 사랑을 주제로 한 소설을 읽게 되고, 남학생들은 포르노 잡지나 테이프를 돌려보기도 합니다. 청소년기 경험한 사랑 그대로 포르노 잡지를 보던 소년은 포르노 영화를 몰래 보는 '남자'가 되고, 로맨틱한 소설을 읽던 소녀는 멜로드라마를 보는 '여자'가 됩니다.

심리학 용어: 욕망

2020년 5월 17일부터 TV조선에서 〈바람과 구름과 비〉라는 드라마가 방송되기 시작하였습니다. 조선의 제26대 마지막 왕인 고종이 왕위에 오르기까지를 다룬 드라마입니다.

고종이 왕이 된 후에도 고종의 아버지 흥선대원군은 권력을 쟁취하려는 욕망을 버리지 못합니다. 흥선대원군은 공식적 지위와 권력을 행할 수 없음에도 불구하고 마치 상왕이 된 것처럼 국정 전반적으로 관여하였습니다. 동시에 공식적인 지위에 있는 것도 아니지만 고종의 아버지라는 이유만으로 비판도 받지 않는 이상한 상황이었습니다. 이처럼 부족을 느껴 무엇을 가지거나 누리고자 탐하거나 그런 마음을 '본능'이라고 합니다.

독일의 심리학자·철학자 빌헬름 분트Wilhelm Wundt나 사회심리학자 윌리엄 맥두걸William McDougall은 식욕, 성욕, 군거群居, 모방, 호기심, 투쟁, 도피 등을 본능instinct으로 간주하였습니다. 독일의 사회철학자자 칼 마르크스Karl Heinrich Marx는 식욕을, 오스트리아의 신경과 의사, 정신분석의 창시자 프로이트는 성욕을, 독일의 철학자·문헌학자 니체Friedrich Wihelm Nietzsche나 오스트리아의 정신의학자인 알프레드 아들러Alfred Adler는 권세욕을 근본으로 하여 자신들의 학설을 만들었습니다.

현대 심리학은 개체의 동인을 단순히 선천적인 것으로 보지 않고 환경과의 상호작용으로 생각하여, 기본적 욕구라고 봅니다. 독일 출신의 미국 심리학자 쿠르트 레빈Kurt Zadek Lewin은 진정한 욕구와 준準 욕구로 구분하였고, 제임스 프레스콧 줄James Prescott Joule, 게이츠는 생리적·생물적 욕구와 사회적·인격적 욕구의 2가지로 크게 구별하였습니다. 생리적·생물적 욕구는 식욕·배설욕·수면욕·활동욕·성욕 등이며, 사회적·인격적 욕구는 사회적 인정의 욕구, 집단소속의 욕구, 애정의 욕구, 성취의 욕구 등입니다. 미국의 심리학자·철학자이자 인본주의 심리학의 창설을 주도한 에이브러햄 매슬로Abraham Harold Maslow는 생리적 욕구를 기초로 하여 안전의 욕구, 애정의 욕구, 자존의 욕구, 자아실현의 욕구 등 5가지 욕구가 계층적 구조를 형성한다고 설명하였습니다.

정신분석학에는 욕망에 대해서 다음과 같이 정의하였습니다.
프랑스의 정신분석학자 자크 라캉Jacques Marie Emile Lacan은 '욕망desire'의 개념을 더욱 정교하게 분석하였는데, 라캉의 욕망 désir은 프로이트의 용어 '소망Wunsch'의 프랑스 번역어에 해당합니다. 이는 프로이트의 표준판 번역본에서 'wish'로 번역되어 있습니다. 라캉은 철학자 바뤼흐 스피노자Benedict de Spinoza를 따라서 욕망이 인간의 본질이라고 주장하였는데, 이때 욕망은 의식적 욕망이 아니라 항상 무의식적 욕망에 해당합니다. 또한 이 무의식적 욕망은 완벽하게 성적인 것입니다. 정신분석 치료의 목표는 내담자가 자신의 욕망에 대한 진실을 깨닫게 만드는 데 있는데, 그것은 말로 발화될 때에만 가능합니다.

라캉은 기존의 분석자들이 욕망 개념을 요구와 욕구 개념과 혼동한다고 비판하였습니다. 그러한 혼동에 반대하며 라캉은 욕구와 요구, 욕망 각각의 개념을 다음과 같이 구별하였습니다.
욕구는 순전히 생물학적 충동이자 신체기관의 요구에 따라 등장했다가 충족되면 일시적으로 완전히 약해지는 것입니다. 그러나 무기력의 상태에서 태어난 인간 주체는 그 자신의 욕구를 스스로 충족할 수 없기에 대타자의 도움을 필요로 합니다. 이 도움을 얻기 위해 영아는 그의 욕구를 소리 내어 표현해야만 합니다. 즉 욕구가 요구로 분절되어야 합니다. 이런 영아의 요구는 분절이 되지 않은 비명일 수밖에 없습니다. 이 비명을 듣고 온 어머니는 영아의 욕구를 살피고 이 과정에서 욕구의 단순한 충족을 넘어서는 어머니의 사랑에 대한 상징화가 이루어집니다.

　요구는 '욕구의 분절'인 동시에 '사랑에 대한 요구'라는 2가지 기능을 수행합니다. 그러나 어머니는 주체를 만족시키는 욕구의 대상을 줄 수는 있어도 주체가 갈구하는 무조건적인 사랑을 줄 수는 없습니다.

　결국 욕망은 만족에 대한 욕구도 사랑에 대한 요구도 아니고, 사랑에 대한 요구에서 만족에 대한 욕구를 감할 때 나오는 차이입니다. 욕망은 요구로 욕구를 분절할 때 만들어지는 잉여물입니다. 충족이 가능하고 다른 욕구가 새로 생길 때까지 주체가 멈추게 만드는 욕구와 달리 욕망은 결코 충족될 수 없습니다. 억압하더라도 지속되며 영원합니다. 욕망의 실현은 충만에 있는 게 아니라 욕망 그 자체의 재생산에 존재합니다.

성호르몬: 에스트라디올

　성호르몬인 동시에 주된 에스트로겐이며 여자에게 주로 나타나는 호르몬입니다. 여자에게만 나타나는 것은 아니며, 남자에서는 테스토스테론의 대사산물로 생성됩니다. 남자와 마찬가지로 여자에게도 테스토스테론이 생성되지만 여성은 아로마타 aromatase _{넓은 뜻으로 테스토스테론에서 에스트라디올로의 방향화 반응을 촉매하는 효소}를 가지고 있어 테스트론에서 에스트라디올로 변환이 가능합니다.

　영국왕립학회보 B Proceedings of the Royal Society B에 실린 연구 결과에 의하면, 2004년 폴란드 야기엘로니안대학교 연구팀은 어떤 호르몬 처방도 받지 않은 24~37세 폴란드 여성 119명의 타액 샘플을 채취해 분석했습니다. 물론 극히 저체중이거나 과체중인 여성은 포함하지 않았습니다. 그 결과 허리-엉덩이 둘레의 비율이 낮고 가슴이 큰 여성이 그렇지 않은 여성보다 여성호르몬인 에스트라디올_{esteradiol} 수치가 평균 26% 높았습니다. 월경 주기 동안에는 에스트라디올 수치가 최대 37% 더 높았습니다. 사춘기 이전의 여자와 남자는 비슷한 체형을 가지며 허리와 엉덩이 비율도 비슷합니다. 하지만 재생산호르몬이 분비되기 시작하면, 건강한 여자는 굴곡이 드러나는 몸매로 변하게 됩니다. 허리는 엉덩이보다 3분의 1 정도 가늘어집니다. 이런 체형의 여자들은 에스트로겐 분비가 좀 더 많아서 허리둘레가 엉덩이둘레가 비슷한 여자들에 비해 보다 어린 나이에 임신을 할 수 있습니다. 가는 허리는 재생산 가능성에 대한 즉각적인 표시가 됩니다. 왜냐하면 여자의 실루엣을 급격하게 변화시키기 때문입니다.

욕망은 결코, 채워질 수 없다

프로이트는 인간이 살아가면서 필요한 모든 에너지의 근원을 성욕, 즉 리비도_{Libido, 관능적 쾌감의 기저에 놓여 있는 가설적 에너지}라고 보았고, 스위스의 정신의학자, 개인심리학자 융_{Jung, Carl Gustav}은 인간 모두에게 아니무스_{Animus, 마음 또는 지성을 나타내는 라틴어에서 유래}와 아니마_{Anima, 영혼을 나타내는 라틴어에서 유래}가 있다고 말하였습니다. 남자와 여자의 이상적인 인간관계가 가능한 이유도 서로의 모습 속에서 무의식_{unconsciousness}의 성, 뇌_{brain}의 성을 발견할 수 있기 때문입니다.

♥♥♥

04

자아가 역할을
잘 할 수 있도록 사랑하기

Q

성형수술, 좋은 배우자를 선택하는 필수적 방법인가요?

25세 졸업반 F양은 얼마 전 성형수술을 받았습니다. 동글동글 귀여운 얼굴의 F양은 자신의 외모에 별다른 불만이 없었습니다. 하지만 남자친구가 목과 얼굴이 구별이 되지 않는다고 자꾸 놀렸습니다. 그 말을 계속 듣다 보니 목이 두꺼운 것이 자꾸 신경이 쓰였습니다. 그 후 남자친구에게 다른 좋아하는 여자가 생기게 되면서 헤어지게 되었습니다. 하지만 F양은 자신의 외모 때문에 남자친구와 헤어지게 되었다고 생각하였습니다. 성형수술, 좋은 배우자를 선택하는 필수 방법인가요?

2012년부터 2020년까지 TV OnStyle에서 방송되고 있는 〈겟 잇 뷰티〉라는 프로그램이 있습니다. 메이크업 전문 프로그램으로 기초화장, 색조화장, 바디제품 등을 사용해보고 좋은 제품도 선정합니다. 특히 이 프로그램이 재미있는 이유는 화장을 전문으로 하는 메이크업 아티스트분들이 나와 일명 다양한 성형 메이크업을 보여주기 때문입니다. 필자가 대학생 시절에는 문구점에서 파는 쌍꺼풀 풀, 쌍꺼풀 테이프가 전부였습니다. 이러한 제품을 구매하지 못했을 때에는 스카치테이프를 눈썹 모양을 잘라서 쌍꺼풀에 붙이거나 딱풀을 살짝 붙여서 쌍꺼풀을 만들었던 경험이 있습니다.

심리학 용어: 미적민감성

주관적인 의견으로 호불호가 갈릴 수 있겠지만 필자는 더 이상 연예인들이 성형수술을 반복해서 하지 않았으면 합니다. 미적 민감성 aesthetic sensibility 이란 부정적 신체상에 집착하게 되는 최초의 유발 요인은 우연히 거울을 보면서 자신의 외모에서 특이한 점을 발견하거나 자신의 외모에 대한 다른 사람의 논평을 접한 일입니다.

신체변형장애란

예를 들어 남자친구가 자신의 턱 또는 코에 대해서 언급한 이후 지적한 신체 부위에 자꾸 신경을 쓰게 됩니다. 신체변형장애 Body Dysmorphic Disorder 환자들이 나타내는 사고의 가장 핵심적인 특징은 자신의 신체상에 대한 부정적 평가입니다. 이러한 우연한 사건을 통해 자신의 신체적 특성에 주목하게 되면서 자신의 외모를 미적 대상으로 바라보며 평가하게 됩니다. 특히 신체변형장애를 지닌 사람들은 외모에 대한 높은 미적 민감성을 지니고 있어서 다른 사람들이 보기에는 아주 사소한 결점인데도 한 개인에게는 외모에 대한 걱정이 많고 고통을 심하게 겪습니다. 그리고 성형수술 등의 노력을 통해 외모의 결점을 완화하더라도 외모의 염려는 계속되고 결국 성형중독증에 빠지게 될 수 있습니다. 이렇게 미적으로 민감한 특성은 신체변형장애를 유발하는 위험요소입니다.

원인은 아직 잘 알려지지 않았지만 정신분석학적 입장에서는 어린 시절의 심리성적 발달과정에서 특수한 경험을 하게 되고 이러한 경험과 상징적인 연관성을 지닌 특정한 신체 부위에 집착하게 되는 것이라고 보고 있습니다. 예를 들어 성인들이 아이에게 "엄마 아빠 닮아서 코가 주먹코네"라고 말한다면 이 아이는 성인이 되어서도 취업이 잘 안 되거나 남자친구와 헤어지게 되는 상황 등의 모든 이유를 신체와 관련이 있다고 확신을 하게 됩니다. 즉 무의식적으로 성적 또는 정신적 갈등이 신체 부위에 대치되어 나타난다는 것입니다. 다른 사람들이 보기에는 정상적인 외모인데도 자신은 외모가 기형이라고 잘못 생각하는 장애를 말합니다. 신체변형장애를 지닌 사람들은 가는 머리, 여드름, 두드러진 혈관, 주름, 흉터, 대머리, 안면비대칭 등에 대한 결점이나 가상적 결함을 호소하고 눈, 코, 입, 귀, 치아, 머리의 형태와 크기, 가슴, 엉덩이, 복부, 손, 발, 다리, 어깨, 등 모든 신체 부위에 대한 결함에 집착하거나 결함이 있다고 상상합니다. 이러한 결함을 세심하게 관찰하고 과도하게 치장하거나 아예 결함을 보지 않기 위해 거울을 없애버리기도 하며, 결함과 관련되는 과대망상 grandiose delusion 사고를 보이기도 합니다.

자신의 외모에 대해 지나치게 집착하여 일상생활을 손상시키는 경우가 많은데, 대체로 다른 사람들과의 관계를 회피하여 사회적으로 고립되어 때로는 자살사고, 자살시도, 자살성취에 이르기도 합니다. 신체적 결함을 없애기 위해 성형과 같은 외과적 치료를 받기도 하지만 이러한 치료는 오히려 증상을 더욱 강화하고 더 많은 집착 행동을 보이도록 만듭니다. 이 증상은 신체적 외모와 자기표현에 대한 사회문화적 가치관이 큰 영향을 미칩니다. 대개 발병은 청소년기에 시작되는 경향이 있지만 증상을 밝히기 꺼림으로써 오래 진행된 뒤에 진단을 받는 경우가 많습니다. 점진적으로 발병할 수도 있고 급작스럽게 발병하기도 하며, 증상의 강도는 시기에 따라 변하고 집착하는 신체 부위가 지속적일 수도 혹은 변할 수도 있습니다.

2009년 미국성형학회 ASAPS, American Society for Aesthetic Plastic Surgery에 의하면 놀라운 사실은 사랑을 받고자 하는 욕구가 일반적으로 남자에 비해 여자에게 더 중요하게 받아들여진다는 것입니다. 여성은 환심 사기 전략을 사용할 가능성이 남성에 비해 조금 높고, 타인의 의견에 맞춰 의견을 조정할 가능성이 높습니다. 신체적인 매력에 대해서도 남성에 비해 더 신경 쓰며 실제로도 미용 수술이나 시술하는 사람 가운데 여성이 91%를 차지합니다.

왜 여자들은 환심을 사는 것이 중요할까요? 그 이유 중의 하나가 상대방에게 잘 맞춰주고 호감 가는 사람으로 자신을 드러낼 때 보상받는다는 느낌을 받는다는 것입니다. 이것을 뒷받침하듯 청소년기를 지나면서 여자에게 비언어적으로 동의하는 태도가 더 많이 나타나게 됩니다. 대부분의 여자들은 남자에 비해 테스토스테론 수치가 훨씬 낮습니다. 테스토스테론 testosterone은 성적 발달에서 중요한 측면을 담당하는 호르몬입니다. 테스토스테론 수치가 높은 사람은 타인에게 원하는 것을 얻어낼 때 더 완고하고 대립적인 방법을 사용하며, 덜 친절하고, 타인의 행복에 덜 신경 쓰며, 미소를 덜 짓습니다. 반대로 테스토스테론 수치가 낮은 사람은 더 친절하고, 목표 달성을 위해 더 공손하고, 사회적으로 품위 있는 방식을 사용할 가능성이 높다고 합니다.

자아가 역할을 잘 할 수 있도록 사랑하기

자신의 외모 때문에 남자친구와 헤어지게 되었다고 많은 생각을 하는 동안 그와 같은 생각은 심리적 결핍 때문이라는 것을 알게 될 것입니다. 프로이트에 의하면 '자동 강박 반복 추구', 즉 미적 민감성에 의한 잦은 성형수술을 하고 있다면, 자아가 그 역할을 제대로 하지 못하고 있다는 것입니다. 자아가 원초아에게 이끌려 다니며 충동적이게 되고, 자아의 충동적인 행위에 초자아의 눈치를 보게 된다는 것입니다. 자아의 충동적인 행위와 죄책감의 행위가 반복되다 보면 결국 스스로 마음의 감옥에 갇히게 된다는 것입니다.

♥ ♥ ♥

05

나를 사랑한다는 생각이 호흡하는 것과 같이 느껴져야 합니다

Q

나는 그 남자(그 여자)를 만나기 위해
나의 외모에 많은 비용을 써야 할까요?
그 이유는 무엇일까요?

안녕하세요? 외모 고민이 많은 남자(여자)입니다. 얼굴은 중간 이하라고 생각합니다. 그 남자(여자)에게 만남을 거절당하는 이유가 제 외모 때문이라고 생각이 듭니다. 친구들은 소개팅을 만나러 가기 전에 미용실에서 드라이와 메이크업도 받고 나가라고 합니다. 정말 이렇게 많은 비용을 들여 그 남자(여자)를 만나야 하나요?

호감과 관련된 연구를 한 사회심리학자들이 신체적 매력, 근접성, 유사성으로 호감이 가는 사람과 호감이 가지 않는 사람으로 나뉜다고 발표한 적이 있습니다. 심리학자에 따라 보상성(나에게 득이 되는 사람), 보완성(나의 부족한 부분을 채워줄 수 있는 사람), 친숙성, 상호성(나를 좋아해 주는 사람)을 추가하기도 하였습니다. 필자의 머리카락이 워낙 가늘고 힘이 없어 학창 시절부터 부모님을 원망한 적이 있었습니다. 미용실에서 고가의 돈을 들여 머리를 하고 소개팅에 나갔던 적이 있습니다. 다행히 5명 중 3명의 남성이 전화번호를 물어보았습니다. 저는 그날 베개에 얼굴을 묻고 엉엉 울었던 기억이 있었습니다. 내가 아닌 모습으로 이성을 만나야 한다는 게 너무도 속상했습니다. 필자의 경험과 같이 그 남자(여자)를 만나기 위해 외모에 많은 비용을 쓰게 되는 이유는 자신의 실패와 결점이 자신을 더욱 가혹하게 하기 때문입니다.

심리학 용어: 초두 효과

필자가 자주 가는 한의원이 있습니다. 그 이유는 초두 효과로부터 비롯되었습니다. 수많은 한의원이 있지만 서울에서 거주하고 있는 필자가 경기도에 있는 한의원을 가는 이유는 한의사 선생님이 친절하고 섬세한 설명 때문입니다. 한의원을 가기 전 진료를 본 사람들이 두 한의원 중 A한의원은 다 좋은데 직원들이 불친절하다고 하였고, B한의원은 직원과 원장님이 친절하게 알려주면서 진료해서 좋다고 한 이야기들이 필자가 한의원을 선택하는 데 중요하게 작용하였습니다. 즉 동일한 정보에도 먼저 제시된 정보보다 더 큰 힘을 가지고, 뒤의 정보에 영향을 미치는 것을 심리학 용어로는 '초두 효과primacy effect'라고 합니다.

　1968년도 존스Jones. E. E. 박사는 〈수행 패턴 및 능력 속성; 예기치 않은 우선순위 효과Pattern of performance and ability attribution; An unexpected primacy〉라는 논문을 사회심리학 저널에 발표했습니다. 이 실험은 첫인상의 중요성을 알려주는 실험이었습니다.

　이 실험에 참여한 학생들은 총 30개의 문항이 있는 시험지를 풀었습니다. 그리고 전반부 15문제를 맞춘 학생과 후반부 15문제를 맞춘 학생을 소개하고, 관찰자에게 그중 누가 더 똑똑해 보이는지 물었습니다. 대부분의 관찰자는 전반부 15문제를 맞춘 학생이 더 똑똑할 것이라는 결론을 내렸습니다. 그뿐만 아니라 앞의 학생들은 30문제 중에 총 20개에서 25개를 맞췄을 것이라고 기대했지만, 뒤의 학생들은 12개에서 15문제를 맞췄을 것이라고 예상했습니다. 즉, 앞의 문제를 더 맞혀 좋은 첫인상을 준 학생들이 더 공부를 잘 할 것이라는 기대치가 형성된 셈입니다. 우리의 뇌가 백지상태에서 처음으로 받아들이는 정보는 액면 그대로 받아들여져서 이후의 정보를 판단하는 데에도 큰 영향을 줍니다. 이후에 들어오는 정보를 비교하는 척도가 되기 때문입니다.

　캘리포니아 대학교 심리학과 앨버트 메라비언Albert Mehrabian 교수에 따르면, 사람의 첫인상을 결정짓는 요소는 표정이 55%, 목소리 같은 청각적 요인이 38%, 대화 내용이 7%라고 합니다. 잘생긴 얼굴보다 중요한 건 미소와 목소리라는 뜻입니다. 사람들은 찡그린 얼굴, 무덤덤한 말투보다는 활짝 웃는 표정과 밝은 목소리에서 더 많은 매력을 느끼기 마련입니다.

하지만 그 사람이 첫인상이 좋았다고 해도 더 유심히 살펴보아야 합니다. 그 이유는 후광효과로 그 사람을 좋은 사람으로 착각할 수 있기 때문입니다. 이와 관련된 심리학 용어로 후광효과 halo effect와 부정적 후광효과 negative halo effect라는 용어가 있습니다. 개인의 신체적 매력이 별개의 인상 평가에 긍정적인 영향을 미치는 현상을 '후광효과'라고 하고, 부정적인 영향을 미치는 현상을 '부정적 후광효과'라고 합니다. 후광효과는 어떤 사람이 가지고 있는 두드러진 특성으로 인해 연관되지 않은 그 사람의 다른 특성을 좋거나 나쁘게 평가하는 것을 의미합니다.

후광효과는 여자뿐 아니라 남자에게서도 나타나고 있습니다. 우리 사회에서 얼굴의 매력이 실제 어떠한 인상을 주는가를 탐구한 실험 연구에서, 남녀 대학생들에게 얼굴의 매력도가 각기 다른 남녀 사진들을 제시하고 인물의 성격, 가정 및 직장생활에 대한 지각이 어떠한 차이를 보이는지를 조사했습니다. 여자 인물은 매력적일수록 사교적이고 자신감이 있을 것이라 여겼으나, 반면에 정이 덜하고 허영이 많으며, 성격도 긍정적이지 못할 것이라 여겼습니다. 그러나 남자 인물은 매력적일수록 온정적이고 사교적이며 자신 있고 외향적일 것이라 여겼으며, 성격도 긍정적일 것이라 여겼습니다 (김혜숙 1993). 후광효과에 대한 의견은 학자마다 조금씩 다릅니다. 하지만 사람의 인상이 차갑다고 하여 나쁜 평가를 하기는 매우 성급한 판단일 수 있습니다.

심리학 용어: 마이너스 효과

 소개팅을 나온 남자가 직업은 의사이고 외모는 연예인 박보검과 같은 선한 이미지이지만 성격은 변덕이 심하고 음식을 가려서 먹는다면 다른 남자 친구를 찾아봐야 합니다. 즉 소개팅에 나온 사람이 좋은 특성과 나쁜 특성을 같이 가지고 있을 때 나쁜 점이 인상에 미치는 효과가 크다는 것을 말합니다. 이를 마이너스 효과라고 합니다. 중심적인 특성이 '차갑다', '따뜻하다'입니다. 대부분의 사람들은 똑똑하고 따뜻한 인상과 똑똑하고 차가운 인상 두 사람 중 한 사람을 선택하라면 똑똑하고 따뜻한 인상의 사람을 선택한다는 것입니다.

나를 사랑한다는 생각이 호흡하는 것과 같이 느껴져야 합니다

 정말 이렇게 많은 비용을 들여 그 남자, 그 여자를 만나야 하나요?
 아닙니다. 그것은 나만의 고정관념입니다. 남자와 여자의 만남은 뇌가 결정합니다. 성호르몬에 분비로 인해 달라진 뇌 구조는 여자와 남자의 서로 다른 생물학적 운명을 규정합니다. 나아가 현실을 바라보는 렌즈에 서로 다른 색깔을 입히게 됩니다. 많은 사람들이 특별한 사람을 만나는 것과 같이 자신을 대하거나 잘 보살피도록 교육을 받지 않습니다. 자신을 존중하고 사랑하며 정서적으로 보살피고 행복을 추구하는 데 가장 책임 있는 사람은 자기 자신입니다. 사랑을 받을 가치 있는 사람이 되기 위해 끝없이 노력하면서 자신을 사랑하는 일은 소홀히 한다는 것입니다. 여기서 중요한 점은 나를 사랑한다는 생각이 호흡하는 것과 같이 느껴져야 합니다. 메라비안 교수가 말한 연구 결과에서 이야기하였듯이 사람의 첫인상은 잘생긴 얼굴보다 중요한 건 미소와 목소리입니다. 보다 활짝 웃는 표정과 밝은 목소리로 좋은 결과가 있기를 응원해봅니다.

06

그 사람도 나도 자기를
객관화하는 능력이 있습니다

Q

나의 배우자는 나의 미래다.

2001년도에 개봉한 〈친구〉라는 영화가 공전의 히트를 쳤습니다. 고등학교 선생님으로 역할로 화제가 된 배우 김광규의 영화 속 대사 "느그 아버지 뭐하시노 말해라?"는 영화만큼이나 아주 큰 인기를 끌면서 어른이나 아이 할 것 없이 이 대사를 따라 하곤 하였습니다.

20대에 자기계발, 독서모임 등 다양한 모임에 참석한 경험에 비추어 보면 모임에 참석한 사람들이 같은 이야기를 합니다. 자녀의 인격과 직업과 상관없이 부모님들은 사위나 며느리가 좋은 회사, 많은 월급, 명문대 출신 또는 이름 있는 집안의 누구이기를 바란다는 것입니다. 배우자가 될 사람의 가문이 어떠한 사람인지 조부모는 어떠한 사람인지 매우 중요하게 생각한다고 했습니다. 어떤 여자분은 배우자가 적어도 S회사에 명문대 출신이 아니면 만나지 않겠다고 하는 여자분들도 많습니다. 다시 묻겠습니다. 당신의 배우자는 뭐하는 사람입니까? 지금도 나의 배우자는 나의 미래입니까?

2019년 12월, 간호사 동료들과의 저녁을 먹으면서 결혼 이야기를 한 적이 있었습니다. 이제 여자로서 역할이 끝난 것 같아서 서글픈데 엄마는 아무 남자나 데리고 오면 너무 좋겠다고 했다고 합니다. 하지만 한 친구가 이렇게 말합니다. 그런데 그 말을 액면 그대로 믿으면 안 된다고 합니다. 막상 "남자친구입니다"라고 말하는 순간 "바람피울 인상이다" "마음에 안 든다" "미래가 없다" "경상도 또는 전라도 집안이라서 안 된다" 등 누가 결혼을 하는지 모르겠다고 합니다. 엄마가 하는 건지 내가 하는 건지.

필자의 부모님은 "내 남자친구는 어떤 것 같아" 하고 물으면 "네가 알아서 해라. 후회할 일 만들지 말고, 후회 안 할 거면 하고, 후회될 거 같으면 말든지~~~."

우리는 성장 과정에서 듣게 되는 부모의 금지어와 사회 곳곳의 금기와 규제에 맞닥뜨리게 됩니다. 그럴 때마다 내면의 목소리들이 초자아를 강화시킵니다. 정당한 죄의식은 우리가 사회적으로 잘 적응하는 인간이 되도록 도와줍니다. 그러나 실제로 죄를 짓지 않았으면서 항상 죄의식에 시달리고, 자신이 죄를 지을지도 모른다는 염려 때문에 불안해한다면, 그것은 병리적인 죄의식입니다. 초자아가 지나치게 강해서 자아를 위협하는 현상입니다. 우리의 부모님들이 원하는 대로 내가 그렇게 자라주지 못하여 나의 배우자를 부모님이 원하는 사람으로 나의 배우자로 선택하는 사람들이 있습니다.

심리학 용어: 열등 콤플렉스

필자에게 누군가가 다시 태어나면 어떤 사람으로 태어나고 싶냐고 묻는다면 "평범한 삶을 살아가는 사람으로 살고 싶다"고 이야기하고 싶습니다.

"남자든 여자든 상관없이 적당히 멋있고, 적당히 이쁘고, 경제적으로도 적당하고, 외국어도 적당히 할 수 있는 그런 사람으로 태어나고 싶다"라고 말하고 싶습니다.

열등감 inferiority 은 자기 자신이 모자란다고 느끼는 것으로, 의식적이든 무의식적이든 타인과 비교하면서 자신이 타인보다 못하다고 약하다고 느끼는 것입니다.

열등감이 강화되어 병리적으로까지 깊어진 것을 '신경증적 열등감'이라고 말합니다. 열등감을 국어사전을 찾아보면 자기를 남보다 못하거나 무가치한 인간으로 낮추어 평가하는 감정이라고 정의하였습니다. 오스트리아 출신의 유대계 의사이며, 개인심리학자 알프레드 아들러 Alfred Adler 는 이 용어를 두 가지 의미로 사용하였습니다. 첫째, 강한 열등감, 둘째, 인생의 과제를 건설적인 방법으로 해결하기를 거부하는 구실로서 열등감을 과시하여 자신과 타인을 속이는 것입니다.

열등감이 있는 아동이 잘못된 교육상황이나 부적절한 환경에서 열등감을 제대로 극복하지 못하고 강화시키면, 그는 더 이상 삶의 유용한 측면에서 정상적인 방법으로 열등감을 극복하는 것을 포기하고 잘못된 방향으로 보상을 시도합니다. 이에 대해 아들러는 "열등감을 지나치게 억압하면 위험하다. 지나치게 억압하면, 아이는 미래의 삶이 실패하지 않을까 하는 불안 속에서 단순한 보상으로 만족하지 않고 더 많은, 더 먼 곳에 놓여 있는 보상을 획득하고자 한다. 이때 그의 권력과 우월성의 추구는 정도를 넘어 병적으로까지 치닫게 된다"라고 하였습니다.

이와 같이 아동이 자신의 부족함을 극복할 수 있는 실제적 가능성을 더 이상 발견하지 못하게 되면, 비현실적이 되고 심리적 병리 영역에 속하는 발달장애, 열등 콤플렉스inferiority complex를 발달시킵니다. 예를 들면, 학력이 낮다는 것은 어떤 의미에서 열등성입니다. 그러나 학력이 낮은 사람이 반드시 열등감을 갖는다고는 할 수 없습니다. 대신 열등감을 가졌다고 해도 그것을 건설적으로 극복하여 살아간다면 열등 콤플렉스는 아닙니다. 그러나 범죄자가 자신의 학력이 낮은 것을 범죄의 정당화 이유로 사용했다면 그것은 열등 콤플렉스입니다. 아들러 심리학의 정신병리학에서는 히스테리나 정신병을 만성화한 열등 콤플렉스로 이해하였습니다.

1995년 뉴욕 주립대학교 심리학과 아서 아론Aron Arthur 교수는 325명의 대상자를 모집하여 2주에 한 번씩 주기적으로 2가지 질문이 담긴 설문을 진행하였습니다. 첫 번째 질문은 "오늘 당신을 표현하기 적당한 단어를 나열해보세요"(자기 정체성과 관련된 질문), "두 번째 질문은 당신은 지금 사랑에 빠졌나요?"라는 질문이었습니다. 아론 교수는 이 데이터를 가지고 사랑에 빠진 사람들에게 어떤 정체성의 변화가 일어나는지 분석해봤습니다. 놀랍게도 사랑에 빠진 사람들에게는 2가지 큰 변화가 나타났습니다. 첫 번째 변화는 정체성identity 확장, 두 번째는 자아존중감self-esteem 향상이었습니다.

성숙한 인간관계란

인간은 고통을 극복하고 성장하려는 경향을 지니고 있습니다. 인간관계에서도 마찬가지입니다. 어떻게 살 것인가? 어떤 삶이 가치 있는 삶인가? 바람직한 인간상은 무엇인가? 이러한 물음은 우리의 삶에 있어서 매우 중요하며 근본적인 물음입니다. 이러한 근본적인 물음에 대한 정답은 없습니다. 즉 이 물음은 가치판단의 문제로서 주관적인 신념이 존재할 뿐 절대적인 해답은 없습니다.

인간관계 중 부적응적 인간관계 유형에는 인간관계에서 고통을 받고 부적응을 경험하는 사람들의 문제는 매우 다양합니다. 인간관계의 부적응은 그 원인, 발생 양상, 내용, 심리적 경과 등에 있어서 다양하게 분류할 수 있습니다. 부적응적 회피형 인간관계, 피상형 인간관계, 미숙형 인간관계, 탐닉형 인간관계 크게 4가지 유형으로 나눕니다. 이러한 부적응적 인간관계를 나타내고 있는 사람들은 자신의 인간관계 방식을 보다 적응적인 쪽으로 변화시키는 것이 중요합니다. 보다 편안하고 자신의 목표달성에 효율적인 적응적 인간관계로 개선하는 것이 필요할 것입니다.

미국의 성격심리학자 올포트 Gordon Willard Allport는 우리가 지향해야 할 인간상으로 성숙한 인격 mature personality의 특성을 제시하였습니다. 올포트는 신경증적인 성향에 대응되는 개념으로서 성숙한 인격이라는 용어를 사용하였으며, 7가지 측면에서 인격의 성숙을 논하였습니다.

1. 성숙한 사람은 확장된 자아감을 가지고 있다.
2. 성숙한 사람은 다양한 사람과 우호적인 관계를 맺는다.
3. 성숙한 사람은 정서적으로 안정되어 있다.
4. 성숙한 사람은 현실적인 지각을 한다.
5. 성숙한 사람은 완수할 과업을 가지고 이를 위해 헌신한다.
6. 성숙한 사람은 자기를 객관화하는 능력을 지니고 있다.
7. 성숙한 사람은 일관성 있는 삶의 철학을 지닌다고 정의하였습니다.

성공적인 부부관계란

보먼과 스패이너의 연구에 따르면 성공적인 부부의 심리적 특징은 첫째, 주관적으로 행복감을 느낀다, 둘째, 부부 사이에서 서로의 기본적인 욕구가 잘 충족되고 있다, 셋째, 배우자의 삶이 풍요로워지도록 서로 돕는다, 넷째, 결혼생활을 통해 인격적인 성숙과 잠재능력 발휘가 이루어진다, 다섯째, 부부는 정서적으로 지지한다, 여섯째, 배우자를 깊이 이해하고 수용한다, 일곱째, 배우자의 행복에 대해 깊은 관심을 지닌다, 여덟째, 가족과 배우자에 대해서 자발적인 책임을 가진다고 정의하였습니다(Bowman & Spanier, 1978).

자아존중감과 유사한 용어로 자존심과 자부심이 있습니다. 자아존중감과 자존심은 스스로를 존중한다는 의미에서 유사하지만 그러한 존중의 원천이 무엇인가라는 측면에서 차이가 있습니다. 자아존중감은 상황과 관계없이 스스로에 대한 존중이 확고한 것이고, 자존심은 상대방과의 평가를 통해 자기만족감을 얻는 것입니다. 자부심 역시 상황에 따라 나타나는 일시적인 자기만족감입니다. 자부심은 특히 자신의 능력이나 노력에 의해 좋은 성과가 나타났을 때 나타나는 긍정적인 자기 평가입니다. 반면 자아존중감은 상황과 관계없이 일생 동안 이어집니다.

그 사람도 나도 자기를 객관화하는 능력이 있습니다

불필요한 죄의식은 정신의 여러 영역에서 비롯되며, 또한 다양한 방법으로 해결할 수 있습니다. 가장 중요한 점은 지나치게 강한 초자아를 약화시키고, 자아를 강하게 하는 일입니다. 첫 번째 방법은 낮은 방어기제를 버리는 것, 두 번째 방법은 양가감정을 통합하는 것입니다. 특히 양가감정을 통합하기 위해서 나를 직면하는 것이 중요합니다. 나의 장점과 부정적인 측면을 확인하고, 자신의 부정적인 측면을 인정하고 수용하면 그 행위 자체가 바로 내면의 억압과 규제들을 덜어내는 행위가 됩니다. 그 과정을 계속 반복하다 보면 나는 나의 내면아이와 타인을 객관화하는 능력을 갖게 됩니다.

"어머니~~ 저 여자(남자)친구가 생겼습니다. 후회할 일은 없을 겁니다. 그 사람도 나도 자기를 객관화하는 능력을 가졌으니까요!"

07

배우자를 선택한 기준은
나를 잘 돌보는
'나'를 잘 선택해야 합니다

Q 그, 그녀가 좋은 배우자인지 어떻게 알 수 있을까?

2020년 3월경 대학병원에 근무하고 있는 동료 간호사 H와 통화한 적이 있었습니다. 필자가 동료 간호사 H에게 처음 건넨 말은 "살아 있는 거지? 근무하면서 무섭지는 않아?"였습니다.

신종플루 바이러스로 힘들게 일하고 있다는 이야기를 시작하였습니다. 여러 통화 내용 중 동료 간호사 H는 필자에게 이렇게 이야기하였습니다. "내 인생은 결혼과 인연이 없는 것 같아. 아니면 아무것도 모르고 20대 때 그냥 결혼했으면 좋았을 것을 지금은 저 사람이 코로나바이러스에 감염된 사람이면 어떡하지? 정신병을 앓고 있는 사람이면? 가정폭력자? 성폭력자? 에이즈? 도대체 좋은 사람인지 어떻게 알고 결혼을 하냐? 인터넷기사를 보면 연애 폭력도 밥 먹듯이 일어나서 연애하는 것도 너무 무섭다. 나 혼자면 괜찮은데 가족에게 피해가 갈까 봐 그게 더 무서워!"

코로나바이러스보다 무서운 그, 그녀가 좋은 배우자인지 어떻게 알 수 있을까요?

내 마음의 '옹이'를 해소하더라도 옹기를 해소한 자리를 사랑으로 채우지 않으면, 더 깊은 내면에서는 오래된 결핍이 사랑을 부릅니다. 또한 사랑은 이유가 없기에 아플 거라 생각하면서도 또 사랑에 빠지게 됩니다. 그, 그녀가 좋은 배우자인지 알 수 있는 방법 중 하나는 나를 스스로 나를 잘 돌보는 사람인지, 자신을 돌보는 법을 알고 있는지 2가지를 확인해보는 것입니다. 우리들 중 대부분이 자신을 돌보는 방법을 부모님에게 배운 적이 없습니다. 또한 우리 부모님들은 자신을 돌보는 방법을 알려주기 싫어서가 아니라 단지 배운 적이 없기 때문에 자녀들에게 가르쳐줄 수가 없는 것입니다.

심리학 용어: 기질

채원 어린이는 걱정이 없고 낙천적이다, 남들 보기에는 성급하다 등과 같이 선천적인 경향성을 가집니다. 심리학에서 기질 temperament 은 성격의 한 부분으로 개인의 정서적 반응 또는 환경과 상호작용하는 데 있어서의 행동양식을 말합니다. 자세히 말하면 생애 초기부터 관찰되는 정서, 운동, 반응성 및 자기 통제에 대한 안정적인 개인차를 말합니다.

기질에 관한 연구는 1977년 토마스와 체스가 쓴 책 《Temperament and development》에 의해 정의되었습니다. 그들은 뉴욕 종단 연구 NYLS: New York Logitudinal Study 를 통하여 기질의 아홉 가지 구성요인을 밝히고 기질 질문지 PTQ: parent temperament questionnaire 를 개발하였습니다. 영아들을 양육하는 부모를 대상으로 질문지를 실시한 결과, 영아들의 기질은 순한 아동 easy child, 까다로운 아동 difficult child, 더딘 아동 slow to warm up child 의 세 가지 유형으로 구분되었습니다.

기질은 개인차가 있는 것으로서, 영아가 출생한 후 외부환경에 적응해나가는 방식이며 개인적 경향성으로 성인기의 성격 형성에 큰 영향을 미칩니다. 또한 생물학적인 근거가 있기 때문에 타고난 경향이며 발달과정에서 비교적 영속적이고 안정적입니다. 기질은 공통적이지 않고 개인마다 서로 다른 특성을 나타냅니다. 따라서 인간의 성격이나 행동발달에 관한 개인차 연구의 주요한 주제라 할 수 있습니다.

토마스와 체스가 제시한 기질의 세 가지 유형 중 순한 아동은 일상생활이 대체로 규칙적이고 정서가 안정되어 있으며 환경변화에 잘 적응하였습니다. 더딘 아동은 활동량이 적고 반응강도가 약하며 순한 아동보다 일상생활이 약간 덜 규칙적이고 환경변화의 적응이 늦은 편입니다. 연구에 참여한 영아 중 40%는 순한 아동, 10%는 까다로운 아동, 15%는 더딘 아동으로 구분되었고, 나머지는 어느 유형에도 속하지 않는다고 밝혔습니다. 이는 지금까지 연구되어 온 기질의 유형 중 가장 일반적인 분류방식입니다.

토마스와 체스가 제시한 기질의 특성은 활동수준, 규칙성, 접근/철회성, 적응성, 반응강도, 반응역, 기분상태, 주의산만성, 주의기간 및 주의지속성 등 아홉 가지입니다. 활동수준은 아동이 깨어 있는 동안의 신체적 움직임의 강도를 말합니다. 규칙성은 수면, 공부, 식사, 배변시간 등과 관련된 기능의 예측 가능 정도를 말합니다. 접근/철회성은 음식, 장난감, 사람과 같은 새로운 자극에 대해 처음 나타내는 반응형태를 말하는데, 접근성은 자극에 대해 긍정적으로 반응하는 것이고 철회성은 부정적으로 표현되는 반응입니다. 적응성은 새롭거나 변화된 환경에 대해 바람직하게 반응하는 것입니다. 반응강도는 에너지 수준을 말하고, 반응역은 반응을 일으키는 데 필요한 자극의 양이며, 기분상태는 불쾌, 슬픔, 화와 같은 부정적 감정이나 즐거움, 좋아함 등의 긍정적 감정을 말합니다. 주의산만성은 필요에 따라 행동이나 행동의 방향에 대해 효율적으로 주의를 기울이는 정도입니다. 주의 기간 및 주의 지속성에서 주의 기간은 선택한 활동을 계속해서 해나가는 시간의 길이이며 주의 지속성은 방해자극에도 불구하고 활동을 끝까지 마무리하는 것입니다. 이는 지금까지 연구된 기질의 구성요인 중 가장 많이 적용하고 있는 기질의 특성들입니다.

    기질의 유형 중 위험 회피harm avoidance와 새로움 추구novelty seeking 두 가지를 이야기해보도록 하겠습니다. 2020년 트로트의 신바람을 불고 온 TV조선 〈내일은 미스터트롯〉 프로그램 참가자들을 보면 '위험 회피'인지? '새로움 추구'인지? 어떤 기질을 지닌 가수인지 쉽게 알 수 있습니다. 트로트 선배의 곡을 스스로 선택하여 부르는 레전드 미션에서 김호중의 〈짝사랑〉, 나태주의 〈신사동 그 사람〉, 영탁의 〈추억으로 가는 당신〉, 〈또 만났네요〉와 같이 여자 트로트 가수 주현미의 노래를 선택하여 불렀다는 것에서 '새로움 추구'를 두려워하지 않는 기질을 쉽게 알 수 있습니다. 반대로 프로그램이 시작할 때부터 끝났을 때까지 정통 트로트 가수의 창법을 벗어나지 않는 가수들도 있습니다. 그와 더불어 가수들을 좋아하는 팬들 또한 계속해서 새로움을 추구하는 팬과 위험 회피를 하는 팬으로 나뉘어 응원하는 모습을 관찰할 수 있었습니다.

사랑이 변하는 것과 같이 사람이 변할 수 있을까요? 연애할 때는 다정다감한 사람이었는데 결혼해보니 그 사람이 변한 것 같다고 많이 이야기합니다. 그 사람이 변할 것일까요? 단호하게 이야기하면 사람은 쉽게 변하지 않습니다. 한 사람의 성격이 변한 것처럼 '보일 수'는 있겠지만 개인의 기질은 변하지 않습니다.

기질이라는 것은 성격을 구성하는 유전적이고 생물학적 부분을 말합니다. 성격이라는 단어를 국어사전을 검색해보면 개인이 가지고 있는 고유의 성질이나 품성이라고 정의하였습니다. '어떤 사람이 내향적이다 혹은 외향적이다'라고 하는 것도 기질을 구성하는 여러 요소 중 하나를 일컫습니다. 내향성 혹은 외향성 또한 많은 부분이 유전적으로 결정되므로 내향적인 사람이 외향적으로 되는 경우는 거의 없다고 할 수 있습니다.

1984년에 출간된 영국의 소설가 줄리언 반스Julian Barnes의 책 《플로베르의 앵무새》의 205쪽에 다음과 같은 글귀가 있습니다. "부드러운 치즈는 흐물흐물해지고 단단한 치즈는 딱딱해진다. 그러나 결국에는 둘 다 곰팡이가 핀다." 특히 남들이 보기에는 하찮은 습관일지라도 오랜 세월 지속된 행동은 쉽게 변하지 않습니다. 습관이 오래 유지되었다는 것은 그 이면에 그 사람을 이롭게 하는 뭔가가 숨겨져 있기 때문입니다. 사람의 성격은 자신과 다른 사람을 행복하게 해주는 방향으로 형성된 것이 아니라 그 사람의 생존에 가장 적합하게 구성된 것입니다.

배우자를 선택하는 기준으로 나를 잘 돌보는 '나'를 잘 선택해야 합니다

    안타깝지만 이번 인생의 결혼이 없을 거라고 한 동료 간호사 H는 어떤 선택을 할지는 잘 모르겠지만 혼자 살아가는 것의 장단점도 있고 같이 살아가는 것에도 장단점이 있습니다. 혼자 산다는 것은 인생을 싫든 좋든 삶이 가져다주는 다채로운 경험을 절반밖에 하지 못한다는 것입니다. 하지만 내 마음의 편안함이 있다면 필자가 생각하기에도 꽤 괜찮은 선택이라고 생각합니다.

    반면에, 인생이 풍요롭기 위해서는 보다 많은 것을 경험하고 느껴야 합니다. 자이가르닉 효과 Zeigarnik effect 때문일까요? 경험할 기회가 있었는데 경험다운 경험을 해보지 않은 미련이 남아서일지도 모르겠지만 배우자가 죽을 것같이 싫어도, 부부가 식어버린 열정을 가지고 산다는 것도 결혼의 장점이라고 생각합니다.

    하지만 여기서 가장 중요한 것은 배우자를 선택하는 기준으로 '나'를 잘 선택해야 한다는 것입니다. 부부가 서로 부르는 말 중에 '여보如寶'는 '보배와 같다'의 뜻입니다. 자기自己는 '내 몸, 같은 몸'을 의미합니다. '아내'는 순수 한글로 '집안의 해(태양)'라는 뜻입니다. 배우자를 선택하는 기준으로 나를 잘 돌보는 '나'를 잘 선택해야 합니다.

08

엉켜버린 자신의 실타래를 풀고
내가 나를 먼저 공감하다 보면
타인의 자아에도 관심을 가지게 됩니다

Q

결혼은 연애의 구속이다?

필자가 결혼한 지 얼마 되지 않았을 때입니다. 쉬는 날마다 시댁 어른께 인사 다니고, 동서 생일 챙기고, 일주일에 한 번 가족모임에 참석하다 보니 몸은 천근만근 '피곤하다'를 입에 달고 다녔습니다. 더불어 회사 일에 집안일에 새 직장을 5개 이상 더 다니는 기분이었습니다. 아! 이제는 '나'라는 사람은 없구나! '며느리'이자 '형님', '아내'라는 역할이 내 역할이구나, 라는 생각을 하였습니다. 과연 결혼은 연애의 구속인가요?

"애미야, 이번 주 시간 되니? 동서 생일인데 같이 밥 먹지 않으련? 바쁘면 안 와도 된다." "다음 주는 할아버지가 큰며느리가 보고 싶다고 하시는구나. 시간 괜찮니?" 주말마다 이어지는 가족모임에 필자는 몸살이 나고야 말았습니다. 회사에 출근하면 소화도 안 되고, 두통이 있어 자꾸 눕고만 싶었습니다. 회사 사람들은 임신한 거 아니냐며, 허니문 베이비 아니냐며, 이야기하였습니다. 필자는 시댁 부모님께 몸이 너무 안 좋아서 쉬어야겠다고 말씀드리자 그다음부터 동서와 필자를 비교하며 동서의 칭찬을 끊임없이 하였고, 용돈을 올려달라는 이야기를 배우자를 통해 문자와 전화로 수시로 말씀하셨습니다. 결혼이 필자가 경험한 결혼생활과 같다면 결혼은 구속이 맞지 않을까요? 하지만 필자가 경험한 결혼생활은 흑역사를 남겼지만, 필자가 인지하지 못했던 한 가지가 있었습니다.

심리학 용어: 이중구속

남편 또는 아내가 '사랑한다'고 하면서 귀찮은 표정을 짓는다거나, 직장 동료가 말로는 '편하게 대하라'고 하면서 눈도 마주치지 않는다거나, 교사가 수업시간에 '자유롭게 질문하라'고 하면서 정작 질문을 하면 무시한다거나, 창의적인 아이디어를 요구하면서 정작 그런 아이디어를 내면 더 많은 업무로 처벌을 내리는 회사의 회의실 장면을 생각해보시기 바랍니다. 이중구속double bind이란 원하는 방향으로 유도할 수 있는 2개의 선택사항을 제시한 표현으로 대안의 착각이라고도 합니다. 상반되는 메시지가 동시에 전달되는 것을 말합니다.

우리가 진심으로 누군가를 대할 때만이 이구동성異口同聲의 메시지를 전달하게 됩니다. 하지만 만약 어떤 문제에 대해서 내적인 갈등을 느끼고 있거나, 스스로도 인식하지 못하는 자기기만에 빠져 있거나, 인격에 결함이 있는 사람이라면 이중구속의 메시지가 발생합니다. 이중구속은 메시지 자체의 모순으로 나타날 수도 있습니다. 1950년대 이중구속이란 개념을 발표한 인류학자이자 언어학자인 그레고리 베이트슨Gregory Bateson은 이중구속적인 상황에서 조현병(정신분열증)이 유발될 수 있다고 주장했습니다. 피할 수 없는 상황에서 모순된 메시지가 계속 반복적으로 이어질 경우 메시지를 받은 사람은 스트레스가 생겨서 그것을 해결하는 방법으로 사고장애, 정서장애를 일으킬 수도 있습니다.

사람들은 누구나 겉과 속이 다른 법입니다. 아이들은 속마음을 표현하는 데 망설임이 없지만 어른들은 다릅니다. 속으로는 싫어도 좋다고 표현하고 솔직하면 좋겠지만 그렇게 할 수 없는 것이 현실입니다. 이중구속 메시지에 액면 그대로 따라도 문제가 되고, 속마음을 읽어서 그것을 따라 해도 문제가 생깁니다. "아빠가 좋아? 엄마가 좋아? 편하게 말하세요"라고 해서 솔직하게 이야기하면 마음에 상처를 줬다고 화를 내는 경우가 있습니다. 그렇다면 나는 어떻게 답을 해야 할까요?

심리학 용어: '자기'와 '나'의 구별

미국 심리학자 윌리엄 제임스William James 자기self를 물질적 자기material self, 사회적 자기social self, 정신적 자기spiritual self 세 가지로 나눠서 설명했습니다.

첫 번째 물질적 자기material self는 신체, 즉 몸과 관련된 자기, 키와 외모

같은 것입니다. 키가 크지만 키가 큰 것에 대해 부정적으로 생각하거나 코가 조금만 더 오똑했으면 하고 부족한 부분에만 집중한다면 물질적 자기가 깨져 있는 것입니다. 두 번째 사회적 자기social self는 타인과의 관계에서 형성되는 것입니다. 가족 안에서 형제 순위나 이미지 같은 것입니다. 또는 직장에서 상사와 부하 간의 관계를 말합니다. 그 관계 안에서 형성되는 이미지를 말합니다. 마지막으로 정신적 자기spiritual self는 성격과 기질 같은 것으로 자아ego에 가까운 것입니다.

　물질적 자기, 사회적 자기, 정신적 자기 세 가지를 자세히 알아보려면 '자기도식'을 관찰해보면 됩니다. 도식self schema이라는 용어는 인지심리학에서 사용되는 용어입니다. 간단히 말하자면 생각의 틀을 이야기합니다. 한 사람이 과거에 어떤 경험을 가졌냐에 따라 인지구조와 지식구조가 화석처럼 굳어져서 자리 잡은 것을 도식schema 또는 프레임frame이라고 합니다. 여기서 중요한 것은 도식 또는 프레임과 패러다임을 이해한다면 공감하는 것이 어렵지 않을 수 있습니다.

　패러다임paradigm이란 용어는 1950년 토마스 쿤Thomas Kuhn이 쓴 책《과학혁명의 구조The steucture of Scirntific Revolutons》에서 처음 사용된 용어입니다. 국어사전에서는 어떤 한 시대 사람들의 견해나 사고를 근본적으로 규정하고 있는 테두리로서의 인식의 체계 또는 사물에 대한 이론적인 틀이나 체계로 정의합니다. 쿤이 처음에 제시한 개념은 과학 연구에 적용된 것으로, 쿤은 과학자들의 개인적인 역량이나 창의성보다는 전체적인 틀인 패러다임에 주목했고, 이것이 전체 과학을 지배하는 개념이라고 제시했습니다. 하나의 패러다임이 계속 과학을 지배하다가, 더 이상 기존의 패러다임으로는 설명될 수 없거나 풀 수 없는 새로운 문제가 나타날 때 기존의 패러다임은 새로운 패러다임에 의해 대체된다고 설명합니다. 이들의 개인적인 역량이나 창의성보다는 전체적인 틀인 패러다임에 주목했고, 이것이 전체 과학을 지배하는 개념이라고 제시했습니다. 하나의 패러다임이 계속 과학을 지배하다가, 더 이상 기존의 패러다임으로는 설명될 수 없거나 풀 수 없는 새로운 문제가 나타날 때 기존의 패러다임은 새로운 패러다임에 의해 대체된다고 설명합니다.

쉽게 말하면 패러다임이란 각 과학적 발전에 따른 우리의 생각의 범위라고 할 수 있습니다. 선조들이 하늘의 별이 떨어졌을 때 나라의 왕이 돌아가셨다고 생각하였지만 망원경이 발견되었을 때, 별의 구조와 이동을 알게 되면서 별이 떨어지는 이유를 다른 '관점'으로 보게 됩니다. 프레임이란 시대별 패러다임 속에 살아가는 사람들은 개별적인 경험과 환경에 따른 자신만의 틀을 가지게 되는데 그것을 프레임이라고 합니다. 마치 네모난 액자에 화분을 볼 때와 꽃을 볼 때와 나의 모습을 볼 때와 같이 액자 안의 '시각'을 형상화하는 '액자 형상'을 말합니다.

엉켜버린 자기의 실타래를 풀고 내가 나를 먼저 공감하다 보면
타인의 자아에도 관심을 가지게 됩니다

그러므로 한 개인의 도식 또는 프레임을 살펴보면 물질적 자기, 사회적 자기, 정신적 자기를 명확히 살펴볼 수 있습니다. 도식 또는 프레임을 따라가다 보면 흐르는 강물과 같이 꽃길도 있겠지만 따가운 가시밭길도 확인할 수 있습니다. 이렇게 엉켜버린 자기의 실타래를 풀고 내가 나를 먼저 공감하다 보면 타인의 자아에도 관심을 가지게 됩니다. 그 관점, 즉 패러다임은 이전에 자신이 가졌던 관점과는 차원이 다른 것입니다. 내가 내 자신을 바라보는 과정인 물질적 자기, 사회적 자기, 정신적 자기 이 세 가지를 구체적으로 바라볼 수 있다면 이 능력과 경험을 가지고 타인을 바라볼 때 또 하나의 도식 또는 프레임이 생기게 됩니다. 즉, 나와 타인을 바라보는 도식 또는 프레임이 생기게 된 것입니다. 결혼은 연애의 구속이다? 아닙니다. 내가 나를 구속하지 않는다면 결혼은 또 하나의 가족을 선물받는 것입니다.

09

서로 다른 환경에 자란 사람 두 사람은 상호 보완해야 가족을 유지할 수 있습니다

Q

연애 경험이 많아야 결혼생활에 도움이 될까요?

2008년경 동료 간호사 K는 필자에게 2003년 출간한 김형경의 책 《사랑을 선택하는 특별한 기준》을 꼭 읽어보라고 권하였습니다. "언니, 언니가 결혼하기 전에 아니, 남자친구를 만나기 전에 꼭 읽어봤으면 좋겠어." 하지만 12년 전, 유심히 읽어보지 않았습니다. 왜냐하면 결혼하고 싶은 생각이 전혀 없었기 때문입니다. 사람들은 말합니다. 연애 경험이 없는 사람보다 연애 경험이 많아야 결혼생활에 도움이 된다고 합니다. 그 이유는 무엇인가요?

프로이트, 무의식, 심리상담 등 심리학 관련 단어는 필자의 인생, 삶과는 전혀 연관이 없는 단어들이었습니다. 인문학, 카페에서 도서관에서 관련 도서를 읽는 사람들, 심지어 심리학을 전공하는 사람들이 필자는 이해가 되지 않았습니다. 그러다 30대 초반 연애 또는 결혼 이야기만 나오면 적극적이지 않은 필자의 모습이 이상하다는 것을 스스로 알게 되었습니다. "왜 연애를 안 하냐?" "결혼을 안 하냐?"라는 질문에 "남자들은 예쁜 여자만 좋아하잖아요"라고 '회피'라는 방어기제를 써서 넘어가려고 하였습니다. 그 후 결혼에 대한 아픔을 겪고 다시는 아픔을 겪지 않기 위해 심리상담을 받아보기로 하였습니다. 필자의 99.9%의 솔직한 마음은 누군가에게라도 화풀이라도 해보자는 마음으로 심리상담을 시작했습니다. "나는 왜 다른 사람들처럼 행복하지 않나요?" "나는 왜 화목한 가정을 꾸려나가면서 살아갈 수 없나요?"라고 말입니다.

손이 열 개라도 모자란 아버지와 어머니를 보면서 필자는 "결혼을 하면 너무 힘든 거구나" "결혼하지 말고 혼자 살아야지" "결혼을 하면 항상 누군가를 돌봐야 하는구나" 하고 생각해왔습니다. 항상 애정결핍에 허덕이며, 성인이 되어서도 부모님의 사랑을 갈구하고 있었습니다.

심리학 용어: 감정표현 불능증

1994년 개봉한 〈레옹〉이라는 프랑스 영화가 있습니다. 전문 암살자 레옹은 무뚝뚝한 사나이로 등장합니다. 즉 전문 암살자 레옹과 같이 감정을 인식하거나 언어적으로 표현하는 데 어려움을 보이는 상태를 일컫는 심리학 용어입니다.

감정 표현을 잘하지 못하는 사람은 흔히 감정표현 불능증Alexithymia을 지니고 있습니다. 이 용어는 원래 그리스어로 "감정을 언어로 나타내지 못한다"는 뜻을 지니고 있습니다. 이런 특징을 가진 사람은 감정 상태를 기술하는 어휘력이 부족하고 자신의 내적인 감정이나 소망 등을 겉으로 표현하지 못할 뿐 아니라 자신의 감정 상태를 정확하게 자각하지 못합니다. 감정 표현을 잘하지 못하는 사람들은 흥분하게 되었을 때 나타나는 신체적 변화를 자신의 감정과 연관 지어 생각하지 못하고 신체적인 질병의 신호로 잘못 해석하게 됩니다. 사소한 신체적인 증상만 있어도 건강을 염려하고 신체적 변화에 주의를 기울여 신체화 증상으로 간주하게 됩니다. 국내 선행 연구에서도 대학생과 대부분의 정신과 환자에게 감정표현 불능증과 신체화 간 연관성이 있음을 확인할 수 있었습니다.

심리학 용어: 착한아이증후군

〈우리아이가 달라졌어요〉라는 프로그램에 나온 한 아이의 부모님은 '하지 마', '먹지 마', '이렇게 해야지'라고 아이에게 자주 말한다고 합니다. 또한 평상시에 아이가 실수를 하거나 잘못을 하면 엄하게 말하고 강하게 지적하는 편이라고 합니다. 너무 어린 나이에 어른처럼 행동하는 아이들은 착한 아이 같지만 사실은 마음이 아픈 아이일 가능성이 높습니다.

착한아이증후군Good boy syndrome은 부정적인 정서나 감정들을 숨기고 타인의 말에 무조건적으로 순응하면서 착한 아이가 되려고 하는 경향을 의미하는 용어입니다. 부정적이라고 생각되는 생각이나 정서들을 감추고 부모나 타인의 기대에 순응하는 착한 아이가 되고자 하는 아동의 심리 상태를 지칭하며, 성인기까지 지속될 경우 '착한 사람 콤플렉스'라고 불립니다. 어른이 되어도 "착한 아이는 그래야 해"라는 고정관념 때문에 자신의 감정을 타인에게 말하지 못합니다.

착한 아이 증후군을 가진 아동의 부모들은 짜증이나 분노와 같은 자연스러운 욕구나 감정에 대해 부정적인 것으로 평가하며, 공공장소에서 예의 없는 행동을 하거나 소리를 지르는 것, 부정직하거나 거짓말하는 것 등 나쁜 행동에 대한 정의를 내리고, 자신의 아이가 이러한 행동을 하지 못하도록 엄격하게 제한하고 교육합니다.

그 결과 아이들은 원하고 생각하는 대로 자유롭게 표현하기보다는 부모가 정한 기준에 부합되는 착한 아이가 되고자 자신을 억압하고 위축된 태도를 보이게 됩니다. 이런 아이들은 겉으로 보기에는 얌전하고 착한 모범생인 것 같지만 내적으로는 자신감이 결여되어 있고 자신을 희생자로 정의합니다.

또한 성인이 되어 타인의 행동을 지적하거나 조종하고자 할 때도 자신을 위한 것이 아니라 상대방을 위한 것임을 강조하고, 자신에 대한 부정적 평가에 대해 민감한 반응을 보입니다. 더불어 희생자로서의 역할을 지속하기 위해 타인이 자신에게 상처를 주고 있다고 생각하고, 공감능력이 결여되어 있으며, 앞에서는 비판하지 못하지만 뒤에서 상대방을 비난하는 것과 같은 행동을 보입니다.

필자가 심리상담을 받게 되면서 처음 읽게 된 책은 김형경의 심리치유 에세이 《천개의 공감》입니다. 제가 가장 와닿았던 글귀는 "애착을 박탈당한 아이" "자아가 강해져야 문제와 맞설 수 있습니다"입니다. 이 두 글귀는 아직도 필자의 가슴을 아리게 합니다.

　필자가 심리상담을 경험한 전이의 감정은 놀이기구 롤러코스터를 하루 종일 타는 것과 같은 기분입니다. 정신분석가에 대한 필자의 생각은 다양했습니다. 정신분석가가 전문가적이고 능력이 뛰어나다고 여기다가도, 괜히 나의 마음을 이야기했나 불안한 마음, 내가 상담을 받은 내용을 다른 사람에게 이야기할까 봐 밀려오는 두려운 마음, 이유를 알 수 없는 시기심, 상담이 끝나면 다시 불안정한 나로 돌아가버리면 상담이 무슨 소용이 있을까 하는 부정적인 생각, 정신분석가와의 헤어짐에 대한 두려운 마음, 분리불안 등 여러 가지 마음을 느끼게 됩니다.

　또한 내담자는 무의식 속 유년기의 부모에 억압되어 있는 감정을 대신에 정신분석가에게 드러내고야 맙니다. 이유는 정신분석가에게 부모의 모습이 '투사적 동일시'되어 내담자의 오랫동안 억압이 무언가가 해소되는 과정이기 때문입니다.

서로 다른 환경에서 자란 사람 두 사람은
상호 보완해야 가족을 유지할 수 있습니다

자아가 강해져야 문제와 맞설 수 있습니다. 헤르만 헤세 Hermann Hesse 는 이렇게 이야기하였습니다. "만일 당신이 누군가를 미워한다면, 당신은 그 사람 안에서 당신의 일부인 그 어떤 점을 발견하고 미워하는 것입니다. 우리 자신의 일부가 아닌 것은 아무것도 우리를 괴롭힐 수 없습니다."

《긍정의 심리학》의 필자 로버트. D. 아이젯 박사는 "따뜻한 가정에서 모든 아이가 자라는 것은 아닙니다"라고 하였습니다. 필자와 같은 가부장적인 집안에서 자란 사람도 있고, 이혼이라는 아픔을 겪은 사람도 있고, 부모님이 아닌 할머니 할아버지에게 자란 사람, 고아원에서 자란 사람도 있습니다. 심지어 폭력과 안정적인 않은 환경에서 자란 사람들도 있습니다.

붉은 사슴의 무리를 관찰한 연구자들은 사슴이 집단의사결정을 한다는 것을 발견하였습니다. 바꾸어 말하면 떠날 것인지 머물 것인지 결정하기 위해 '집단의사결정' 방식을 이용하는 것으로 보인다는 것입니다. 일반적으로 사슴무리가 자리를 뜨기 위해서는 60~70% 사슴의 동의의 표현으로 일어나야 이동합니다. 좋건 싫건 사슴무리의 운명은 사슴 스스로가 자신이 결정해야 합니다.

우리가 스스로를 보호하기 위해서 집단을 이루고 가정을 이루는 것입니다. 가족은 가장 기본적인 집단의 당위일 것입니다. 분명히 가족은 우리가 성장하고 생존하고 발전하는 데 필요한 돌봄을 제공받는 자연의 가장 중요한 자원의 하나입니다. 연애 경험이 중요한 것이지 횟수가 중요한 것은 아닙니다. 더욱 중요한 점은 서로 다른 환경에 자란 남자와 여자는 상호보완하며 서로의 장단점을 보듬어주어야만 가족을 유지할 수 있다는 것을 잊어서는 안 된다는 것입니다.

10

우리는 간격의 여유를 가져야 합니다

Q

데이트 기간이 1년이면 결혼해도 되나요?

그 사람을 2014년 5월 마지막 주 선 자리를 통해 만나게 되었습니다. 결혼을 전제로 만났기 때문에 6월경 양가 집안에서는 결혼 이야기가 있었고, 바로 결혼 날짜를 잡고 12월에 결혼식을 했습니다. 다른 커플도 그렇게 연애하고 결혼하는 줄 알았습니다.

헤어짐을 준비하는 동안 필자는 "사계절은 같이 보내봐야 했다" "1년은 연애를 했어야 했다" "같이 여행을 가봐야 했다" "조금이라도 결혼이 내키지 않았더라면 하지 말았어야 했다" 등 무수히도 많은 이야기를 들었지만, 그중에서 가장 많이 들은 말은 "1년은 연애를 했어야 했다"였습니다. 정말 데이트 기간이 1년이면 결혼해도 되나요?

1976년 출간된 책 《Marriage contracts and couple therapy: Hidden forces in intimate relationships》의 저자 클리퍼드 J. 세이거 Clifford J, Sager 는 우리가 배우자를 선택했을 때 세 가지 서약을 한다고 했습니다.

첫 번째, "나는 당신을, 당신은 나를 아끼고 보살펴줄 것입니다"처럼 결혼식장에서 흔히 들을 수 있는, 의식 차원의 언어의 서약입니다.

두 번째 서약은 말로 표현하기에 다소 부끄럽고 쑥스럽기 때문에 말하지 않고 마음속에 담아두기도 합니다. 예를 들어 "나는 어른이 되는데 무서워" "내가 부모님을 떠나 잘 살 수 있을까?" "부모님 대신 당신이 나를 잘 보살펴줄 수 있지?" 등의 보호와 안정을 요구하는 내용일 수도 있습니다. 혹은 "나는 당신이 나를 필요로 할 때 당신을 돌봐주지 못할까 봐 겁이 나, 그래도 나를 이해해줄 거지?" 등 '나의 두려움과 약점을 온전히 그대로 사랑해줄 거지?'라는 영원한 사랑을 보장해달라는 서약일 수 있습니다.

세 번째 서약은 무의식 차원의 서약으로, 남자와 여자의 관계에서 일어날 수 있는 모든 가능성을 포함합니다. 무의식의 요소는 당연히 부정적입니다. 혼인 서약의 의식적인 측면과 다르게 무의식적인 요소는 인식한다는 것부터 두려우며 말하기도 듣기도 좋은 내용이 아닙니다. 여자가 무의식적으로 남편에 대해 예상하는 것들은 친정에서 겪은 사건에서 비롯되는 경우가 많습니다.

"당신이라는 사람은 우리 아버지와 똑같아" "당신은 우리 아버지처럼 밖에서 술 마시고 계집질이나 하면서 괴롭힐 거야" "당신은 엄마 혼자 우리를 돌보고 아이에게 관심이 없는 우리 아버지와 똑같아" 등 예상할 수 있습니다. 한편 남자는 무의식적으로 "당신은 내가 아는 다른 여자들과 똑같아" "당신은 한국 여자의 그 강하고, 억센 여자들과 똑같아" "당신은 이래

라저래라 잔소리도 심하고, 소유욕도 강할 거야" 등을 예상할 수 있습니다.

결혼 전 맺은 그 많은 서약들. 하지만 우리가 진심으로 바라고 기대하는 것은 무엇일까요? 상대가 나에게 정말로 원하는 것은 무엇일까요? 때로는 영원히 나 스스로도 그 남자, 그 여자도 모를 수도 있습니다.

2012년 미국 오하이오 대학 크리스토퍼Christopher. P 교수 외 연구진들은 커플 관계가 시간에 따라 어떻게 변하는지 알아보기 위해 연애를 시작하게 된 102명의 사람들을 2년 동안 관찰했습니다. 설문조사 결과 커플은 시간 보내기proximity seeking, 피난처safe haven, 정서적 안전기지secure base 3개의 단계로 발전한다는 사실을 확인할 수 있었습니다. 첫 번째 단계는 서로 강하게 끌리고 상대방에 대해 궁금하고 함께 보내고 싶은 마음으로 가득하게 됩니다. 두 번째 단계는 연애를 한 지 4개월이 지나면 연인들은 서로를 피난처로 여길 수 있습니다. 이 단계의 연인들은 함께 있을 때 정서적으로 안정되는 것을 느낍니다. 스트레스를 받을 때 연인과의 대화에서 진정을 얻고, 우울하거나 슬픈 일이 있을 때 연인에게 위로를 받게 된다고 합니다. 세 번째 오랜 연애기간을 통해 이 단계에 도달한 커플은 무슨 일이 있어도 흔들리지 않는 정서적인 '기지'로서 서로를 신뢰하게 됩니다.

우리는 간격의 여유를 가져야 합니다

　신뢰하는 것trusting과 의지하는 것leaning은 분명히 다릅니다. 신뢰하는 것은 균형을 갖고 있지만, 의지하는 것은 한쪽으로 치우친 마음입니다. 2004년 영국 런던대학교 존드웨일 박사의 '단어와 기억력의 관계' 연구에 따르면, 일반적인 단어를 사용했을 때보다 부정적인 단어와 말을 사용할 때 4배나 더 오래 기억이 된다고 합니다. 부정적인 단어와 말을 사용하면, 긍정적인 단어는 지우개로 삭제됩니다. 긍정적인 단어 대신 부정적인 단어가 뇌에 박혀 온몸을 지배하고 마음을 늘 아프게 됩니다. 부정의 말은 스스로가 가장 먼저 듣고, 가장 먼저 아프게 됩니다. 말의 주파수가 거칠어지고 강해지면 그에 맞게 행동도 거칠어지고 무겁게 변해 갑니다.

　흔히 사람들은 '결혼을 하려면 2년은 만나봐야지'라는 말을 합니다. 통계 자료를 확인해보면 결혼 전 연애의 적정 기간을 약 1~2년 정도로 생각한다고 합니다.

　우리는 간격의 여유를 가져야 합니다. 그러기 위해서는 조절과 절제를 유아기부터 연습하고 또 연습하는 것이 중요합니다.

11
하늘을 날 수 있는 용기

Q

남자친구가 결혼을 하자고 합니다. 결혼이 두려운 이유가 무엇일까요?

34세 여성 K씨는 그렇게 원하던 결혼이었지만 결혼을 하자는 남자친구의 말에 두려움이 앞서는 이유를 잘 모르겠습니다. 이유가 무엇일까요? 만약 2020년 12월 12일 결혼을 한다면 이생이 다할 때까지 잘 살 수 있을까요?

다른 가족들처럼 결혼 후 신혼을 지나 아이가 생기고 아이가 성장 후 대학생이 되고 결혼 후 다시 우리 둘만 남은 달콤한 인생이라면 고민하지 않고 지금이라도 하고 싶은 것이 결혼일 것입니다.

우리나라 국민이 「통계법」 및 「가족관계의 등록 등에 관한 법률」에 따라 2018년 1월 1일부터 12월 31일까지 전국의 시구청 및 읍면사무소에 신고한 혼인신고서와 이혼신고서를 기초로 작성한 2018년 혼인·이혼통계 자료에 의하면 이혼 건수는 10만 8천700건으로 2017년 전년 대비 2천700건(2.5%) 증가하였다고 합니다. 연령별 이혼율(해당 연령 인구 1천 명당 이혼 건수) 남자는 40대 후반이 8.6건, 여자는 40대 초반이 8.8건으로 가장 높게 나타났습니다. 혼인 지속기간 20년 이상 이혼이 전체 이혼의 33.4%로 가장 많았고, 다음으로 4년 이하 이혼이 21.4% 차지하였습니다. 이혼부부의 평균 혼인지속기간은 15.6년으로 확인되었습니다.

필자가 글의 서두부터 2018년 이혼율을 이야기한 이유는 결혼이란 결혼을 하는 것도 어렵지만 결혼식 이후 살아가는 것이 더 어렵기 때문이라는 사실을 통계자료로 확인해보기 위함이었습니다. 결혼식을 준비하는 과정도 힘들지만 결혼을 준비하는 시작점부터 산 넘어 산입니다.

1996년 3천147쌍의 결혼한 쌍둥이를 대상으로 한 성격 특성 연구 결과 장기적 관계 유지와 관련된 문제의 원인이 유전적인 기질에 차이가 있다는 사실이 알게 되었습니다(Jockin et al., 1996). 1930년대 약혼한 300쌍의 남자와 여자를 추적하는 종단 연구가 수행되었습니다. 연구 대상자 중 1935~1980년에 파혼한 커플 22쌍, 이혼 예정 커플 50쌍이었습니다. 남자와 여자는 약혼 당시 안정적인 정서 상태가 이후 반세기에 걸친 안정적인 결혼생활을 예측한 지표가 된 반면, 충동에 관한 통제력이 부족한 정서 상태는 이혼을 예측한 지표 역할을 했습니다(Kelly&Conley, 1987). 또한 안정된 애착 유형의 사람들은 관계의 질을 높이는 선택을 할 가능성이 더욱 높다고 하였습니다(Turan&Vicary, 2010).

심리학 용어: 안정된 애착

MBC TV 〈일요일일요일밤 아빠! 어디가?〉는 2013년 1월 6일부터 2015년 1월 18일까지 방영되었습니다. 이 프로그램에 출연한 가수 윤민수는 아들 윤후에게 '안정적 애착' 형성의 모범을 보여주는 아빠라고 할 수 있었습니다. 즉 안정된 애착이란 자녀의 감정과 욕구에 반응하고 공감해주고 자녀가 힘들어할 때 격려와 지지를 해주면서 애착관계를 형성하는 것을 말합니다.

Bowlby(1969)에 의하면 어린 시절 어머니와의 애착관계가 성장 이후의 인간관계 영향을 미친다는 점을 시사하였습니다. 어린아이는 부모에 대해 매달리고 따라다니는 애착행동을 보이게 되는데, 이때 그러한 아이에 행동에 대해 부모가 일관성 있게 수용적이고 우호적인 행동을 보이게 되면 안정된 애착stable attachment을 하게 됩니다. 이렇게 안정된 애착을 형성된 아이는 부모에 대한 신뢰를 형성하게 되어 자발적이고 독립적으로 바깥세상을 탐색하게 될 뿐만 아니라 부모가 보이지 않는 상황에서도 비교적 안정된 감정 상태를 유지하게 됩니다.

하지만 반대로 생각해보면 안정된 애착 형성을 하지 못한 사람들은 이혼 확률이 높다는 이야기인가요? 그러면 결혼을 안 해야 된다는 이야기인가요? 가부장적인 집안 환경과 집안일과 친척들의 일도 바쁜 어머니에게 자라온 필자는 어떻게 해야 할까요?

심리학 용어: 레드 퀸 효과

"수능은 엉덩이 싸움이다"라는 말을 필자는 귀에 딱지가 생길 정도로 학창시절에 많이 들었습니다. 그런데 말입니다. 2020년 입시 전쟁은 무엇보다도 정보에 앞서서 전략적으로 공부를 해야 한다는 것입니다. 물론 엉덩이 싸움을 기본입니다. 또한 회사원은 매년 업그레이드되는 컴퓨터 프로그램을 공부하지 않으면 회사 생활에 어려움을 겪게 된다는 것입니다. 즉 나 스스로 변화하려고 해도 주변 환경과 경쟁 대상 역시 끊임없이 변화하기 때문에 상대적으로 뒤처지거나 제자리에 머무는 현상을 말합니다.

레드 퀸 효과 Red Queen Effect 라는 용어는 1865년 영국 옥스퍼드 크라이스트처치대학의 수학 교수였던 루이스 캐럴 Lewis Carrol 의 유명한 소설인 《이상한 나라의 앨리스 Alice's Adventures in Wonderland》의 후속 작품 《거울을 통하여 Through the looking-Glass and What Alice Found There, 1871》에 등장하는 여왕 인물입니다. 레드 퀸 여왕과 주인공인 앨리스는 숲을 미치도록, 죽을 만큼 열심히 달려보지만 아무리 달려도 제자리걸음인 것처럼 느껴졌습니다. 앨리스는 레드 퀸 여왕에게 물었습니다. "이렇게 열심히 뛰고 있는데 왜 앞으로 가지를 않나요?" 레드 퀸 여왕은 대답했습니다. "여기서는 주변 세계도 함께 움직이기 때문에 열심히 달려도 제자리거든" "앞으로 나가고 싶다면 최소한 두 배 이상 빨리 뛰어야 해!"

하늘을 날 수 있는 용기

결혼 전, 나를 들여다보아야 합니다. 과거의 자신의 모습을 '내면아이', 힘들고 고민하고 또는 울고 있는 자신의 모습을 '현실자아', 그리고 내면자아와 현실자아가 만나는 모습을 바라보는 또 다른 모습을 '객관적 자아'라고 합니다. 이렇게 객관적 자아의 모습에서 나의 모습을 보면 내가 결혼이 두려운 이유를 알 수 있으며, 안정된 감정을 유지할 수 있는 방법을 알 수 있습니다. 마음에 걸려 있는 생각들을 보고만 있으면 안 됩니다. 생각만 이렇게 저렇게 해야지 하고 있으면 안 됩니다. 꺼내서 밖으로 내보내야 합니다. 우리는 늘 하늘을 힘차게 날고 있는 새를 향해 부러운 시선을 던집니다. 날 수 있는 게 부러운 것이 아니라, 날기 위해서 모든 것을 내려놓고 비워낼 수 있는 용기가 부러운 것입니다.

'결심決心'은 마음을 자른다는 뜻입니다. 결혼에 대한 부정적인 생각만 가득하다면 마음이 무거워 날지 못할 뿐만 아니라 날고 있어도 제자리를 날고 있는 것처럼 느껴집니다. 버리기보다 벽에 가두어 두려고 하면 평생 하늘을 날 수 없습니다.

12
적응유연성(회복탄력성)
vs
회복

Q

남자와 여자가 결혼을 결심하는 이유는 무엇일까요?

2012년경 필자가 활동하고 있던 동호회 모임에서 20대 중반에서 30대 중반 연령대의 남자 20명, 여자 30명에게 왜 결혼이 하고 싶은지 물어본 적이 있었습니다. 필자도 그 당시 결혼의 대한 로망이 있었습니다. 그 결과는 주관적인 결과이기는 하지만 남자들은 '내 아들 낳아도'가 1순위, '혼자 불 꺼진 방에 들어가기 싫어서'가 2순위였습니다. 여자들은 대학원생이 20명 중 15명 정도 되었습니다. 같이 공부도 하고, 같이 여행도 다니며 30대 이후는 조금 여유롭게 살고 싶어서였습니다. 주관적인 결과이기는 하였습니다만 남자와 여자가 결혼을 결심하는 이유는 무엇일까요?

적응유연성(회복탄력성)과 회복은 그 개념을 명확하게 구분해야 합니다. 회복recovery은 우울증상이나 심리적 외상 후 스트레스 장애와 같은 정신병리학적, 혹은 신체적인 어려움을 겪은 후에 어느 정도의 시간이 지난 다음 완전히 이전 상태로 되돌아가게 되는 일정한 패턴을 의미합니다. 이와 달리 적응유연성(회복탄력성)은 안정적이고 건강한 수준의 심리적이고 신체적인 기능을 유지하려고 하는 능력을 말합니다.

수많은 이성 중에서 결혼 상대자를 만나는 과정은 마법과 같이 운명이라고 할 만큼 신비스럽습니다. 배우자 선택되는 과정은 매우 다양하고 복잡합니다. 배우자를 선택하는 많은 연구 결과 남자의 경우 병역문제가 해결되고 경제적인 독립을 위한 안정된 직업을 갖게 되는 등 결혼 준비가 갖추어지면 최종적인 결혼 상대를 선택한다고 하였습니다.

Lewis(1973)는 배우자가 선택되는 심리적인 과정을 중점으로 6단계를 제시하였습니다. 첫 번째 유사성의 단계, 두 번째 라포 형성의 단계, 세 번째 자기공개의 단계, 네 번째 역할탐색의 단계, 다섯 번째 역할조화의 단계, 여섯 번째 상호결정의 단계입니다.

첫 번째, 유사성similarity의 단계, 남자와 여자의 사회적 배경, 가치관, 성격 등이 유사성을 지각하는 단계입니다.

두 번째, 라포rapport 형성의 단계로 서로 상대방에 대한 긍정적인 평가를 하고 호감과 친밀감을 느끼게 됩니다.

세 번째, 자기공개self-disclosure의 단계는 상대방에 대한 신뢰감이 증진되면서 서로 자유롭고 솔직한 자기표현을 할 수 있는 관계로 발전하게 됩니다.

네 번째, 역할탐색role raking의 단계는 밀접한 관계 속에서 자신의 역할을 구축해가고 상대방의 역할에 대한 기대를 형성하게 됩니다. 아울러 상대방의 성격과 능력에 대한 구체적인 파악을 통해 기대하는 역할의 수행능력을 평가하게 됩니다.

다섯 번째, 역할조화role fit의 단계는 서로에 대한 역할기대와 역할 수행을 조정하여 상호보완적인 조화를 이루어가는 단계입니다. 상대방의 기대에 맞추어 자신의 역할을 조정해나가는 동시에 상대방의 역할에 대한 자신의 무리한 기대를 변화시켜 가는 과정이 역할조화의 단계에서 이루어집니다.

여섯 번째, 상호결정dyadic crystallization의 단계는 서로의 역할을 수용하여 확정하고 한 쌍의 동반자로서 정체감과 일체감을 느낍니다. 상호결정의 단계에서 결혼을 통해 주위 사람들로부터 공식적인 부부로 인정받게 됩니다.

심리학 용어: 자아정체감

"나는 누구인가?" "나를 찾는 여행은 언제 떠나야 하는가?"

2018년 출판된 심리학자 제임스 홀리스James Hollis가 쓴 책《내가 누군지도 모른 채 마흔이 되었다》에 의하면 나를 찾아 떠나는 여행을 하는 시기로 마흔이라고 하였습니다. 제임스 홀리스가 "나는 누구인가"라는 철학적인 질문에 고민해 보아야 할 나이를 마흔이라고 정한 이유는 이 나이가 되면 진짜의 나ego와 사회적으로 만들어진 나 사이에서 진정으로 혼돈을 경험하기 때문이라고 하였습니다. 자아정체감ego identity과 자아정체성은 같은 용어입니다. 즉 개인이 속한 집단에 대한 귀속감 또는 일체감, 정체감을 가진다는 것으로 타인과는 구분되는 개별화(개성화)를 가지고 있다는 것을 의미합니다.

　시간의 흐름에 따라 본질적으로 불변하는 자기 자신에 대한 개인적 느낌이며 심리학자이자 정신분석학자인 에릭 에릭슨_{Eric Homberger Erikson}은 자아 발달의 최종 단계를 자아정체감이라고 하였습니다. 그래서 나에게 무엇이 행복을 가져다주는지 불행하게 만드는지 잘 살펴보아야 합니다. 남들에게는 행복이지만 나에게는 불행인 그 대상에 대해 왜 그렇게 다르게 다가오는지 알아야 할 것입니다.
　미국의 심리학자 앨버트 엘리스_{Albert Ellis}는 행복이냐 불행이냐, 기쁨이냐, 두려움이냐와 같은 상반된 감정의 결과는 우리가 어떻게 생각_{thinking}하고, 어떻게 믿고_{believing} 있느냐에 영향을 받는다고 이야기하였습니다.

　《긍정의 심리학》의 저자 로버트. D. 아이셋 박사는 "상황이 아닌 사고방식이 감정을 일으킨다"고 하였습니다. '흥분된다', '재미있겠다'라고 하는 사람과 반대로 '무섭다', '두렵다', '불안하다'라고 하는, 놀이동산의 놀이기구 바이킹을 보고 상반된 모습을 보이는 두 사람이 있습니다. 상반되는 모습은 각자가 바이킹이라는 놀이기구를 어떻게 생각하고 있느냐에 따라 말의 결과도 몸의 반응도 달라지기 때문입니다. 보통 놀이기구에 대한 두려움의 감정을 사라지게 만들기 위해 놀이기구에 대한 생각을 변화시키는 과정을 거치게 합니다. 놀이기구를 타는 사람들의 즐거운 표정과 놀이기구가 얼마나 안전한지에 대한 정보 그리고 실제 조금 약한 수준의 놀이기구에서부터 조금씩 강도를 높여, 놀이기구 탈 때의 쾌감을 단계별로 경험하게 하면서 서서히 바이킹 놀이기구까지 이르게 만들면 처음 가졌던 '바이킹=두려움'

의 공식이 깨지게 됩니다.

이러한 과정의 공식을 미국 심리학자 앨버트 엘리스~Albert Ellis~는 ABC 모델, ABCDEF 이론으로 제시하였습니다.

'A'는 어떠한 것보다 앞서서 일어나거나 행동하게 되는 행동인 'Antecedent'의 A를 의미하기도 하지만 단순히 '일어나는 사건~Activating event~'의 제일 앞글자인 A를 의미하기도 합니다. 즉 A는 나에게 닥친 사물이든 상황이든 그 무엇인가를 말합니다.

이 A를 어떻게 생각하고 바라보느냐의 문제가 바로 'B'입니다. B는 'believe'처럼 '믿는다'는 의미이지만 엄격히 말해 생각한다~thinking~는 의미입니다. 이 생각이 행복과 불행, 즐거움과 두려움의 극과 극 사이에 어디에 해당하느냐에 따라 느껴지는 감정이 달라집니다. 그리고 그 감정에 따른 말의 반응과 반응도 달라지게 됩니다.

즉 'C'는 결과~consequence~를 뜻합니다. 사고의 방향이 정상적이면서 합리적인 과정을 통해 진행하지 않다 보면 쉽게 '우울'에 빠지게 됩니다. 이렇게 어두운 골짜기 밑바닥에 사고가 처박혀서 올라오지를 못하게 됩니다. 밑바닥에 떨어져 있는 사고를 끌어올려서 합리적인 곳까지 이르게 하기 위해서는 논리적인 반박이 필요합니다.

'D'는 논박~disputation~이라는 '합리적인 밧줄'을 내려야 합니다. 즉 논리적 반박~disputation, 논박~을 스스로의 생각에 집어넣어야 합니다. 그래야 어두운 생각의 골짜기에 빛이 드리워져 올라갈 일이 보입니다.

'E'는 생각 속에 잘 자리 잡은 논리적 반박의 결과~effects~, 즉 새로운 행동의 습관 또는 생각의 습관을 교정하고 합리적인 생각의 힘을 길러준 결과를 말합니다.

마지막 감정 feeling 인 'F', 합리적인 밧줄을 잡고 올라와본 경험이 있어야 내 생각의 조절 능력이 생기게 됩니다. 생각의 조절 능력은 감정에서 영향을 미치게 되며 합리적인 감정이 형성됩니다.

적응유연성(회복탄력성) vs 회복

필자의 경험으로 곰곰이 생각해보면 결혼을 결심했던 이유는 그 사람과 밀접한 관계가 되었다는 착각 때문이었습니다. 그 사람과 헤어지고 저의 마음속에는 억울하고, 답답한 마음이 가득 차 있었습니다. 하지만 돌이켜 생각해보면 내가 비록 어두운 골짜기에 빠져 있더라도 논리적 반박 논박, disputation 을 스스로의 생각에 집어넣었기 때문에 다시 '나'다운 '나'로 돌아올 수 있었다고 생각합니다. 결혼을 해야겠다고 결심하셨다면 이것만은 꼭 기억하십시오! 자신의 적응유연성(회복탄력성)이 충분한지 말입니다.

♥
♥
♥

세상을 보는 사람은 그저 꿈을 꿀 뿐이지만,
자신의 내면을 보는 사람은 비로소 꿈에서 깨어난다.

- 칼 구스타브 융 Carl Gustav Jung -

01

나를 사랑하는 것과 같이 그 남자, 그 여자를 사랑하는 것

Q

"Love looks not with the eyes,
but with the mind."

셰익스피어는 사랑은 눈으로 보지 않고 마음으로 보는 거라고 하였습니다. 필자는 묻고 싶습니다. 사랑이 무엇이냐고? 건강한 사랑이란 무엇을 말하는 것인가요?

에로스와 프시케의 가족 관계도

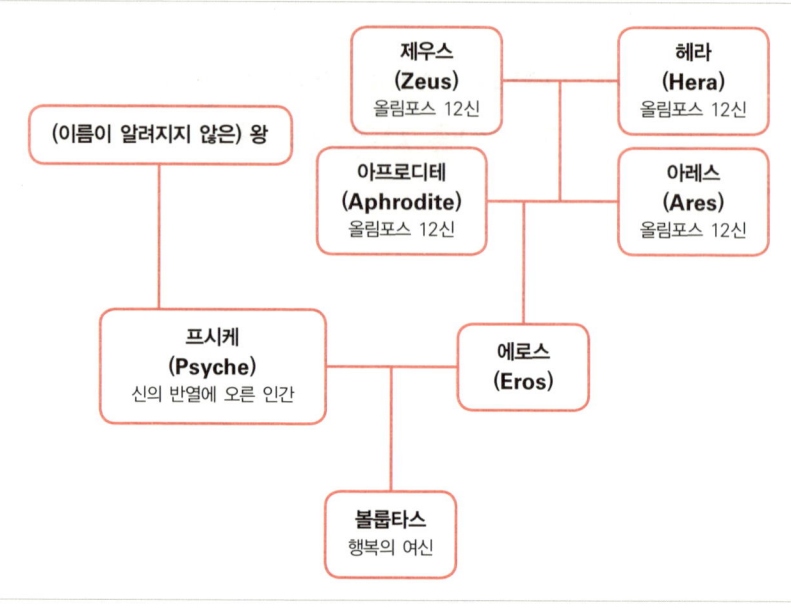

낭만적인 사랑이란

낭만적인 사랑_a romantic love_의 심리를 잘 나타내는 대표적인 이야기가 에로스_Eros_와 프시케_Psyche_의 사랑에 관한 이야기입니다.

BC 2세기경 올림포스 12신 중 여신 아프로디테_Aphrodite_는 이름이 알려지지 않은 왕의 셋째 딸인 프시케를 질투하게 되었고, 사람들이 신인 자신보다 인간인 프시케를 더 좋아하는 것에 화가 나서 프시케를 산꼭대기로 보내어 무서운 괴물(죽음의 괴물)의 신부가 되도록 명령하였습니다. 그러나 프시케는 다행히도 서풍의 신 제피로스의 도움을 받아 꽃이 가득하고, 맑은 물이 흐르는 에로스의 집에 도착하게 되었습니다. 곧 에로스와 프시케는 사랑에 빠졌습니다. 그러나 에로스는 신이라는 자신의 신분을 숨기기 위해 밤에만 프시케를 만났고, 프시케에게 자신의 신분을 알려고 하지 말라고 이야기합니다. 그러던 어느 날, 프시케의 두 언니가 찾아와 프시케의 행운을 시기하여 에로스에 관해서 꼬치꼬치 캐묻고, 프시케가 에로스에 관해서 잘 모른다고 하자 두 언니들은 어쩌면 에로스가 너를 삼켜버리려고 하는 무시무시한 괴물일지도 모른다고 의심을 심어주었습니다. 그날 밤, 프시케는 에로스가 괴물이면 그의 머리를 잘라버리려고 침대 밑에 등불과 날카로운 칼을 준비하였습니다. 프시케는 에로스가 잠들어 있는 동안 등불을 밝히려다가 그만 에로스 얼굴 위에 뜨거운 기름방울을 떨어뜨리게 됩니다. 에로스는 자신의 신분을 알려고 하지 말라는 약속을 어긴 프시케를 책망하며 열려 있는 창문을 통해 영원히 그녀를 떠났습니다. 고통과 슬픔에 빠진 프시케는 에로스는 이름을 부르며 울면서 그를 뒤쫓았으나 따라갈 수가 없었습니다.

에로스와 프시케의 사랑에 대한 이야기에서 알 수 있듯이 사랑할 때 황홀하면서도 과민성, 감정과 동요, 거부와 두려움, 열등감, 의심, 질투, 외로움과 불안정감을 느낄 수 있다는 것을 알 수 있습니다. 즉 사랑은 우리의 삶의 가장 중요한 심리적인 체험입니다.

심리학 용어: 사랑

국어사전에서는 사랑을 '아끼고 위하는 따뜻한 인정을 베푸는 일 또는 그 마음' 또는 '마음에 드는 이성을 몹시 따르고 그리워하는 일 또는 그러한 마음'이라고 정의하였습니다. 그러나 사랑이라는 용어는 다양한 맥락에서 다양한 인간관계를 지칭하기 위해 사용됩니다.

사랑에 대한 태도와 행동 연구에 따르면 사랑은 이타적인 사랑altruistic love, 무조건적이고 헌신적으로 타인을 위하여 보살피는 사랑, 동료적인 사랑companionate love, 친한 친구에게서 느끼는 우정 같은 사랑, 낭만적인 사랑romantic/passionate, 뜨거운 열정이 중요한 요소가 되는 강렬한 사랑, 실용적인 사랑pragmatic love, 이성에 근거한 현실적이고 합리적인 사랑, 유희적인 사랑playful love, 놀이와 같이 재미와 쾌락을 중요시하는 사랑으로 크게 5가지 유형으로 나뉩니다.

John Lee(1977)의 〈A typology of stales of loving〉이라는 논문에 의하면 사랑은 에로스eros, 주로 상대의 외모의 아름다움으로 인해 생기는 사랑, 루더스ludus, 유희적인 사랑으로 한 사람과 관계에 자신을 매어 놓지 않고 책임지지 않는 사랑, 여러 사람과 유희적인 사랑을 함, 스토케storge, 어떤 사람과 가까이 지내며 서서히 발전하는 애정의 결과로 생긴 사랑, 마니아mania, 강렬한 낭만적인 사랑, 마니아 사랑을 하는 사람은 질투가 많고 상대에 대해 집중적인 몰두를 하게 됨, 아가페agape, 이타적인 사랑, 받는 것을 기대함이 없이 주는 사랑, 프라그마pragma, 합리적인 사랑, 프라그마 사랑을 하는 사람은 교육, 종교, 직업 등 여러 가지 현실적인 조건을 고려하여 적당한 사람을 찾고 선택함와 같이 6가지 유형으로 분류됩니다.

기념일을 이용하여 수요를 창출하는 마케팅 기법으로 데이 마케팅day marketing이 1990년대부터 유행하기 시작했습니다. 데이 마케팅을 수행하는 기업은 기념일에 자사의 상품을 홍보하고, 판매하는 특수를 창출하여 기업 이익을 획득하게 됩니다.

특별한 예로 매월 14일을 기념일로 정해 선물을 주고받는 것이 유행하면서 성행하는 새로운 마케팅이 있습니다. 매월 14일은 10대들이 주도하는 기념일이라고 해서 흔히 포틴데이라 부릅니다. 기존부터 전해지던 밸런타인데이(2.14)를 시작으로 다이어리데이(1.14)와 화이트데이(3.14) · 블랙데이(4.14) · 로즈데이(5.14) · 키스데이(6.14) · 실버데이(7.14) · 그린데이(8.14) · 포토데이(9.14) · 와인데이(10.14) · 무비데이(11.14) · 머니데이(12.14) 등 매달 14일이 모두 기념일로 정착되었습니다.

사랑 고백에 빠질 수 없는 '장미'는 색깔이나 수량에 따라 각기 다른 꽃말을 가지고 있습니다. 예를 들어 노란색 장미는 우정, 빨간 장미는 정열적인 사랑, 핑크색 장미는 행복을 뜻합니다. 또한 장미 3송이는 사랑, 7송이는 짝사랑, 99송이는 영원한 사랑, 100송이는 프러포즈를 뜻한다고 합니다.

2013년 출간된 〈강신주의 감정수업〉이란 책에서는 '사랑$_{amor}$은 자신을 머리끝에서 발끝까지 변화시킬 수 있는 힘'이라고 하였습니다. 또한 사랑의 빠진 사람의 표어가 '당신 뜻대로'라고 하였습니다. 그 이유는 그의 뜻을 존중하는 건 나의 행복을 위해 그를 내 곁에 머물도록 하기 위함이기 때문입니다.

사랑$_{love}$이란 주로 사랑하는 사람에게 리비도$_{Libido}$가 집중된 복잡한 정서 상태와 경험입니다. 대부분 기분의 고양, 행복감, 황홀감을 경우에 따라서는 고통이 수반됩니다. 프로이트는 사랑을 '대상의 재발견'으로, 즉 공생적 상태 정서적으로 회복하는 것으로 설명했습니다. 쉽게 말하면 공생$_{symbiosis}$은 가장 미분화된 자기대상입니다. 예를 들어 임산부가 음악 소리가 울려 퍼지고 소란스러운 가운데 새로운 생명의 태동을 느꼈을 때, 오르가슴과 같이 자기에 대한 감각과 시간과 공간에 대한 감각, 연인으로부터의 분리감은 성인이 느낄 수 있는 가장 강력한 융합의 경험입니다.

프로이트는 자기표상$_{self\ representation}$과 대상표상$_{object\ representation}$, 그리고 자기와 대상이 맺고 있는 관계 세 가지로 이루어진 대상관계가 존재한다고 합니다. 자기표상은 자기 자신이 어떤 사람인지 대한 근본적인 이미지를 말하며 대상표상은 타인이나 세상에 대한 근본적인 이미지를 말합니다.

아동은 자기표상과 대상표상이 분화되는 동안과 그 이후에 어머니에 대한 애착과 그리움을 통해 처음으로 사랑을 경험할 것입니다. 유아기 동안의 사랑은 대개 어머니 또는 일차적 양육자와의 상호적인 애착을 토대로 발달합니다. 처음에 아동은 자기애적 대상과 자기를 모두 사랑하는데, 이러한 초기의 사랑은 구강기적oral stage, 발달단계 중 첫 단계, 출생 시부터 약 1살 반까지의 시기 자기애적인narcissistic 목적과 특징을 갖습니다.

사랑에는 세 가지 중요한 차원이 있습니다. 자기애적narcissistic 사랑 대 대상 사랑, 유아적 사랑 대 성숙한 사랑, 사랑 대 증오입니다. 증오가 동반되는 정도 그리고 공격적 목표와 애정적 목표의 비율 문제는 사랑의 질과 안정성에 중요한 역할을 합니다.

성인기의 성숙한 사랑에 필수적인 대상항상성의 발달은 수많은 요인들에 의해 결정됩니다. 이러한 요인들 중에는 심한 양가감정ambivalence의 해결, 안정적이고 응집력 있는 자기표상과 대상표상의 구축, 대상으로부터 좌절되거나 분리되었을 때 자아ego 퇴행이나 애착의 상실에 굴복하지 않을 수 있는 힘 등이 포함됩니다. 개인이 사랑받는다고 느끼고 서로 사랑한다고 느끼기 위해서는 자기항상성과 건전한 이차적 자기애를 필요로 합니다. 상대방에게서 과거의 상실이나 외상을 치유할 수 있는 방법을 찾을 수 있는 능력과 타인과 친밀감을 형성하고 지속시키는 능력은 사랑 관계에서 중요한 요소입니다. 사랑은 대상관계의 수준이나 본질에 대한 고려 없이 오르가슴에 도달하는 능력만을 의미하는 '성기 우위genital primacy' 개념과 구분되어야 합니다. 일차적 대상과의 애착이 형성된 후에 사랑은 다양한 형태로 승화됩니다. 사랑은 원본능, 자아, 초자아 모두와 관련됩니다.

연애를 많이 해본 사람들 대부분은 거의 비슷한 패턴으로 만나고 헤어집니다. 이것은 한 사람이 맺는 인간관계에는 어떤 패턴이 있기 때문입니다. 만나서 친해지는 과정, 갈등에 빠지는 과정, 갈등을 해결하거나, 헤어지는 과정은 거의 비슷한 패턴으로 인간관계를 맺는다는 것을 알 수 있습니다. 이러한 현상을 통해 대상관계가 반복된다는 것을 쉽게 확인할 수 있습니다. 부모가 제공하는 사랑, 인정, 위안의 경험은 관대하고 성숙한 초자아로 내재화되는 반면, 가혹하고 원시적인 초자아는 사랑하고 사랑받는 능력을 손상시킵니다. 사랑은 원래의 대상으로부터 집단적 대상이나 명분으로 또는 애완동물이나 사적 관심사로 전치되거나 종교, 예술, 지식, 운동으로 승화될 수 있습니다. 성인의 사랑은 언제나 성숙함과 무의식적인 유아기적 특징 모두를 가지며, 애정 대상을 동일시하고 이상화하는 경향을 보입니다.

나를 사랑하는 것과 같이 그 남자, 그 여자를 사랑하는 것

인도의 신비가, 구루 및 철학자인 오쇼 라즈니쉬 Osho Rajneesh 는 이렇게 말하였습니다.

"그대가 사랑이라고 부르는 것은 많든 적든 상대방을 뜯어고치려는 노력이다. 그리고 그대가 사랑하기 때문에 그러는 것이라고 말한다. 그것은 전혀 진실이 아니다. 진정으로 사랑하는 사람은 아무것도 뜯어고치려고 하지 않을 것이다. 사랑은 모든 것을 받아들인다. 사랑은 상대방을 있는 그대로 존중한다."

건강한 사랑은 나를 사랑하는 것과 같이 그 남자, 그 여자를 사랑하는 것입니다.

02

나만의 도식 또는 프레임을 잘 들여다보아야 합니다

Q

내가 그 사람을 사랑하는 이유?

35세 여성 K씨는 선을 통해 H와 연애 3개월 만에 결혼을 하고 1년 만에 이혼을 하게 됩니다.

그 사람을 사랑했었나? 기억이 나지 않았습니다. 주변의 지인들은 "잘 살펴보고 결혼을 했으면 좋았을 텐데"라고 말합니다. 그 사람을 사랑한 이유가 궁금합니다.

독일의 한 연구팀은 여자와 남자로 하여금 추상적인 형태와 삼차원적인 형태를 번갈아 생각하도록 한 뒤 각자의 뇌를 스캔하는 실험을 했습니다. 그 결과 여자의 뇌가 시각적 판별에 관련된 신경회로를 자각하면서 마음속으로 대상을 그려보는 데 남자보다 많은 시간을 할애하는 것을 알았습니다. 여자의 뇌는 남자의 뇌와 똑같은 인지기능을 수행하지만, 그때그때 사용하는 신경회로가 서로 다름을 확인할 수 있었습니다.

심리학 용어: 사랑의 삼각형 이론

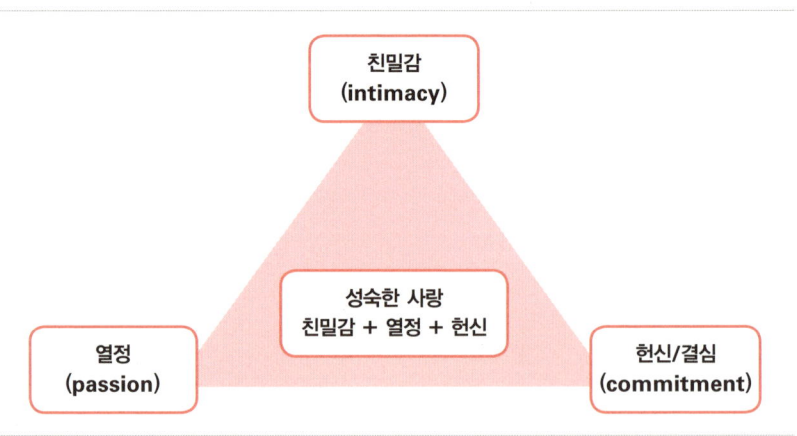

삼각형 이론에 따라 최근 연인 사이에 열정이 부족했다면 분위기 있는 레스토랑에서 저녁을 먹거나 낭만적인 호캉스 즐기기, 짧은 여행을 통해 연인으로서의 친밀감 다시 쌓기, 서로의 헌신이 부족하다고 느껴진다면 연인과 함께하는 시간을 가져보도록 하기 등 방법이 있습니다.

로버트 스턴버그 Robert Sternberg의 사랑의 삼각형 이론 triangular theory of love, 1984은 사랑의 기본적인 구성요소와 사랑의 다양한 형태를 명확하게 설명한 이론입니다. 스턴버그가 제시한 사랑의 삼각형 이론은 사랑이 하나의 삼각형을 구성하는 세 가지 구성요소의 측면에서 이해될 수 있다는 내용입니다. 스턴버그에 따르면 사랑은 친밀감, 열정, 헌신/결심이라는 세 요소로 구성되어 있으며, 친밀감, 열정, 헌신 세 요소의 균형 상태에 따라 다양한 형태의 사랑을 설명할 수 있습니다. 또한 이 세 요소가 모두 균형 있게 발달했을 때 성숙한 사랑에 이를 수 있습니다.

첫째, 친밀감intimacy은 사랑의 '따뜻한' 측면으로서 사랑이 따뜻하고 푸근하게 느껴지는 것은 친밀감 때문입니다. 친밀감은 사랑의 정서적 측면을 반영하는 특성입니다. 이러한 친밀감은 남자와 여자의 만남 횟수와 교제 기간에 비례하여 서서히 증가합니다. 그러나 친밀감은 어느 정도 이상의 높은 친밀 수준에 이르면 더 이상 증가하지 않으며, 서로 친밀하다는 것을 의식하지 않게 되는 상태로 발전하게 됩니다.

둘째, 열정passion은 사랑의 동기적 측면을 이루는 것이며, 사랑의 '뜨거운' 측면입니다. 열정은 연인들을 생리적으로 흥분시켜 들뜨게 하고 사랑하는 사람과 함께 있고 싶고 일체가 되고 싶은 강렬한 욕망을 불러일으킵니다. 열정은 친밀감과 달리 급속히 발전합니다. 때로는 상대방을 처음 만나는 순간부터 강렬한 열정을 느끼게 되기도 합니다. 그러나 열정은 오래 지속되기가 어렵습니다. 연인과 교제 기간이 길어짐에 따라 열정의 강도는 감소하거나 다른 형태로 변화하는 것이 일반적입니다.

세 번째, 헌신/결심commitment은 상대방을 사랑하겠다는 결정과 행동적 표현을 의미합니다. 헌신은 사랑하는 사람과 사랑을 지키겠다는 선택이자 결정이며, 책임의식이기도 합니다. 이러한 헌신은 사랑의 '차가운' 측면을 반영하는 동시에 사랑의 인지적 측면을 나타냅니다. 아울러 헌신은 사랑하는 사람과 지속적인 관계를 위해 자신을 구속하는 행위를 포함합니다. 사랑의 가장 대표적인 헌신 행위는 약혼과 결혼이며 그 밖에 사랑의 약속과 맹세, 사랑의 징표나 선물의 교환, 주변 사람들에게 연인을 소개하는 일, 연인과 함께 고통스런 일을 돕고 견디는 일 등이 이에 해당합니다.

사람은 누구든지 자기가 좋아하는 대상을 보여주면 동공이 커지고, 자신이 싫어하는 사람을 보면 축소된다고 합니다. 1950년대 미국 심리학자 폴트 헤스 Polt Hess는 '동공 지름 측정장치'를 개발하는 데 성공했고, 그 장치를 활용하여 본격적으로 여러 번의 시도한 실험한 결과 좋아하는 대상을 보여주면 순간적으로 동공이 확장된다는 사실을 발견하였습니다.

우리는 눈을 통해 마음이 투영됨을 확인할 수 있습니다. 국어사전에서는 '시선視線'을 시視, 볼 시의 '자세히 살피다', '보다', '조사하여 보다'와 선線, 줄 선의 '줄무엇을 묶거나 동이는 데에 쓸 수 있는 가늘고 긴 물건'이라고 정의하였습니다. 즉 시선視線은 '눈이 가는 길', '눈의 방향'으로 정의되어 있습니다.

태내기 때 신생아들이 엄마 아빠의 눈을 보고, 사람이 누군가와 대화를 할 때 상대방의 눈을 무의식중에 바라보는 것도 모두의 마음이 '눈'을 통해 전달되기 때문입니다. 흔히 우리가 '눈매'라고 부르는 눈 주위의 상태는 나의 감정을 전달하고 상대방의 감정을 파악하려고 할 때 중요한 단서로 사용할 수 있습니다. 사람의 눈 주위에는 '눈둘레근orbicular muscle of eye'이라는 이름을 가진, 의식적으로 움직일 수 없는 '제대로근불수의근, involuntary muscle'이 중심 역할을 하고 있습니다. 웃고 있어도 '눈이 웃고 있지 않다', '차가운 눈'이라는 인상을 받게 되는 것도 '제대로근'의 표정 때문입니다. 또한 '동공 지름The Diameter of the Pupil'이 큰 사람은 작은 사람보다 훨씬 생기 넘쳐 보이고 눈이 반짝반짝 빛납니다. 운동에 몰입할 때나 사랑을 나눌 때는 교감신경이 기능을 하면서 자연스럽게 동공 지름이 커집니다. 반대로 자신이 싫어

하는 사람을 보면 부교감신경 기능으로 동공 지름이 축소가 된다고 합니다.

낮은 자존감은 건강한 사랑 선택을 방해합니다. 그 이유는 무의식적 감정적 상처로부터 스스로 보호하려는 본능에 대한 방어를 제대로 하지 못했기 때문입니다.

첫 번째, 도식schema 또는 프레임frame과 화학 작용에 잘 검증받아야 합니다. 도식 또는 프레임이라는 것은 시대별 패러다임 속에 살아가는 사람들이 개별적인 경험과 환경에 따른 자신만의 틀을 가지게 되는 것을 말합니다. 즉 내가 나에 대해서 어떤 생각을 가지고 있는지, 내가 어떤 사람을 선택하고 만나는지, 지금 함께하는 사람과 어떤 상호작용을 하는가에 영향을 미치는 것을 알 수 있습니다. 이 개념은 본인 스스로 가진 심리적으로 취약한 나만의 관념과 정서를 반영하고 있습니다. 예를 들어 내가 그렇게 생각하는 있다는 것을 의식적으로 알지 못한 상태로, 무의식적으로 어떤 사람에게 이끌리는 것을 사랑이라고 착각할 때입니다. 이런 사람들은 자신의 취약한 부분을 치료받으려고 하기보다는 절대로 만나면 안 되는 상대에게 끌리기가 쉽습니다. 그러므로 나만의 도식 또는 프레임을 잘 살펴야 합니다. 내가 어떤 취약한 생각과 정서적 욕구를 가지고 있는지 잘 알아야 하며, 상대방의 특성을 정확히 그리고 제대로 파악해야 합니다.

두 번째로 사람들이 이성 또는 배우자를 선택할 때 부모와 해결되지 않았던 감정과 과제를 해결하려고 부모님과 상황이 같은 사람에게 이끌려 결혼하게 됩니다. 이와 같은 경우를 무의식적 결혼이라고 합니다. 이 이끌림은 아빠를 닮은 사람, 엄마를 닮은 사람을 나도 모르게 사랑한다고 착각하면서 결혼하게 된다는 것입니다. 그러므로 이 결혼은 의식을 하지 않은 무의식 속에서 하게 된다고 하여 '무의식적 결혼'이라고 합니다. 왜 그랬을까? 왜 그러한 결혼을 하게 되었을까? 너무나 이해가 되지 않은 이 과정 속의 사실은 심리적으로 너무 명확한 무의식의 욕구와 좌절이 숨어 있다는 것입니다. 그 예로 알코올 중독의 아버지 또는 가정폭력을 휘두르는 아버지 밑에서 자란 취약한 여자들은 알코올 중독 또는 가정폭력을 휘두르는 아버지에게 벗어나고 싶지만 또 비슷한 배우자를 만나게 된다는 것입니다.

나만의 도식 또는 프레임을 잘 들여다보아야 합니다

2001년도 출판된 김형경 작가의 책 《사랑을 선택하는 특별한 기준》의 제목과 같이 내가 그 사람을 사랑하는 이유가 무엇인지 확인하기 위해서는 나만의 도식 또는 프레임을 잘 객관적으로 들여다볼 수 있어야 하며, 무의식의 이끌림으로 결혼을 하지 않기 위해서 그리고 사랑에 빠지게 되면 사랑의 신경회로가 활성화되면서 '비논리적인' 상태가 되므로 객관적인 의견을 잘 귀담아들어야 합니다.

03
고독할 수 있는 용기

Q

30대 초반 대기업에 다니고 있는 김 대리입니다. 매번 고백할 때마다 상대방에게 거절당했기 때문에 좋아하는 사람이 생겨도 고백하지 못합니다. 상대방에게 호감이 있지만 또 거절당할까 봐 두렵고… 저만 감정 소모하는 것 같아 이제는 먼저 고백하지 않으려 합니다. 먼저 고백하면 왠지 손해 보는 것 같습니다. 이유가 무엇일까요?

어느덧 봄이 왔지만, 안타깝게도 고백을 하지 않겠다고 결심한 김 대리님, 마음은 겨울인 듯 느껴집니다. 필자 또한 여자로서 먼저 고백을 하면 자존심만 상하고 손해 보는 느낌이 듭니다. 그 이유는 거절당하는 것을 후회하기 때문입니다.

2002년 호주 신경전달물질연구소의 람베르트 G. W. Lambert 교수의 연구에 따르면, 고백하기에 가장 좋은 계절은 봄이 아닌 겨울이라고 합니다. 기상 조건 및 계절에 따른 세로토닌 serotonin 의 농도를 측정하기 위하여, 101명의 건강한 남자의 경정맥에서 혈액 샘플을 채취했습니다. 그 결과 세로토닌의 회전율이 겨울에 가장 낮은 것으로 나타났습니다. 더욱이 두뇌에 의한 세로토닌의 생산 속도는 밝은 햇빛의 일반적인 기간의 지배적인 기간과 직접 관련이 있었고, 증가한 광도와 함께 급속히 증가했습니다. 또한 사랑하는 사람과의 기억을 떠올리기만 하여도 몸이 따뜻해진다고 합니다. 겨울에 외로움을 더 느끼는 이유는 행복호르몬인 세로토닌이 다른 계절에 비해 덜 분비되기 때문이었습니다.

1993년 호주 퀸즈랜드대학교 바우마이스터 Roy F. Baumeister 교수는 155명을 대상으로 내가 차였을 때와 내가 찼을 때의 고백에 관한 경험담을 인터뷰하였습니다. 차인 사람들은 98%가 긍정적으로 기억하고 있었고, 내가 찼을 때 기억을 한 사람들은 70%가 부정적으로 기억하고 있었습니다. 바우마이스터 교수의 연구 결과에 따르면 고백을 거절하는 사람들은 상대에게 상처 주고 싶지 않다는 생각과 거절은 확실히 해야 한다는 2가지 의견에서 많은 고민을 하게 된다고 하였습니다.

심리학 용어: 외로움과 고독

2009년 배우 정재영, 정려원 출연의 영화 〈김씨표류기〉는 고립된 두 사람의 이야기입니다. 남자 김씨와 여자 김씨는 모두 자발적인 표류를 선택합니다. 남자 김씨는 불시착한 한강 섬에서 여자 김씨는 은둔형 외톨이(히키코모리)로 자신의 좁고 어두운 방에서 표류하게 됩니다. 영화의 전반적인 내용은 두 김씨가 외로움을 겪는 과정과 벗어나는 과정을 코믹하게 해석해준 영화입니다.

형영상조 形影相弔라는 사자성어가 있습니다. 한자어로 풀이해보면 모양 형形 그림자 영影, 서로 상相, 빌 양相, 조상할 조, 이를 적弔으로 구성되었습니다. 자기의 몸과 그림자가 서로 불쌍히 여긴다는 뜻으로, '몹시 외로움'을 일컫는 말입니다. 국어사전을 찾아보면 외로움이란 '홀로 되거나 의지할 곳이 없어 쓸쓸하다'를 뜻합니다.

1952년 《존재의 용기 The courage to be》의 필자로 유명한 독일 철학자 폴 요한 틸리히 Paul Johannes Tillich는 고독을 외로움과 구별하여 정의하였습니다. 외로움 loneliness은 혼자 있어서 느끼는 고통스러움을 나타냅니다. 하지만 고독 solitude은 혼자 있어도 기쁨을 가지는 것입니다. 고독은 타인이 아닌 나의 의지로 스스로 사회공동체에서 떨어지는 것입니다. 자발적으로 고립은 '자유로움'을 품고 있습니다. 그래서 많은 사람들 사이에 있으면서도 늘 '외롭다'고 외치는 사람들이 있는 반면에, 자발적으로 귀농을 하거나 산속으로 들어간 사람들이 '자유롭다'고 이야기하는 이유는 혼자 있어도 기쁨을 느낄 수 있기 때문입니다.

심리학 용어: 감각 박탈

처음 밀폐된 공간에 갇히게 되면 공포감이나 흥분과 같은 상태를 가지지만, 시간이 지나면 심리적으로 안정감을 가지게 되면서 감각적 박탈sensory deprivation 현상을 겪습니다. '감각격리'라고도 합니다. 말 그대로 격리는 '다른 것과 통하지 못하게 사이를 막거나 떼어 놓음'이라는 뜻입니다. 평상시에 경험하게 되는 햇빛, 소리, 냄새와 같은 감각을 일정하게 받지 못할 때 일어나는 감각적 박탈 현상을 말합니다. 우주비행사, 낙반으로 갱 안에 갇힌 갱부 등 오랜 시간 좁은 공간에서 감각자극의 결핍을 경험한 사람들의 심리 변화가 대표적인 예입니다. 이와 반대로 자의적으로 사회공동체에서 벗어나더라도 대인과 대상과의 관계가 차단된다면 빠른 속도로 지루함을 느끼게 되고 더 나아가 환각까지 경험하게 됩니다.

고독할 수 있는 용기

내게 이미 봄이 왔는데, 내게 좋은 사람이 다가왔는데, 고백 한 번 해보지도 못하고 그 사람을 떠나보낸다면, 거절당하는 것보다 더 후회되는 일 아닐까요? 나 스스로를 외딴 섬에 보내지 말고, 그 사람과 함께 떠날 수 있도록 그래도 용기를 내어보시길 바랍니다.

♥♥♥

04

이성을 찾아가는 과정을 통해
나를 알아가는 과정을 경험해야 합니다

Q

저는 정말 소심한 성격에 말도 별로 없습니다. 그런데 올해 고등학교에 올라오면서 한 남자아이를 보고 한눈에 반하게 되었습니다. 책을 펴도, 밥 먹을 때도 학교에 있을 때도 하루 종일 그 남자아이 생각뿐입니다. 제가 왜 이러는지 모르겠습니다. 첫 만남에도 사랑에 빠질 수 있을까요? 영화 〈로미오와 줄리엣〉처럼 첫 만남에 사랑에 빠질 수 있다는 것이 가능한 것일까요?

1978년 올리비아 핫세와 레오나도 위팅 출연의 영화 〈로미오와 줄리엣〉은 영국의 극작가 윌리엄 셰익스피어의 희곡 중 5막 비극을 원작으로 만든 영화입니다. 15세기 중엽, 이탈리아의 베로나 카풀렛가 저택에서는 정기적으로 개최되는 무도회가 화려하게 열리고 있었습니다. 카풀렛가 집안과는 원수지간인 몬테큐가의 아들 '로미오'는 사랑하는 연인 로잘린을 보기 위해 가면을 쓰고 무도회에 친구들과 몰래 가게 됩니다. 로미오는 친구들을 쫓아 카풀렛가에 몰래 숨어 들어가다가 발코니에 있는 줄리엣을 보고 첫눈에 반하게 됩니다.

신경계는 신체에서 가장 조직화되고 복잡한 구조와 기능을 지닌 계통이며, 정신과 신체 양쪽 모두의 기능에 큰 영향을 줍니다. 그중 뇌는 신경계 중 가장 크고 복잡한 장기입니다. 뇌와 척수를 총칭하여 중추신경계 CNS, central nervous system 라고 하며, 상부수준의 뇌 또는 대뇌피질, 하부수준의 뇌(기저신경절, 시상, 시상하부, 중뇌 간뇌, 연수, 소뇌), 척수, 이렇게 3가지 주요 기능적 영역으로 나뉩니다. 그중 대뇌 cerebrum 는 대뇌피질 대뇌겉질, cerebral cortex, 대뇌 안쪽 부분과 비교하여 어두운 색을 회색을 띤다고 하여 회백질 gray matter 이라고 하고 안쪽을 백질 white matter 이라고 합니다. 또한 대뇌는 한정된 공간 안에 있기 때문에 복잡하게 주름져 표면적이 넓고, 표면적으로 융기된 부위를 이랑 gyrus, 그 사이 움푹 들어간 부위를 고랑 sulcus 이라고 합니다.

대뇌피질은 이랑과 고랑의 모양에 따라 전두엽 frontal lobe, 이마엽, 두정엽 parietal lobe, 마루엽, 측두엽 temporal lobe, 관자엽, 후두엽 occipital lobe, 뒤통수엽 으로 나뉩니다. 그중 전두엽은 운동피질, 보조운동 영역, 전운동피질, 브로카 영역, 전전두엽 피질로 나뉩니다. 전전두엽은 전체 피질의 29% 인간의 인격 기능을 수행 통찰, 자기인식, 계획, 의사결정, 작업 기능, 언어생성, 인지, 지남력 등 인간이 동물과 구별되는 능력에 관여합니다. 특히 전전두엽은 감정과 충동에 관여하는 대뇌변연계의 도파민 시스템과 밀접한 연결이 되어 있습니다.

남자와 여자가 때로는 충동적이고 무모한 사랑을 하는 그 이유는 '편도체'의 역할 때문입니다. 전전두엽 피질이 편도에서 분비된 과도한 신경전달물질을 조절할 수 없어 과부하에 걸리는데, 이때 충동적인 감정과 기분을 통제할 수 없게 되어 감정에 변화가 나타납니다. 우리 뇌brain 속에는 아미그달라amygdala라는 영역이 있습니다. 편도체를 영어로 하면 'amygdala'이고 라틴어로 해석하면 아몬드라는 뜻입니다. 편도扁桃라는 한자음을 보면, '편扁'은 작다, '도挑'는 복숭아라는 뜻입니다. 10대 소녀들의 뇌는 '작은 복숭아', '아몬드', 즉 편도'의 왕성한 활동에 비해 12세 무렵 발달하는 전전두엽 피질은 미성숙하여 기분과 감정을 도저히 통제할 수 없게 됩니다. 만약 이렇게 열정적이고 강렬한 사랑을 하고 있는데 누군가 자신을 억제하려고 한다면 그 사람이 누구든 반항하고 원망하게 됩니다.

여자의 뇌에는 안드로겐, 테스토스테론, 디하이드로에피안드로스테론, 안드로스테네디온이라는 주요한 호르몬이 있습니다. 특히 테스토스테론, 디하이드로 에피안드로스테론 수치가 높은 경우, 성관계를 일찍 시작하는 경향을 보인다고 합니다.

2002년도 제니 바그너 Jenny Wagne 연구팀은 첫 연애의 적절한 연령대에 관련 연구하였습니다. 연구 기간은 총 6년으로 1차 시기 2002년 2~5월,

2차 시기 2004년 2~5월, 3차 시기 2008년 2~5월로 이루어졌습니다. 연구 참가자는 1그룹 105명의 Beginners(21~22세 연애시작), 2그룹 71명의 Late Bloomers(23~25세 연애시작), 136명의 Singles(연애 경험 없음) 세 그룹으로 나누었습니다. 각 그룹에게 기본적인 성격검사와 자존감, 삶의 만족도 등을 측정하는 심리검사를 동시에 진행되었으며, 이후 2년마다 참가자들에게 연애를 시작했는지 체크하고 성격검사와 심리검사를 반복했습니다.

연구 기간 총 6년, 참가자들에겐 변화가 나타나기 시작했습니다. 연구 결과, 2그룹 Late Bloomers(23~25세 연애시작)의 연애를 시작한 사람들은 자존감이 올랐을 뿐 아니라 성실성과 외향성도 증가하며, 분노 우울함 따위의 부정적인 감정은 줄어들었습니다. 반면에 1그룹 Beginners(21~22세 연애시작)와 3그룹 Singles(연애 경험 없음)는 자존감 상승, 성실성과 외향성도 증가의 변화를 확인할 수 없었습니다.

이성을 찾아가는 과정을 통해 나를 알아가는 과정을 경험해야 합니다

얼리 블루머와 레이트 블루머라는 영어단어가 있습니다. 얼리 블루머 Early Bloomers는 어린 나이에 믿을 수 없이 놀라운 업적을 이룬 사람들을 말하며, 레이트 블루머 Late Bloomers는 인생의 후반기 화려하게 재능을 꽃피운 사람들을 말합니다. 봄에 피는 꽃이 있다면, 가을, 겨울에 피는 꽃이 있는 것처럼 한눈에 반하는 사랑을 할 수 있는 이유는 뇌의 신호에 따른 호르몬의 역할에 충실했을 뿐입니다. 하지만 후회되지 않는 사랑을 하려면 나에게 맞는 이성을 찾아가는 과정을 통해 나를 알아가는 과정을 경험해야 합니다. 서로를 소중히 여기는 친구이며, 함께 인생을 살아가면서 조언을 구할 수 있는 좋은 파트너가 되어주는 사랑이 되어야 합니다.

05

열린 창을 유지하기

심쿵, 설렘, 그런 사랑 한 번쯤 해봤으면, 가슴이 터질 것 같은 그런 사랑 한번 해봤으면 좋겠습니다. 목숨까지 주는 사랑을 하는 남자와 여자, 심쿵, 설렘이란 사랑? 정말 있는 걸까요?

R. M. 릴케는 사랑받는 것은 "타버리는 것, 사랑하는 것은 어두운 밤을 밝힌 캠프의 아름다운 빛, 사랑받는 것, 그러나 사랑하는 것은 긴긴 지속"이라고 했습니다.

안타깝지만, 불꽃같은 사랑은 현실적인 사랑은 아니라는 사실입니다. 그 이유는 두려워서 심장이 뛰는 현상이 바로 '착각'의 원인이 되었기 때문입니다.

심리학 실험: 흔들리는 실험 다리

필자가 2018년 3월 중국 후난성 북서부에 위치한 장가계 천문산으로 여행을 갔다 온 적이 있었습니다. 필자와 부모님과 함께한 여행이었습니다. 평소 손을 잡거나 다정한 모습을 보이지 않는 부모님이지만 천문산의 유리로 된 길을 걷고 있을 때 두 분이 손을 잡고 어색한 웃음을 짓는 모습을 볼 수 있었습니다.

사람은 심리적으로 불안한 상황 등에서 나타난 신체적인 변화를 자신의 감정으로 쉽게 착각합니다. 심리학에서는 이를 '귀인오류'라고 하는데, 이는 어떤 행동의 원인이 객관적 상황에 있는데도 개인 특성에 과도하게 의미를 부여하는 것을 뜻합니다.

'흔들리는 실험 다리 experimental bridge'라는 실험은 흔들리는 다리 위에서 만난 이성에 대한 호감도가 안정된 다리 위에서 만났을 때보다 더 높아진다는 것을 말합니다. 흔들리는 다리 위에서 만난 이성에 대한 호감도가 안정된 다리 위에서 만났을 때보다 더 높아진다는 이론을 말합니다.

1974년 캐나다 밴쿠버에 있는 브리티시콜롬비아대학교 심리학과 도날드 듀튼Donal Dutton 교수와 아더 아론Arthur P. Aron 교수는 〈불안감이 심할 때 이성에게 느끼는 매력이 높아지는 증거Some evidence for heightened sexual attraction under conditions of high anxiety〉라는 논문을 발표했습니다.

듀튼 교수는 실험에 참여할 85명을 모집했습니다. 두 집단으로 나눈 후에 서로 다른 다리bridge를 건너가게 했습니다. A집단 참가자들에게는 정상적인 다리, 즉 '두려움을 불러일으키지 않는 다리non-fear-arousing bridge'를 건너가게 했습니다. 반대로 B집단 참가자들에게는 '두려움을 불러일으키는 다리fear-arousing bridge'를 건너가게 했습니다. 참가자들이 다리를 건너간 후, 다리의 끝에 서 있는 여자 조교와 마주치게 됩니다. 이때 여자 조교는 참가자들에게 전화번호를 전달하면서 이번 실험에 관해 물어보고 싶은 것이 있으면 전화를 하라고 이야기를 했습니다.

이 실험이 끝난 후, 어느 다리를 건넌 참여자들이 여자 조교에서 전화를 많이 했을까요? 두려움을 불러일으키는 다리를 건넌 참가자가 두려움을 불러일으키지 않는 다리를 건넌 참가자들보다 4.5배나 많이 전화를 한 것으로 나타났습니다. 도대체 왜 이런 결과가 나왔을까요? 바로 '착각' 때문입니다. 보통 내가 좋아하는 이성을 마주치게 되면 심장이 뛰게 됩니다. 그런데 이 실험에서는 흔들리는 다리를 실험 다리로 정해서 두려움을 불러일으키게 만든 것입니다. 두려워서 심장이 뛰는 현상이 바로 '착각'의 원인이 된 것입니다. 실험 참가자의 뇌는 심장이 뛸 때 여자 조교를 다리 끝에서 만나면서 이성으로 느끼는 착각을 불러일으키게 된 것입니다.

조교를 이성으로 착각을 불러일으키는 이유, 심장박동이 빨리 뛰고, 동공이 커지고, 손에 땀이 나는 이유는 무엇일까요? 바로 뇌에서 나오는 펜에틸아민phenethylamine입니다. 펜에틸아민은 교감신경흥분제 계열의 물질입니다. 익숙하지 않은 상황이나 긴장할 때 심장이 뛰면서 뇌에서는 이 펜에틸아민이 나오게 됩니다.

가슴이 뛰는 것뿐만 아니라 동공도 커집니다. 눈의 가장 앞쪽 부위인 각막의 뒷면과 그 뒤쪽의 수정체 사이에는 홍채가 있습니다. 홍채의 중심부에는 둥근 모양의 비어 있는 공간이 있습니다. 이 공간을 동공pupil이라고 합니다. 또 손에 땀도 납니다. 긴장감이라는 심리적인 상황이 되면 심장이 수축됩니다. 심장이 수축되고 오그라들면서 압력이 높아져서 열이 납니다. 이 열은 손바닥을 통해 땀으로 분비됩니다. 손에 땀이 나고, 동공이 커지면서 심장까지 뛴다는 것은 익숙함에서 벗어날 때 나타나는 것입니다. 흥분된 운동을 하거나, 평상시보다 놀라운 상황을 겪을 때 그리고 새로운 것에 도전할 때 일어나는 것입니다.

결혼 전 미혼 남녀들은 서로에 대해 정확하게 보지 못하고 좋은 면만 보는 경향이 있습니다. 흔히들 '눈에 콩깍지가 씌었다' 하고 표현합니다. 남자, 여자 애인을 선택하고 만날 때에 우리 스스로 착각하고 습득된 직관, 고정관념 등을 통해 비합리적인 판단을 내리고 있습니다. 이렇게 착각하고 비합리적인 판단을 하는 이유는 운전하는 것, 야구선수가 날아오는 야구공을 본능적으로 치는 것과 같이 생존을 위한 빠른 판단을 해야 하기 때문입니다. 즉 빠른 판단을 위해 판단의 지름길을 사용하는데 이 체계는 당연히 덜 정확하며 착각을 불러일으키게 됩니다.

심리학 용어: 확인편파

한자어를 보면, 굳을 확確, 알다 인認, 치우칠 편偏, 자못 파頗 네 단어로 구성되어 있습니다. 사람의 마음이나 언행이 매우 확고하며 한쪽으로 치우쳐 있다는 뜻입니다. 확인편파confirmation bias에 빠지게 되면, 정말 보고 싶은 것만 보게 됩니다. 확정편파, 확정편견 또는 확증편향이라고도 하는 확인편파는 자신의 믿음이나 신념에 유리한 정보에는 지나치게 관대하고, 그와 반대인 정보에는 지나치게 적대적이거나 인색한 것을 말합니다.

사회심리학자이며 행동경제학behavioral economics에 많은 연구 결과를 발표한 톰 길로비치Tom Gilovich, 1983는 사람들이 자신의 능력을 과신한 나머지 확증적인 정보에 지나치게 높은 점수를 주고 인식론적으로 불리한 정보를 무시해버리는 경향이 있음을 발견하여 이를 확인편향이라는 개념으로 설명하였습니다. 사람들은 자신의 믿음이나 신념에 유리한 정보를 의도적으로 취하여 기존의 인식을 더욱 강화하려는 경향이 있으며, 자신의 믿음이나 신념에 불리한 정보는 의도적으로 배제하거나 경시하여 인식의 수정을 막는다는 것입니다.

이처럼 확인편파는 선택적 사고의 일종으로, 사람은 자신의 신념을 확증해 주는 것을 쉽게 발견하거나 찾는 경향이 있고 반대로 자신의 신념에 반하는 것은 무시하거나 덜 찾아보든지 혹은 낮은 가치를 주는 경향이 있습니다. 이는 마치 자석이 철을 끌어당기는 것처럼 삶에서 강력하고 광범위하게 나타나 합리적이고 객관적인 판단을 흐리게 만듭니다. 부정적인 것보다 긍정적인 것에 좀 더 영향을 받고 흥분하게 되는 것은 인간만의 고유하고 영원한 오류라는 영국의 철학자 프랜시그 베이컨Francis Bacon의 말은 확인편파를 간결하게 설명해줍니다.

열린 창_{open window}을 유지하기

사랑의 어원은 다양합니다. 사량思量에서 온 말로 '상대방을 생각하고 마음을 헤아리는 것'이 사랑이라는 것입니다. 즉 사랑은 서로의 마음을 헤아리는 것에서 시작합니다. 영어로 '배우자'를 'the better half'라고 합니다. '나보다 더 나은better 반쪽half'이라는 의미로 부르는 것입니다. 'better'이라는 단어는 'good'의 비교급입니다. 그러면 먼저 서로가 '좋은good' 반쪽이 되어야 합니다.

어떤 부모에게 성장했느냐에 따라서 미래의 남편과 아내를 바라볼 때, 자신의 아빠, 엄마를 기준으로 바라보게 됩니다. 아침을 꼭 차려주셨던 자신의 어머니를 기준으로 바라보기 때문에, 아침을 차려주지 않는 미래 아내를 보며 사랑하지 않는다고 여깁니다. 마찬가지로 남편을 바라볼 때, 자신의 아버지를 기준으로 미래의 남편을 바라보게 됩니다. 좋은 사람을 선택할 때 자신 스스로 앞을 내다보는 '선견지명'이 있어야 합니다. 그냥 남들이 좋다고 말하는 사람이 아니라 나와 삶의 방향이 맞는 사람인지를 현명하게 판단할 수 있어야 합니다. 조건이 좋은 사람, 성격이 좋은 사람, 능력 있는 사람을 찾기 이전에, 나의 내면아이가 건강한지 먼저 확인해보아야 합니다. 물론 자본주의 사회에서 연애란 외부조건을 보지 않고 좋은 사람을 선택한다는 것은 비현실적입니다. 하지만 내가 정말로 원하는 것이 무엇인지, 또 서로가 원하는 삶이 무엇인지 훤히 보이는 '열린 창 open window'을 유지해야 합니다. 나도 내 마음이 보이고 상대방도 내 마음을 알고, 나도 상대방의 마음을 알고, 상대방도 자신도 알고 있는 훤히 열려 있는 마음을 공유해야 합니다. 그래야 서로의 관계에 환한 빛이 늘 열린 창을 통해 들어옵니다.

♥ ♥ ♥

06

스스로에게
조망수용능력이 생겼을 때

Q

첫 키스는 언제 하나요? 첫 키스는 소개팅 첫날? 일주일 이내로? 첫 키스를 결혼 후 했다는 커플이 있습니다. 그 이유는 너를 아껴주기 위해서였다고 합니다. 달콤한 키스를 하려면 언제 하는 것이 좋을까요?

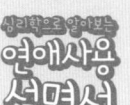

국어사전에서는 '키스'를 '성애의 표현으로 상대의 입에 자기 입을 맞춤, 서양 예절에서 인사할 때나 우애·존경을 표시할 때 입을 맞추는 일'이라고 정의하고 있습니다.

키스의 기원은 용기가 없는 시대에 어머니가 어린아이에게 입으로 물을 먹여준 모성애의 발로에서, 성적 충동으로 서로 깨무는 일에서 등등 여러 가지 설이 있습니다.

키스는 자기의 애정이나 친애감 또는 존경심 등을 표현하는 한편, 감도가 예민한 입술로 상대방을 감각적으로 소유하려는 욕망에서 하는 것이라고 할 수 있습니다. 성애의 키스란 부부나 연인 사이에 이루어지며, 인류에게는 보편적인 것이어서 혀나 이빨을 동시에 사용하는 경우도 있습니다.

이와는 대조적으로 의례적으로 중동지방에서 고대 로마로 건너간 것으로서 손이나 발에다 하는 키스가 있습니다. 존경과 복종을 표시하는 것인데, 특히 발에 키스하는 규례가 최상급의 표시였으므로 11세기의 교황 그레고리우스 7세 때 왕이나 주교에게는 손에 키스를 하고 교황에게만은 발에다 키스를 한다는 것이 정해져 있습니다. 유럽의 중세 봉건영주는 신하를 표창할 때에 입술 위에 키스를 하였고, 신하는 영주의 부재중에 충성을 표시하기 위하여 영주 저택 대문의 빗장에 키스를 하였습니다.

현대 서양사회에서도 키스는 친한 사람들 사이에서 만나거나 헤어질 때, 또는 가족들 간에 아침에 일어나거나 밤에 잠자리에 들 때, 볼이나 이마 위에 키스하는 것을 흔히 볼 수 있습니다.

1987년 영국 옥스퍼드 대학교 경제학자 조지 로웬스타인 George Loewenstein 교수는 4달러와 좋아하는 사람과의 키스 두 가지를 받을 수 있다면 언제

받고 싶은지 설문을 진행하였습니다. 4달러의 보기는 1번 지금 즉시, 2번 3시간 후, 3번 24시간 후였고, 좋아하는 사람과의 키스는 1번 3일 후, 2번 1년 후, 3번 10년 후를 보기로 제시했습니다. 연구 결과, 4달러 답변은 1번 지금 즉시 또는 최대한 빨리가 가장 많았으며, 좋아하는 사람과의 키스 답변은 1번 3일 후가 가장 많았습니다. 그 이유는 4달러는 언제 받아도 만족도는 동일하지만 좋아하는 사람과의 키스는 사람들의 무의식중 키스를 준비하는 동안 서로에게 완벽한 키스를 위해 조심스럽고 설렘과 같은 기다리는 시간이 필요하기 때문입니다.

1981년 미국 사이언스 저널 science.sciencemag.org에 실린 Michel G.F의 연구에 따르면 신생아의 65%는 머리를 오른쪽으로 돌리고 거짓말을 하는 반면에 15%는 왼쪽을 선호한다고 합니다. 생후 6개월까지는 본능적으로 오른쪽으로 고개를 기대고 있는 것과 같이 '오른쪽'은 대부분의 사람들에게 자연스러운 방향입니다. Michel G.F(1981)의 의하면 미국 사람들도 대부분 오른쪽으로 키스를 한다고 합니다.

심리학 용어: 조망수용능력

고려 말 조선 초기 문신 출신의 황희 정승은 인품이 원만하고 청렴하기로 유명한 분입니다. 황희 정승의 겸허하고 관후한 인품이 드러나는 유명한 일화가 있습니다. 하루는 집안 노비 두 사람이 서로 다투다가 황희 정승을 찾아와 서로 상대방의 잘못을 일러바치자 먼저 한 종의 말을 다 듣고는 "네 말이 옳다"라고 하고 다음에 다른 종의 말을 듣더니 "네 말이 옳다"

라고 하며 돌려보냈습니다. 이를 지켜보던 부인이 "어찌 이 말도 옳고 저 말도 옳다고 하십니까"라고 그를 나무라자 "부인 말도 옳소"라고 했다는 일화입니다.

 조망수용능력 perspective taking ability 은 '역지사지'의 능력을 말합니다. '남이 보고 느끼는 것을 상대방의 입장에서 똑같이 볼 수 있는가' 하는 능력을 말합니다. 또한 자기 자신의 관점과 타인의 관점을 별개의 것으로 구분하여 타인의 생각, 감정, 지식 등을 타인의 관점에서 이해하는 능력을 의미합니다.

 이성이 만나 서로를 사랑하게 되면 하는 행동이 있습니다. 바로 뽀뽀와 키스입니다. 사람들은 왜 사랑을 키스로 표현할까요? 그 이유는 바로 첫 대인관계의 경험 때문입니다.

 프로이트가 제시한 발달단계 중 첫 단계인 구강기 oral stage 는 출생 시부터 약 1살 반까지의 시기로 입, 입술, 혀, 잇몸과 같은 구강 주위의 자극으로부터 아동이 쾌감을 느끼는 시기를 말합니다. 따라서 빨고, 씹고, 깨무는 행동이 쾌감을 가져다주는 주요 원천이 됩니다. 구강 주위가 자극을 받으면 어떤 종류의 본능적인 에너지가 방출되고 긴장이 해소되기 때문입니다. 즉 이 시기에 엄마와 사랑을 입술로 받아들이는 대인관계의 첫 경험을 가지게 됩니다. 성인이 되어 이성을 만나 사랑을 받고 싶을 때 무의식적으로 눈을 감고 입술을 내밀게 됩니다.

스스로에게 조망수용능력이 생겼을 때

그렇다면 달콤한 첫 키스는 언제 하는 것이 좋을까요?

사람에게는 보통 다섯 가지의 감각이 있습니다. 오감, 즉 시각, 청각, 후각, 촉각, 미각입니다. 그런데 1860년경 독일의 학자 라하디히가 물고기 눈을 없애고 물속에 넣어 실험했더니 물고기가 어떤 장애물에도 부딪치지 않고 헤엄을 치는 것을 보았습니다. 그래서 그는 생물에게는 오감 외에 또 하나의 감각, 즉 육감이 있다고 정의하였습니다. 이와 같이 첫 키스는 그 남자와 그 여자가 공감이 시작되었을 때입니다. 내 안의 상처가 남아 있고, 나와 부모님의 애착 형성의 결핍이 남아 있다면 조금만 기다려주세요. 그 아픔을 말하지 않아도 육감으로 연인에게 전달될 수 있기 때문입니다. 스스로에게 조망수용능력이 생겼을 때 달콤한 키스 부탁드립니다.

07

타나토스적인 사람보다 에로스적인 사람 되기

Q

서로에게 관심 있을 때 남녀의 차이점은 무엇인가요? 소개팅을 나갔을 때 그 사람이 나를 좋아하는지 어떻게 알 수 있나요?

2009년 미국 인디애나대학교 스카일러 플레이스Skyler Place 교수는 남자와 여자의 두 사람의 미묘한 감정의 차이를 미국인을 대상으로 제삼자의 인물이 두 사람을 얼마나 정확하게 파악하는지 궁금했습니다.

　남녀 54명을 모집하여 30초짜리 짧은 소개팅 동영상을 보여줍니다. 첫 번째 영상은 남자와 여자가 처음 만났을 때, 두 번째 영상은 남자와 여자가 집중에서 이야기할 때, 마지막으로 남자와 여자가 대화가 끝나고 헤어질 때 세 영상 중 한 영상을 랜덤으로 보여주었습니다. 이 3가지 장면은 독일인의 남자와 여자의 소개팅 영상으로 54명의 참가자들은 대화 내용을 알아들을 수 없었습니다. 오직 목소리와 행동만으로 남자와 여자의 감정을 파악해야 하는 실험이었습니다.

　연구 결과 여자가 남자에게 관심이 있다는 것을 60%의 정확도를 맞추었고, 남자가 여자에게 관심이 있다는 것을 65%의 정확도로 맞추었습니다. 특히 두 번째 영상(남자와 여자가 집중해서 이야기할 때)과 마지막으로 영상(남자와 여자가 대화가 끝나고 헤어질 때)을 본 45명 참가자들의 정확도가 높았습니다. 그 이유는 남자와 여자가 집중해서 이야기할 때 또는 남자와 여자가 대화를 끝나고 헤어질 때는 들뜨거나 아쉬운 마음을 숨기지 못한다는 것을 알 수 있었기 때문입니다.

　2012년, 미국 인디애나대학교 스카일러 플레이스Skyler Place 교수 연구팀은 미국인에게 했던 실험을 다양한 나라의 참가자를 모집하여 실험하였습니다.

　이번 실험에는 미국인 54명, 중국인 70명, 독일인 69명 참가자에게 독일 남자와 여자 소개팅 10초짜리 짧은 동영상을 보여줍니다. 영상 속에 남자와 여자가 상대방에게 호감이 있는 것 같은지 물어보았습니다. 그 결과 미국인

54명, 중국인 70명, 독일인 69명 참가자는 답변은 거의 비슷하였으며, 60% 내외라고 답하였습니다. 10초의 짧은 동영상을 보고 거의 비슷한 답변을 한 이유는 좋아하는 사람 앞에서는 얼굴이 밝아지고, 눈 맞춤을 많이 하고, 목소리가 들떠 있고, 동작도 부산해짐을 알 수 있었기 때문입니다.

2017년 미국국립과학원 회보에 기재된 논문 중 케임브리지 대학교 빅토리아 레옹Victoria Leong 교수는 〈말을 하면서 눈을 바라보는 것은 유아와 성인의 두뇌 간의 정보를 증가시킨다Speaker gaze increases information coupling between infant and adult brains〉라는 제목의 논문을 발표하였습니다. 연구 결과, 엄마가 아이와 눈을 보며 말을 하면, 아이는 엄마와 심장박동수가 비슷해지고 비슷한 감정을 느끼게 된다는 사실을 밝혀졌습니다. 눈을 맞추면서 이야기를 할 때 뇌파가 교환되면서 엄마가 아이에게 전달하고자 하는 의도와 정보교환이 증진되기 때문입니다.

심리학 용어: 에로스와 타나토스

프로이트는 에로스Eros와 타나토스Thanatos를 인간의 본능이라고 하였습니다. 에로스는 생명과 삶을 말하며, 타나토스는 죽음, 공격의 본능을 말합니다. 벨기에 심리학 박사 조르디 쿠아드박Jardi Quoidbach의 책《행복한 사람들은 무엇이 다른가(행복을 결정짓는 작은 차이)》에 의하면 행동 면에서 사람들은 95% 무의식적, 감정적, 충동적으로 행동하며, 5%만 의식적, 이성적, 합리적으로 행동한다고 합니다. 즉 95%의 사람 대부분이 감성적으로 행동하며, 5% 이성적으로 행동한다고 합니다.

필자가 심리상담을 받으면서 한 가지 인지한 것이 있었습니다. 인생 공부를 많이 해야 한다는 것입니다. 그동안 살아남기 위해서, 진급하기 위해서, 다른 직장을 구하기 위해서 공부를 하였다면, 심리상담을 받은 후에는 '삶의 지혜를 배워나가자'가 필자의 목표가 되었습니다.

심리학 용어: 시기심

같은 말로 시기지심 猜忌之心, 남이 잘되는 것을 샘하고 미워하는 마음이라는 사자성어가 있습니다. 즉 시기심 envy 은 가장 원시적이고 근본적인 정서 중의 하나로서, 생애 초기부터 작동하는 유아의 파괴적 충동의 표현을 가리키는 용어입니다. 처음에는 음식과 따뜻함과 안락함의 원천인 좋은 젖가슴을 향하는데, 유아는 그러한 젖가슴과는 대조적으로 자신이 무기력하게 의존해 있다는 사실 때문에 고통과 시기심을 느끼게 된다고 합니다. 따라서 유아는 시기심의 원천을 제거하고 싶은 파괴적 욕구를 느끼며, 그로 인해 환상 안에서 구강적 공격이나 항문-가학적 공격을 통해 대상의 성질과 소유물을 '훔치거나 훼손'합니다. 유아는 시기에 찬 공격으로 젖가슴을 형편없고 쓸모없는 대상으로 변형시키며, 그렇게 함으로써 의존의 욕구를 차단하고 감사의 감정을 없애버린다고 합니다.

시기심의 대표적인 애니메이션 만화로는 〈신데렐라〉가 있습니다. 유리 구두의 주인을 찾는 과정에서 계모는 자신의 큰딸에게 칼을 주면서 큰 발가락을 잘라버리라고 합니다. 둘째 딸에게는 칼로 뒤꿈치를 자르라고 합니다. 주인공인 신데렐라는 유리구두를 신어볼 수 없도록 창고에 가두고 문을 자물쇠로 잠가버립니다. 비단 계모의 잔인한 행동이 나쁘다고만 할 수는 없습니다.

드러나지 않는 자신 스스로의 감정과 욕망으로 계모와 행동처럼 잔인할 수 있다는 것을 인지해야 합니다. 신데렐라 동화에서 보이는 시기심과 질투, 본능적 욕망, 거절과 버려짐, 자기애적 성격 등 심리적 병리를 보여주고 있습니다.

타나토스적인 사람보다 에로스적인 사람 되기
감정적인 사람보다 이성적인 사람 되기

필자는 타인의 삶에 부러워하며 따라가려고 노력했습니다. 그래서 항상 조급하고, 무언가에 쫓기듯이 일과 사랑을 했던 것입니다. 그리고 삶의 지혜와 인성을 뇌로 이해하려고만 했다는 것을 알게 되었습니다. 노래를 아무리 잘 부르고 싶어도 사람마다 타고난 외모, 재능 등이 다르듯 삶의 조건과 삶의 몫이 다릅니다. 필자는 '마음이 따뜻한 사람이 되고 싶다'는 좌우명이 생겼습니다.

얼굴에는 약 60개의 근육이 있습니다. 그중에 35개 정도가 중심부에 있어서 300가지 이상의 다양한 표정을 만들 수 있습니다. 짓는 표정에 따라 자주 사용하는 근육이 발달하거나 퇴화하면서 위치나 크기가 달라집니다. 즉 얼굴의 표정은 학습되는 것입니다. 타나토스적인 사람보다 에로스적인 사람이 되어야 합니다. 그래야 나도 그 사람도 서로 좋은 사람인지 진심으로 사랑하고 있는지 알 수 있습니다.

08

사소한 일상에서 느끼는 기쁨을 경험하는 것이 중요합니다

Q

남동생은 5살 이상의 연상의 여자만 사랑합니다. 제 남동생처럼 남자가 연상의 여자를 좋아하는 이유는 무엇일까요?

2006년 세인트앤드루스대학교 무어~Moore~ 교수 연구팀은 여자가 돈이 많을 때 연애 상대의 나이가 어떻게 달라지는지 연구하였습니다. 약 4천329명의 여자를 대상에게 나이, 거주지, 본인의 수입 등 기본적인 질문과 배우자의 예상 수입, 이상적인 배우자의 나이 등을 질문하였습니다. 그 결과 여러 문화권에서 배우자 선호도에 대한 성별에 많은 차이가 있음이 보고되었습니다. 여자는 자신보다 나이가 많은 파트너를 선호하였으며, 남자 또한 자신보다 나이가 많은 파트너를 선호하였습니다.

최근 연구에 따르면 여성 역량 강화 및 관련 여성 태도가 증가함에 따라 여성 선호도의 변화가 보고되었습니다. 그러나 다른 연구에서는 여성의 부와 소득의 반대 효과가 보고되었습니다. 이 연구에서 배우자 선호도에 성공적으로 자손을 키우는 데 필요한 자원의 여성 통제 효과를 조사했습니다.

세인트앤드루스대학교 무어~Moore~ 교수 연구팀은 개인 수준에서 자원 관리 수단을 개발하고 인터넷 조사를 통해 이들과 배우자 기본 설정 간의 관계를 조사했습니다. 자원 관리는 좋은 재정적 전망에 대한 신체적 매력과 선호되는 최대 파트너 연령에 대한 선호와 관련이 있었습니다. 그러나 자원 관리는 젊은 파트너의 관용과도 관련이 있었습니다. 이 결과는 성 차별화 된 선호도에서 여자의 자원 접근 및 통제에 대한 제약의 역할을 암시하고 자원 통제와 부의 차이점을 강조하였습니다. 결론적으로 여자와 남자 모두 경제력은 배우자를 고르는 데 가장 중요하게 생각하는 조건임을 확인할 수 있었습니다.

독일의 철학자이자 시인인 니체~Friedrich Wilhelm Nietzsche~의 명언 중 "부부 생활은 길고 긴 대화 같은 것이다. 결혼생활에서는 다른 모든 것은 변화해가지만, 함께 있는 시간의 대부분은 대화에 속하는 것이다"라고 하였습니다.

1997년에 뉴욕 주립대학교의 아서 아론~Arthur Aron~ 교수와 캘리포니아

가족심리학과 에드워드 맬리낫(Edward Melinat) 교수, 뉴욕 주립대학교 엘라인 아론(Elaine N. Aron) 교수, 캘리포니아대학교 로버트 다린 발론(Robert Darrin Vallone) 교수, 애리조나 주립대학교 레니 베이터(Renee J. Bator) 교수는 〈대인관계의 친밀도를 높이는 법: 절차 및 예비 조사 결과(The experimental generation of interpersonal closeness: A procedure and some preliminary findings)〉라는 논문을 성격 및 사회심리학 저널에 발표했습니다.

아서 아론 교수팀은 100명의 참가자들을 짝을 지어서 두 그룹으로 나누었습니다. A그룹은 사소한 대화(small-talk)를 45분간 나누게 했습니다. 반대로 B그룹은 깊은 대화(closeness-talk)를 45분간 나누게 했습니다. 실험이 마무리된 후에는 대화를 나눈 상대 참가자가 어땠는지 친밀도를 조사했습니다.

실험 결과는 놀라웠습니다. 사소한 대화를 나눈 A그룹보다 깊은 대화를 나눈 B그룹이 같은 시간을 보냈어도 38%나 더 높은 친밀도를 보였습니다. 또 이 실험과는 상관없이 B그룹 35%는 서로 또 다른 약속을 잡았고, 37%는 다른 공간에서 만날 때, 옆자리에 앉는 모습을 보였습니다.

이 실험을 토대로 아서 아론 교수팀은 서로가 친밀도를 높일 수 있는 대화의 요소를 다섯 가지로 나눴습니다.

1. 점진성(escalating)
   서로가 나누는 대화가 더욱 진지하고 깊어질 수 있는가

2. 상호성(reciprocal)
   어느 한 명의 일방적인 대화가 아니라 서로가 주고받는 대화인가

3. 개인성(personalistic)
   타인의 이야기나 일반적인 이야기가 아니라 사적이고 개인적인 이야기인가

4. 자기 노출 self-disclosure

   방어적 모습을 보이며 스스로를 감추는 것이 아니라 내면의 모습을 드러낼 수 있는 이야기인가

5. 친밀 행동 action closeness

   지금 나누는 대화를 통해 불편한 것이 아니라 서로에게 자연스럽고 친밀한 행동을 유발하는가

남자들이 연상의 여자를 좋아하는 이유는 남자를 이끄는 리더십과 능숙함이 연하의 여자보다 뛰어나기 때문입니다. 가장 중요한 것은 대화의 깊이를 느낄 수 있다는 것입니다. 연상의 여자와 대화의 깊이가 있는 이유는 사회생활의 경험이 많고, 생활의 대해서도 넓은 마음으로 대화할 수 있기 때문입니다.

심리학 용어: 의존

타인의 도움, 신체적 접촉, 승인 등을 구하거나, 타인의 주의를 끄는 것 등과 관련된 반응을 말합니다. 의존은 크게 두 가지 유형으로 구분할 수 있는데, 도구적 의존과 정서적 의존이 있습니다. 첫째, 도구적 의존은 목표를 달성하기 위해 행해지는 의존을 말하며, 둘째, 정서적 의존은 보호, 관심이나 애정, 승인의 욕구와 관련된 것을 말합니다.

의존의 대상은 연령에 따라 바뀝니다. 발달의 초기 단계에서 어머니는 아이의 1차적 욕구와 밀접하게 관련되어 있으므로 아이는 어머니의 애정이 풍부하고 안정된 환경에서 의존적 동기를 발달시킵니다. 청년기에는 의존이 부모에 대한 공손이나 복종의 형태로 나타납니다.

의존이 높은 사람은 의존이 낮은 사람에 비해 자신의 판단을 다른 사람의 판단에 따르기 쉽습니다. 또한 의존이 높은 아이는 의존이 낮은 아이에

비해 칭찬받을 수 있는 학습현장에서 학습을 성취하려는 경향이 있습니다.

심리학 용어: 피터팬증후군

'어쩌다'라는 말은 '어찌하다'를 줄인 말입니다. '어떠한 이유 때문에'의 뜻을 나타냅니다. '어쩌다 우리는 어른이 되었을까요?' '어쩌다 우리는 엄마 아빠가 되었을까요?'

피터팬증후군이란 신체적으로는 어른이지만 책임을 지고 싶지 않아 하며 스스로 무엇인가를 결정하지 않으려는 어른아이의 심리 상태를 말합니다. 즉 피터팬이나 네버랜드와 같이 영원히 아이로 남아 있고자 하는 심리 상태를 말합니다. 피터팬증후군의 대표적인 행동은 부정denial과 퇴행regression, 그리고 방어기제defense mechanism 입니다.

성인이 되어도 어른들의 사회에 적응할 수 없는 '어른아이' 같은 성인(주로 남자)을 나타내는 심리적 증후군을 말합니다. 동화에 나오는 피터팬은 어른사회로부터 네버랜드로 떠나, 꿈나라에서만 모험하는 영원한 소년입니다. 1970년대 후반부터 미국에는 어른들의 사회에 끼어들지 못하는 '어른아이'의 모습을 보이는 남자가 대량으로 발생하기 시작하였습니다. 이를 1983년 미국 임상심리학자인 댄 카일리Dan Kiley 박사가 피터팬증후군이라 정의하였습니다.

피터팬증후군은 전사춘기에서 청년기에 이르는 각 단계에서 그 기본 증상을 차례로 나타냅니다.

1. 전사춘기(초등학생~중학 저학년 정도): 무책임

연령적으로는 다 컸지만 언제까지나 어린이로 있고 싶기 때문에 자신의 일을 스스로 할 능력이 모자라 책임 있는 행동을 싫어합니다.

2. 전사춘기(중학생 정도): 불안

겉으로는 명랑하게 행동하고 있지만 마음속으로는 언제나 불안으로 몸을 움츠리며 갑작스럽게 놀랍니다. 여기에 무책임이 가해지면 자기는 본래 게으름뱅이라든가 틀려먹은 인간이라고 생각하게 됩니다.

3. 중사춘기(중학 고학년~고교생): 고독

사람들을 끌어모으거나, 그룹에 끼어들려고 합니다. 그리고 따돌림을 받는 것이 무엇보다 두려우며 주체성이 모자라고 유행에 약합니다.

4. 사춘기 중기~후기(고교 고학년~대학생): 성 역할의 갈등

'남성다움'에 구애를 받으면서도 여성에게는 항상 모성의 역할을 원합니다.

5. 청년기(대학생): 나르시시즘

자신의 완전함을 필요 이상으로 추구하고, 이를 현실적으로 달성할 수 없기 때문에 자기만의 세계로 도망쳐 자기만족에 빠집니다.

6. 청년기 후기(대학생~사회인): 여성에 대하여 이해성 있는 페미니스트를 자처하지만, 실제로는 책임을 모두 여성에게 떠넘깁니다.

7. 20대 후반~30대(사회인): 사회적 불능성

통상적으로는 무기력증과 같은 형태로 나타나 자기 자신에게도 싫증이 나버립니다.

이와 같은 피터팬증후군이 출현한 사회적 배경으로는, 가정의 불안정, 학

교 교육 및 가정교육의 기능 저하와 함께 미국에서의 페미니즘 정착에 따른 여성, 특히 주부들의 자립을 최대의 요인으로 들 수 있습니다. 보편적인 경우가 아닌 특이하게 남자가 연상의 여자만을 만나거나 선호하는 경우는 첫 번째 본능적으로 경제력을 선호하기 때문이며, 두 번째 깊은 대화를 나눌 수 있는 경우라고 합니다. 마지막으로 의존적인 사랑을 선호하기 때문입니다.

사소한 일상에서 느끼는 기쁨을 경험하는 것이 중요합니다

부정, 퇴행 등의 방어기제는 피터팬증후군의 대표적인 행동입니다. 지키고 싶은 어린 시절 환상의 꿈, 여전히 꿈꾸고 있는 희망적인 세상에 대한 바람이 남아 있다는 것을 의미합니다. 독립적인 판단과 존재를 인식하지 못하고 타인에게 의존하며 책임을 지지 않는 방식으로 살아가기를 바랍니다. 책임에 대한 실패로 사람들의 시선이 싸늘하게 변해 버릴까 봐 두려워하는 것은 그만큼 내가 살아가고 있는 세상에 믿음이 없다는 것입니다. 남동생은 사소한 일상에서 느끼는 기쁨을 경험하는 것이 중요합니다. 지금 당장은 너무나도 지루하고 가려져 보이지 않지만 작은 기쁨을 경험하다 보면 내가 사랑하고 아끼는 것들이 빛날 수 있습니다.

09

비움과 채움의 반복하기

Q

"I think he's playing games with me."

그 남자가 밀당을 하는 건지, 어장관리를 하는 건지 잘 모르겠습니다. 저를 좋아하는 것 같은데 아닌 것 같기도 하고, 잘 모르겠습니다. 밀당을 꼭 해야 하나요? 밀당에 담긴 심리는 무엇이며, 사랑하는 데 밀당이 효과가 있나요?

일반인을 대상으로 사랑하는 사람을 만날 수 있는 예능 프로그램이 2011년부터 유행하기 시작하였습니다. 2011년 SBS에서 방송된 〈짝〉 프로그램을 시작해서 2017년 시즌 1로 시작하여 2020년 시즌 3으로 방영되고 있는 채널A의 〈하트시그널〉 등이 있습니다. 2018년 Mnet에 방송된 〈썸바디〉라는 프로그램은 장르 불문 남자와 여자 댄서 10명이 댄스 파트너이자 진정한 사랑을 찾아가는 로맨스 예능프로그램입니다. 이 프로그램의 장점은 최종 선택하기 전 사랑하는 사람에게 전하는 영상편지입니다. 그 영상을 보고 그 남자 그 여자의 마음을 알게 된 참가자들은 눈물을 멈출 수가 없습니다. 사랑에 대한 확신을 주고 확신을 받기까지 오랜 시간이 걸리는 이유는 바로 사랑의 줄다리기 때문입니다.

심리학 용어: 밀고 당기기

KBS 방송 프로그램 중 〈슈퍼맨이 돌아왔다〉를 보면 출연진 아버지들만큼만 우리 아기를 돌봐주었으면 하고 공감할지도 모르겠습니다. 필자의 바람일 수 있겠지만 그중 샘 해밍턴과 같은 남편을 만날 수만 있다면 필자는 샘 해밍턴 같은 남자에게 적극적으로 결혼을 하자고 할 것입니다. 필자의 친구가 결혼 3년 차가 되었을 때, "우리 남편이 결혼 전 조카들을 잘 돌보고 잘 놀아주는 모습에 반해서 결혼하였는데 지금 아이 기저귀 하나 갈지 못한다"라고 이야기한 적이 있습니다. 즉 필자의 친구는 불확실성의 즐거움으로 남편을 만나게 된 것입니다.

밀당을 영어로는 'play hard to get, play games'라고 표현합니다. 국어 사전을 찾아보면 밀고 당기기의 줄임말이라고 나옵니다. 연인이나 부부,

또는 경쟁 관계에 있는 두 사람이나 기관 사이에 벌어지는 미묘한 심리 싸움을 밀고 당기는 줄다리기에 비유하여 이르는 말입니다. 즉 밀당은 남자와 여자의 관계에서 미묘한 심리 싸움을 의미합니다. 줄다리기하는 것을 비유하는 것으로, 좋아하는 것처럼 행동하다가도 좋아하지 않는 것처럼 행동하는 것을 뜻합니다. 필자를 포함하여 어려운 데이트 기술 중 하나는 '쉽게 연애를 허락하지 않는 것', 즉 '밀당'입니다. 이처럼 밀당은 여전히 많은 이들이 애정 관계에서 마스터하고 싶어 하는 인기 있는 전략입니다.

2010년 버지니아대학교 티머시 윌슨Timothy. D. Wilson 교수와 하버드대학교 대니얼 길버트Daniel. T. Gilbert 교수팀은 밀당 여부가 호감도에 어떤 영향을 미치는지 대해 연구하였습니다.

47명의 버지니아대학교 여자대학생에게 온라인 소개팅을 할 예정이므로 자신의 프로필을 작성하도록 하였습니다. 참가자들에게 이 프로필은 다른 대학교 남학생들이 본 뒤 가장 마음에 드는 사람을 선택할 것이라고 이야기하였습니다. 하지만 이 실험 대상자는 오직 47명의 여학생만 참가하였습니다. 남학생들이 선택하리라는 것은 실험 참가자들의 심리적인 감정을 조작하기 위한 가설이었습니다.

연구진은 참가자들을 3그룹으로 나누어 첫 번째 그룹에게는 당신의 프로필을 보고 남자들이 '마음에 든다'고 하였다고 전했고, 두 번째 그룹에게는 '별로 관심이 없다'고 하였습니다. 세 번째 그룹에게는 '잘 모르겠다'라고 답했다고 알려주었습니다. 그 결과 남자의 호감도 순위는 세 번째 그룹 '잘 모르겠다'고 들은 그룹이 남자에 대한 호감 순위가 1등을 하였고 '마음에 든다'고 들은 첫 번째 그룹이 2위, '별로 관심이 없다'고 들은 두 번째 그룹이 3위를 하였습니다. 티머시 윌슨 교수와 대니얼 길버트 연구팀원들은 '잘 모르겠다'고 들은 세 번째 그룹이 남자의 호감도가 상승한 이유에 대해 남자에 관한 정보가 없었지만 오히려 그 남자에 대해 더 많은 고민을 하다 보니 자연스레 호감도가 올라가는 효과가 나타난다고 설명하였습니다. 즉 불확실성의 즐거움 때문입니다.

하지만 밀당이 호감도 상승에 효과가 있는지에 관련하여 그 남자와 그 여자가 호감이 있는데도 불구하고 밀당 때문에 두 사람이 이어질 수 없다면 어떻게 해야 할까요?

2014년 홍콩중문대 재학생들을 상대로 진행된 이번 연구는 2개의 실험으로 진행되었으며, 정신 작용을 시뮬레이션한 실험과 실제 스피드 데이트에 대한 연구로 구성되었습니다. 첫 번째 실험에서는 상대방에 대해 전념하는 정도가 애정도와 동기부여 평가를 구분 짓는 역할을 한다는 점을 확인했으며, 두 번째 실험 결과에서는 실제 상황에서 상대방에 대해 전념하는 정도가 애정도와 동기부여한다는 명제를 입증하는 결과를 보여주었습니다.

첫 번째 실험에서는 '밀당'과 '관계를 쉽게 맺는 것 easy to get', 아울러 상대방에 대해 심리적으로 몰두하는 것을 시나리오 기반 연구를 통해 조정했습니다. 싱글 남성 101명은 자신이 데이트할 상대(연기자)와의 점심을 먹는 경험을 적어놓은 글을 읽었습니다. 글에서는 상대적으로 호응이 좋은(쉽게 얻는 쪽) 상대 혹은 호응이 약한(밀당을 하는) 상대가 각각 묘사되어 있었습니다. 상대방에 대해 몰두(전념)하지 않는 상황에서 남성들은 점심을 함께하는 여자 파트너가 자신에게 무작위적으로 배정됐다고 생각하도록 만들었고, 상대방에 대해 몰두하는 상황에서 남성들은 여성 파트너가 그들이 마음에 두고 있는 여성이라 믿게 만들었습니다. 참가자 전원은 자신이 데이트할 상대를 애정도(상대에 대해 얼마나 긍정적 혹은 부정적으로 느끼는가?)와 동기부여(그 상대와 이성적 관계를 시작할 동기부여가 되는가?)의 두 가지 차원에서 평가했습니다.

평가는 1~9 사이의 점수 부여 방식으로 9가 최고점, 1이 최저점이었습니다. 동기부여의 정도를 알아보기 위해 두 번째 질문(그녀에게 줄 선물에 얼마의 돈을 쓸 용의가 있는가?)도 추가했습니다. 이 데이트 시나리오의 정신 모형에서 애정도 평가는 상대방에 대해 몰두하는 것과 몰두하지 않는 상황 모두에서 '상대적으로 호응이 좋은' 전략이 '밀당' 전략보다 효과가 높은 것으로 드러났습니다. 다시 말해 평가자들은 상대방에 대해 몰두하는 상황과 몰두하지 않는 모두의 상황에서 밀당하는 것보다 상대적으로 호응이 좋은 쪽을 선호하는 것을 확인하였습니다.

그러나 동기부여 평가는 상대적으로 호응이 좋은 쪽보다 밀당하는 것을 선호하였습니다. 예상대로 상대방에 대해 몰두하지 않는 상황에서 상대와 애정 관계를 추구하려는 평가자의 동기부여 정도는 상대적으로 호응이 좋은 쪽보다 밀당하는 것에서 낮게 나타났습니다. 반면에 상대방에 대해 몰두하는 상황에서는 밀당하는 것보다 상대적으로 호응이 좋은 쪽이 낮게 나타났습니다.

두 번째 실험에서는 실제 스피드 데이트가 진행됐고, 여자 대학생을 연기자로 정했습니다. 스피드 데이트 며칠 전 남자 대학생 61명은 데이트 상대에 대한 정보를 받았습니다. 책임 상황의 참가자들은 이메일로 받은 4명의 프로필 중에서 데이트 파트너를 고를 수 있게 했습니다. 나머지 3명의 가짜 여성들 프로필은 연기자보다 매력이 떨어졌기 때문에 남성들은 모두 연기자를 상대로 골랐습니다.

상대방에 대한 몰두 정도를 높이기 위해 연기자를 데이트 상대로 선정한 이유를 분명하게 말하도록 했고, 연기자에게 이 메일을 보내 데이트 전 자신을 미리 소개하도록 했습니다. 상대방에 대해 몰두하지 않는 조건에서의 참가자들은 데이트 파트너가 한 명씩 배정이 된다는 통보를 받았고, 연기자 한 명의 프로필을 받았습니다. 참가자 전원은 데이트 전 설문지를 작성해 자신이 몰두하는 정도와 기대치를 보고하게 했습니다. 5분 동안 이어진 데이트에서 연기자는 적극적으로 호응하거나 혹은 수동적인 태도를 취하게 했습니다. 데이트 이후 참가자들은 다시 설문지를 작성했습니다. 설문지는 자신의 경험에 대한 애정도와 동기부여 정도를 평가할 수 있도록 제작됐습니다.

호감도 평가에서는 상대방에 대해 전념하는 정도와 관계없이 쉽게 얻은 조건의 참가자들이 밀당 상황보다 더 긍정적인 평가를 받았습니다. 그러나 참가자가 자신의 파트너에 대해 심리적으로 몰두하는 있는 상태에서는 밀당을 하는 쪽이 긍정적인 동기부여를 더 잘 이끌어냈습니다. 그리고 참가자가 파트너에 대해 몰두하지 않을 때에는 그 반대였습니다.

밀당이 도움이 되는 경우는 언제일까요. 두 개의 실험 모두 평가 대상자들이 상대방에게 심리적으로 전념하는 있는 상태일 때, 밀당이 강한 동기부여 반응을 이끌어낼 수 있다는 것을 증명했습니다. 그러나 심리적으로 몰두하지 않을 때에는 쉽게 얻는 상황보다 밀당이 이끌어내는 동기부여 반응이 약했습니다. 또한 쉽게 얻음 전략은 이전 심리적 몰두 정도와 상관없이 항상 좋아함의 긍정적인 호감도를 평가할 수 있는 반응을 이끌어 냈습니다.

2014년 홍콩중문대 경영대학원 다이시안치 Dai Xianchi 마케팅학 부교수는 '밀당'의 호감도 상승 여부 대한 해답을 찾기 위해 토론토대학교 켈로그 경영대학원 마케팅학 조교수 핑동 Ping Dong, 홍콩대 마케팅학과 조교수 제이슨 Jayson S. Jia 과 함께 공동 연구를 진행했습니다. 〈밀당이 로맨틱한 매력을 증대시키는 때는 언제인가? When Does Playing Hard to Get Increase Romantic Attraction?〉라는 제목의 연구는 기존의 다양한 연구 결과를 조정하는 한편 예로부터 전해진 선행이론 등을 입증하는 데 목표를 두었습니다. 선행 연구에 의하면 사람은 자신에게 호감을 느끼는 사람을 좋아하게 된다는 것입니다.

이와 반대되는 선행 연구에 의하면 '밀당'으로 발생되는 불안정성이 참여와 동기부여를 증대시킨다고 주장하였습니다. 다이시안치 교수는 "원하는 것과 좋아하는 것과의 이분법, 그리고 상대방에 대해 몰두하는 것 commitment 이 어떤 역할을 하는지 살펴보았다"고 말했습니다. 또한 "좋아하는 것과 원하는 것에 반응하는 우리 뇌의 보상 회로는 별개의 경로로 통제되며, 의사결정 과정에서 독립적이고 차별적인 영향을 미칩니다. 또한 상대방에 몰두하는 것은 열정과 비슷한 단어로 우리가 특정 목표를 이룰 수 있는 동기를 부여하고 의욕을 돋우게 된다"고 하였습니다. 결과적으로 '밀당'을 하는 이유는 상황을 좀 더 어렵게 만들면 얻고 싶은 사람의 욕망은 증가할 수도 있다는 결과를 확인할 수 있었습니다.

심리학 용어: 카멜레온 효과

카페에 앉아 즐거운 시간을 보내고 있는 두 연인을 관찰해보면, 흥미로운 발견을 하게 될 때가 있습니다. 남자가 하품을 하면 여자도 하품을 합니다. 한쪽 테이블 위에 손을 올리면, 옆에 앉은 여자도 손을 테이블 위로 올립니다. 남자가 머리를 만지면 여자도 머리를 만집니다. 이와 같은 현상은 보디랭귀지 중에 보디싱크로니 Body Synchrony 라고 합니다. 심리학에서는 카멜레온 효과 Chameleon Effect 라고 하며 사회적 행동 모방 현상을 말합니다.

1999년 뉴욕대학교 심리학과 타냐 샤트란드 Tanya Chartrand 와 존 바르 John Bargh 교수가 〈카멜레온 효과: 인지-행동의 연관성 그리고 사회적 상호작용 The Chameleon Effect: The Perception-Behavior Link and Social Interaction〉이라는 논문을 성격사회심리학회에 발표하면서 사용되기 시작했습니다. 이 논문에 따르면 한 연구에서 78명의 참가자들에게 연구 조교와 사진을 보며 15분씩 개인적으로 사진에 관해서 이야기를 나누게 했는데 하나는 연구 조교를 둘로 나눠서 한쪽은 대화 중에 코를 긁는 행동을 하게 하고, 다른 한쪽은 다리를 떨도록 했습니다. 그 결과 참가자들은 코를 긁는 조교를 따라서 코를 많이 긁으며 이야기를 나눴고, 다리를 떠는 조교와 이야기했던 참가자들은 자신도 모르게 다리를 많이 떨었습니다.

비움과 채움의 반복하기

　밀당 효과의 관련된 연구 결과 밀당과 유사한 상황과 같이 보상을 좀 더 어렵게 만들면 얻고 싶은 사람의 욕망은 증가할 수도 있다고 확인되었습니다. 하지만 밀당만 한다면 비움만 하게 되는 것입니다. 비움이 반복된다면 눈물이 우울이라는 음료를 계속 마시는 것과 같이 내 마음이 겨울 속에 갇혀버리게 됩니다. 비움과 채움이 반복되어야지만 겨울이 가고 봄도 오는 것입니다.
　남자와 여자는 서로에게 시시콜콜 모든 것을 표현해야 합니다. 사랑도 이해도 늘 눈과 입 속에서 태어납니다. 눈을 통해 햇살 같은 이야기를 주고받아야 별 하나 빛나지 않는 어두운 인생길을 걸어갈 수 있습니다. '저 남자가 혹은 저 여자가 좋아할 거야, 이야기하지 않아도 알 거야'라고 생각하는 것은 자신만의 착각입니다. 밀당의 연애 스킬을 익히는 동안 그녀, 혹은 그가 떠나갈 수 있습니다. '나는 당신을 사랑한다'고 이야기하는 것도 좋은 연애 스킬입니다.

4장

연애와 결혼의 필수 요소, 건강한 성

욕망과 성의 충동이 인간 행동의 두 가지 동기이다.

— 지그문트 프로이트 Sigmund Freud —

01

아픈 상처를
계속 보듬어주고 치료하기

Q

사랑에 유통기한이 있을까요? 왜 영원한 사랑은 없는 건가요?

영원할 것만 같았던 사랑, 검은 머리 파뿌리 될 때까지 함께할 것 같았던 사랑, 하지만 이별, 이혼, 황혼 이혼. 그 이유는 무엇인가요?

필자가 방문했던 음식점 벽에 쓰여 있던 미국 저널리스트 캐롤 터킹턴 Carol A. Turkington의 "절대 후회하지 마라. 좋았다면 추억이고, 나빴다면 경험이다"라는 문구가 기억이 납니다.

필자가 상담을 받으면서 자주 하던 말이 있습니다. "저는 왜 매번 저를 힘들게 하는 사람을 알아보지 못하고 만나게 될까요?" 그 이유는 필자를 힘들게 하는 사람을 만났을 때마다 받은 상처를 보살펴주지 않았기 때문입니다.

심리학 용어: 무의식

유명한 펩시와 코카콜라 블라인드 테스트가 있습니다. 눈을 가리고 펩시와 코카콜라 중 어느 콜라가 더 맛있는지 시음하는 테스트였습니다. 상당수의 미국 소비자들은 펩시가 더 맛있다고 대답하였습니다. 실제로 눈을 감고 맛을 보면 펩시가 더 맛있습니다. 펩시코 주식회사는 자사 브랜드 콜라가 더 맛있다는 테스트 결과를 바탕으로 펩시콜라 마시기 캠페인을 벌였지만 여전히 코카콜라가 콜라 시장에서 부동의 1위를 차지하고 있습니다. 이 실험은 무의식이 행동을 지배한다고 할 수 있는 대표적인 실험입니다.

하버드 대학교 제럴드 잘트먼 Gerald Zaltman 교수는 2004년 출간한 책 《How Customers Think》에서 '무의식이 행동의 95%를 결정하고 5%만이 의식이 결정한다'고 하였습니다. 즉 정신분석에서는 끄집어낼 수 없는 과거의 의식을 무의식이라고 합니다.

프로이트의 정신분석학에서 '무의식 unconsciousness'은 중요한 개념입니다. 프로이트는 1900년에 발표한 《꿈의 분석The Interpretation of Dreams》, 1917년에 《정신분석 입문Introduction to Psychoanalysis》을 통해 이를 설명하고 분석했습니다. 한 개인이 스스로 기억할 수 있는 것들은 '의식Consiousness' 수준에 있는 것입니다. 반대로 기억해낼 수 없는 것들은 '무의식unconsciousness'에 존재하는 것입니다.

시간이 흐르면 잊혀지는 '의식' 안의 추억이나 생각들과 달리 '무의식'에 경험이나 과거의 생각들은 소멸하지 않고 계속 남아 있습니다. 그렇기 때문에 그 경험이 인간에게 안겨주었던 감정이나 상처, 욕망들이 그 정도가 줄어들거나 흐려지지 않고 몇 번이고 반복해서 떠오르거나 인간을 뒤흔들기도 합니다.

가장 대표적인 예가 어린 시절에 겪은 경험에 대한 기억입니다. 가령 어떤 사람이 어렸을 때 전쟁 중에 큰 굉음을 들었다면 이 사건은 시간이 흐르면서 잊혀야 하지만, 그 사람이 성인이 된 뒤에도 그와 비슷한 소리를 들을 때마다 엄청난 불안과 공포를 느끼는 경우가 이에 해당합니다. 똑바로 마주하고, 시간이 흘렀기 때문에 더 이상 피할 이유가 없다는 점을 인지한다면, 이유도 모른 채 겪고 있던 정신적 고통으로부터 해방될 수 있다는 것입니다.

2017년 스위스 베른대학교University of Bern 에바 루치아노Eva Luciano 교수는 '성격과 사회심리학회지Journal of Personality and Social Psychology'에 〈낭만적인 관계의 전환과 자존감의 발달Transitions in romantic relationships and development of self-esteem〉이라는 논문을 발표하였습니다.

남자와 여자 9천69명의 참가자를 모집하여 5년간의 종단연구를 진행하였습니다. 연구 결과 자존감이 높은 사람은 오랫동안 관계를 건강하게 유지했다는 것을 확인할 수 있었습니다. 자존감이 낮은 사람의 경우, 상대방이 자신에게 관심을 가지지 않으면 부정적인 신호로 받아들여 쉽게 불안해하고, 심지어 상대가 관심을 보일 때에도 긍정적인 신호를 잘 받아들이지 못하는 모습을 보였습니다. '나 스스로를 사랑하지 않는데 누가 나를 사랑해줄까' 하며 자신을 부정적으로 바라보게 됩니다. 이러한 부정적인 생각으로 짧은 만남이 계속되다 보면 좌절의 쓴맛만 마음속에 자리 잡게 됩니다.

이별은 사소한 말과 행동으로부터 발생합니다. 정신분석학파의 창시자인 프로이트는 1901년 자신의 책 《일상생활의 정신병리학 Psycho-pathology of Everyday Life》에서 '말실수 slip of the tongue'에 대해 설명했습니다. 핵심은 우리가 말실수를 하는 것은 단순한 그 자체의 '실수'가 아니라 마음에서 그렇게 하고 싶다는 '욕구'를 드러낸다는 것입니다. 많은 경우 '실수'는 우연이 아닙니다. 그래서 술에 취했을 때 '취중진담 醉中眞談'을 하는 것입니다.

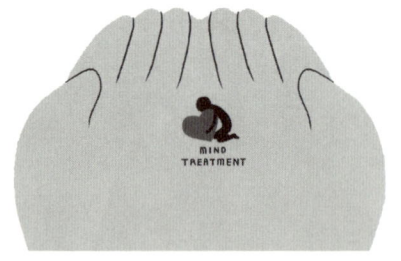

자신의 아픈 상처를 계속 보듬어주고 치료하기

기억해낼 수 없는 것들은 '무의식'에 존재합니다. 다시 말하면 기억하지 못한다고 해서 존재하지 않는 것이 아니라 기억해내지 못하는 것뿐입니다. 자신만의 어떠한 방법을 통해서라도 아픈 상처를 계속 보듬어주고 치료해야만 그 사람과 내가 검은 머리 파뿌리 될 때까지 함께할 수 있습니다.

02

성생활은 자기가치감을 확인하는 중요한 영역

Q

섹스에 있어 남자와 여자의 차이점은 무엇인가요? 여자는 사랑해야만 섹스를 허락하고 남자는 사랑하지 않아도 섹스를 한다고 합니다. 도저히 이해가 되지 않습니다. 어쩜 그렇게 다를 수 있나요? 진심으로 사랑하지 않는데 섹스가 가능한가요?

사람들마다 좋아하는 색깔, 음식, 옷 입는 취향 등이 모두 다릅니다. 성욕도 사람들마다 원하는 욕구가 다를 수밖에 없습니다.

심리학 용어: 심리성적발달 이론

프로이트의 성격발달이론을 말합니다. 프로이트의 성격발달이론을 심리성적발달단계라고 하는 이유는 근본적인 욕망인 리비도를 만족시키는 신체기관에 따라 이론을 정의하였기 때문입니다. 구강기, 항문기, 남근기, 잠재기, 생식기 총 5단계로 나누었습니다.

1. 구강기: 태생부터 1년 6개월.
아이는 엄마의 젖을 빨거나 물고 있으므로 성욕구와 공격욕구를 해소하게 됩니다.

2. 항문기: 생후 1년 6개월부터 3세.
이 시기에 항문기에 고착화되면 무질서, 무책임, 강박, 의심증 등 성격특성을 형성하게 됩니다.

3. 남근기: 3~5세.
이 시기의 어린이들은 오이디푸스 콤플렉스, 엘렉트라 콤플렉스를 겪게 됩니다.

4. 잠재기: 6~12세.

남근기에 겪었던 콤플렉스를 동성 부모와 동일시함으로써 극복하게 됩니다. 성적에너지는 억압되거나 승화되어 운동, 친구들과의 우정 등으로 나타납니다.

5. 생식기: 12세 이후 사춘기에 입문한 청소년을 말합니다.

성적에너지는 이성으로 옮겨져 성적 느낌에 대해 알게 됩니다. 청소년기 이후 자기애적에서 현실지향적인 성인으로 성장하게 됩니다.

사회 및 진화 심리학에서 가장 많이 인용된 일련의 실험 중 하나는 클락과 해트필드Clark and Hatfield, 1989, 2003) 및 클락Clark, 1990이 수행한 실험입니다.

대학교 교정 안에서 여자대학생이 남자대학생에게 다가가 첫 번째, '꽤 매력적인 분인 것 같은데요. 오늘 저와 데이트하실래요?' 두 번째, '우리 집에 같이 가실래요?' 세 번째, '나랑 잘래요?'라고 말을 걸어보았습니다. 남자대학생 또한 여자대학생에게 다가가 같은 질문을 하였습니다.

연구 결과, '꽤 매력적인 분인 거 같은데요. 오늘 저와 데이트하실래요?'라는 첫 번째 질문에는 남자와 여자가 대략 50% 정도가 승낙하였지만 '우리 집에 같이 가실래요?', '나랑 잘래요?'라는 질문의 답변에는 많은 차이가 나는 것을 확인할 수 있었습니다. '나랑 잘래요?'라는 세 번째 질문에 'yes'라고 답한 사람은 한 사람도 없었습니다. 반면에 남자들은 '오늘 저와 데이트하실래요?'라는 첫 번째 질문보다 '나랑 잘래요?'라는 세 번째 질문에 더 관심을 보였다는 것입니다.

덴마크에서 같은 실험을 하였는데 '나랑 잘래요?'라는 낯선 사람의 질문에 'yes'라고 답한 싱글 여성은 한 사람도 없었습니다. 반면에 싱글 남성들 중 59%가 'yes'라고 답하였습니다.

이 실험 결과는 성관계에 있어서 남자는 욕구에 충실할 뿐이며, 여자는 진지한 관계가 아니거나 사랑하는 사이가 아니면 성관계를 하지 않는다는 남자와 여자의 태도의 차이를 말해주고 있습니다.

한 연구 결과에 의하면 성적 만족을 위하여 남자는 시각적인 차이에 따라 만족도에 차이가 있으며, 여자는 청각적인 차이에 따라 만족도가 다르다고 하였습니다. 즉 남자는 밝은 불빛에서 성관계하는 것을 선호하며, 여자는 불을 켜지 않고 하는 것을 선호하며, 남자는 이야기를 많이 하지 않고 성관계하는 것을 선호하고, 여자는 대화를 하면서 성관계하는 것을 좋아한다고 합니다.

성적 만족이란 남자와 여자, 즉 성별에 따라 의미가 다릅니다. 남자와 여자의 성적인 최고의 만족감을 정의하자면 남자는 오르가슴을 느끼려는 욕구와 최고점에 도달하는 절정의 빈도를 기준으로 하는 반면에 여자는 성관계 과정의 중의 만족하였는지에 따라 성적으로 최고의 만족감을 얻는다고 확인되었습니다.

성생활은 자기가치감을 확인하는 중요한 영역

　남자와 여자의 성관계, 성교육을 하는 공식적인 기관은 없습니다. 하지만 성관계는 어쩌면 남성호르몬 테스토스테론 등과 여성호르몬 옥시토신, 바소프레신 등의 자연스러운 뇌와 신경회로의 정상적인 활동일지도 모릅니다. 하지만 필자도 성관계에 관해서는 고민이 많습니다. 청소년과 성인에게도 이해되지 않는 성 욕구, 사회적인 환경에 영향을 받아 해결되지 않은 채 또는 부정적으로 발휘되거나 불법적으로 해소되어야 한다는 것입니다. 2018년 유명가수의 집단 성폭행 사건이 잊혀지기도 전에 2020년 20대 남성과 관련된 집단 성폭행 사건으로 많은 화제로 세상을 혼란스럽게 하고 있습니다.

　성생활은 남자와 여자가 사랑을 나누는 삶의 중요한 영역입니다. 남자와 여자가 사랑이 깊어지면 육체적 교합을 통해 서로 사랑을 확인합니다. 성관계를 통해 육체적으로 사랑을 나누는 것만큼 커다란 기쁨과 즐거움도 없습니다. 또한 성생활은 자기가치감을 확인하는 중요한 영역이기도 합니다. 사랑하는 사람에게 충분한 성적 만족감을 줄 수 있는 자신의 능력은 자기가치감의 중요한 바탕이 됩니다.

03

시대가 변하여도 신뢰를 지켜나가는 성 문화를 유지하기

Q

바르고 올바른 성, 성관계에 관해 알고 싶습니다.

성과 관련된 정의는 진화심리학, 인류학자, 그리고 뇌과학 등의 많은 학자를 통해 정의되고 있지만 바르고 올바른 성, 어떻게 건강하게 성생활을 해야 하는지 의견이 분분합니다. 성이라는 주제가 핫이슈로 논의되고 있는 이유는 무엇일까요?

기원전 400년경 인도에서 성이라는 주제는 하루 일과에 한 부분일 뿐이었습니다. 제1차 세계대전은 '성과의 전쟁'이기도 했습니다. 젊은 남자들이 대거 전쟁터에 나가 싸우는 동안, 여성들이 성적 기갈 상태에 빠졌다는 우려와 공포가 유럽과 미국 사회를 휩쓸었습니다. 종전 후 어떤 일이 벌어졌을지는 짐작하기 어렵지 않았습니다. 그동안 억압해왔던 성욕을 채우려는 열풍에 프로이트가 동원되었습니다. 1910년대 중반 미국의 여성 운동가 마거릿 생어Margaret Sanger가 피임 투쟁을 벌이며 산아 제한권을 역설한 것은 그녀가 빈곤의 참상을 목격하면서 피임이 사회적 평등으로 가는 필수적 단계임을 확신했기 때문이었지만, 피임은 동시에 자유로운 육체적 관계를 즐기기 위한 과정이기도 했습니다. 마거릿 생어가 성을 위한 육체의 정당화 논리를 펼쳤다면, 프로이트는 성을 위한 정신의 정당화 논리를 편 셈이었습니다.

아담과 이브

아담과 이브Adam and Eve는 인류의 출발점을 뜻합니다. 창세기 3장 1~6절에 의하면 히브리어로 아담은 그냥 '사람' 또는 '인간'이라는 뜻입니다. 성서(아울러 세계) 최초의 인간은 한 개인이 아니라 전체 인류의 대표이자 원형입니다. 따라서 아담이 신의 뜻을 어겨 에덴에서 추방된 것은 곧 인류가 같은 운명에 처하게 되었다는 것을 의미합니다. 누구나 신에게 복종하지 않으면 아담처럼 될 것이라는 의미합니다. 현세의 삶이 어려운 이유가 여기에 있습니다. 만약 아담과 이브가 신의 뜻을 거스르지 않았다면 그들은 에덴에서 영원히 살았을 것입니다. 흙으로 만들어진 인간은 신이 영혼의 숨결을 불어넣어 주자 생명을 얻었습니다. 주변에는 동물들이 있었으나 인간에게 어울리는 짝은 없었으므로 신은 그를 깊이 잠들게 하고 갈빗대 하나를 뽑아 그와 닮은 형상을 만들었습니다. 최초의 여자, 이브의 탄생입니다. 에덴동산에서 두 사람은 동산을 돌보라는 신의 명령에 따르면서 필요한 모든 것을 가지고 살았습니다. 모든 과일을 따 먹을 수 있었으나 단 하나 선악을 알게 하는 나무의 과일만은 예외였습니다. 신은 그것을 먹으면 죽을 것이라고 말했습니다. 두 사람은 벌거벗은 것조차 창피하게 여기지 않았습니다. 하지만 그것은 잠시뿐이었습니다. 간악한 뱀이 이브에게 금지된 과일을 먹어도 죽지 않는다고 말합니다. 오히려 그 과일을 먹으면 신처럼 될 수 있다고 유혹합니다. 이브는 과일을 먹고 나서 아담에게도 줍니다. 갑자기 그들은 벌거벗은 것에 수치를 느끼고 무화과 잎으로 몸을 가립니다. 그들이 신을 피해 숨는 것을 보고 신은 왜 그 과일을 먹었느냐고 묻습니다. 아담은 이브가 주었다고 변명합니다. 뱀이 유혹했다고 변명합니다. 신은 뱀에게 저주를 내립니다. 배로 기어 다니다가 인간의 발에 밟힐 것이라고 선언합니다. 이브에게는 아이를 낳는 고통을 겪고 남편에게 순종해야 하는 저주를 내립니다. 아담은 스스로 일해 먹고 살아야 하는 저주를 받습니다.

인도 카주라호 칸다리야 마하데바 사원

흥미롭고도 불편한 인간의 본성, 그것은 섹스입니다. 사람이라면 누구든 섹스에 끌리면서도 부끄러워하고, 집착하면서 외면합니다.

인도 카주라호Khajuraho는 인도 마디아프라데시주 북부에 있는 도시입니다. 델리에서 약 400km 떨어진 곳에 있습니다. 현재 20개 이상의 힌두교 및 자이나교의 사원이 있는 순례지로 유명한 관광지입니다. 10~11세기 찬델라 왕조시대에는 이 지방의 주도였으며, 파라슈바나트 사원(자이나교), 차툴부자 사원(힌두교) 등을 비롯하여 약 30개의 사원이 건립되었습니다. 처마 끝을 여러 층으로 높이 쌓아 올린 지붕이 특징이며, 붉은 사암砂岩으로 된 벽면에는 중세 인도의 부조를 대표하는 많은 상像, 병사·여인상, 관능의 극치를 표현한 조상彫像 등이 새겨져 있습니다.

카주라호 칸다리야 마하데바 사원들은 2.4m 높이의 남근을 포함한 에로틱한 조각과 조각상들과 가장 물의를 빚어내는, 인간과 동물 간의 성행위를 나타낸 조각 장면들로 인해 유명해졌습니다. 에로틱한 조각으로 장식된 가장 명성 높은 사원들은 힌두교의 라크슈마나, 칸다리야 마하데바, 둘라데오, 데비 자가담비, 그리고 자이나교의 파르수바나트 신전들입니다. '미투나스', 즉 사랑을 나누는 커플들과 '나이카스', 즉 여주인공들은 관능적이고 요가 동작 같으며 에로틱한 포즈를 취한 모습으로 묘사됩니다. 종교학자들은 이러한 조각품들이 영적이고 신성하다고 여기는 파와 불경스럽다고 여기는 파로 나뉩니다. 카주라호의 사원들은 사마수트라(샤스트라, 힌두교의 학술적 경전)의 전통에 따라 지어졌습니다. 이들은 보통 대좌臺座 위에 건설되었으며, 입구 현관, 홀, 대형 홀, 전실, 그리고 중앙에 탑이 있는 구조로 이루어졌습니다. 중앙 탑 안에는 내부 성소가 있으며, 이 안의 사당, 즉 '가르바그리하'(자궁의 방이라는 의미) 안에는 성상이 모셔져 있었습니다.

칸다리야 마하데바 사원의 조각상들은 섹스를 금기하지 않았던 시대에 만들어진 것들입니다. 이 조각들을 보면 당시에 성문화가 법이나 수학이나 과학처럼 자연스럽게 이야기하던 시대였음을 알 수 있습니다.

칸다리야 마하데브 사원의 조각은 고대 인도의 카마수트라 경전을 통해 제작되었습니다. '카마수트라Kāmasūtra'의 뜻은 사랑의 비밀을 의미합니다. '카마Kāma'는 사람을, '수트라sūtra'는 비밀을 의미합니다.

카주라호 칸다리야 마하데브 사원을 국가적인 망신이라고 여기는 인도인들도 있습니다. 세계적으로 유명한 마하트마 간디도 비슷한 생각을 하였습니다. 심지어 사원을 없애야 한다고도 하였습니다.

현재 인도는 섹스에 관해 보수적입니다. 영국의 식민지였던 인도는 영국인들의 영향을 받아 보수적이고 섹스에 관해 공식적으로 이야기하지 않습니다. 기원전 400년 전까지만 해도 섹스는 평범한 일상으로 생각하였지만 영국의 식민지가 된 이후 빅토리아 시대 이후 섹스는 금기시되었습니다.

심리학 용어: 오르가슴

국어사전을 찾아보면 흥분은 '최고조에 이른 상태 또는 그때의 흥분. 주로 성교 때에, 성적 쾌감이 최고조에 이른 상태나 그때의 쾌감을 이른다'고 정의되어 있습니다. 오르가슴을 할 때 느낌과 같은 것이 재채기라고 합니다. 쾌감의 절정, 축적된 긴장의 폭발적인 해방으로서, 생리학적으로 오르가슴 때는 맥박이 증가하고 혈압이 상승하며 호흡수도 증가합니다. 그리고 혈액 속의 산소가 줄어들고 말초 혈관이 확장되기 때문에 피부가 붉어지고 성기는 커지며 분비물이 증가합니다. 1회의 성교에 소요되는 에너지는 최고 300kcal이라고 합니다. 독일의 정신분석학자 · 사회 비평가인 빌헬름 라이히Wilhelm Reich는 현대사회의 소외를 오르가슴 억압의 구조 때문이라고 주장하기도 하였습니다.

호르몬 중에 항이뇨호르몬, 즉 바소프레신호르몬은 시상하부에서 만들어지고 뇌하수체 후엽에서 저장, 분비되는 펩티드호르몬입니다. 이 호르몬은 신장에서 물을 재흡수하거나 혈관을 수축시키는 기능을 합니다. 여기서 중요한 점은 남자의 뇌는 연인과 결합 그리고 부모가 되기 위해 준비하기 위해 바소프레신호르몬을 사용하는 반면에 여자의 뇌는 주로 옥시토신을 사용한다는 것입니다.

수 카터Sue Cater는 한 연구를 통해 털이 많고 작은 포유류인 프레리 들쥐가 평생 한 들쥐하고만 짝짓기를 하는 것을 확인하였습니다. 즉 옥시토신과 바소프레신이 남자와 여자의 결합에 강력한 호르몬임을 증명하는 연구였습니다.

한편 스웨덴의 케르스틴 우브뇌스-모베르히Kerstin Uvnas-Moberg는 남자와 여자가 동일한 수치의 옥시토신을 유지하려면 여자보다 2~3배 빈번한 접촉을 해야 한다고 주장하였습니다. 만약 빈번한 접촉이 없으면, 즉 성관계가 원활하지 않으면 뇌의 도파민과 옥시토신, 수용기는 배고픔을 느낍니다.

시대가 변하여도 신뢰를 지켜나가는
성 문화를 유지하기

미국 인류학자 헬렌 피셔 Helene Fischer는 성욕, 로맨틱한 사랑, 상대에 대한 깊은 애착, 이 세 가지가 사랑에 빠지는 요소라고 하였습니다. 성욕은 파트너를 찾도록 만들고, 로맨틱한 사랑은 한 사람과 관계에 집중하게 합니다. 그리고 깊은 애착은 파트너와 오랫동안 함께 있기를 바라게 됩니다. 하지만 안타깝게도 한 사람에게 애착을 가지면서도 다른 사람에게 사랑을 느낄 수도 있습니다. 그러다가 잘 알지도 못하는 사람에게 성욕을 느낄 수도 있습니다. 즉 한 사람에게 성욕, 로맨틱한 사랑, 상대에 대한 깊은 애착을 모두 느끼지 못할 수도 있다고 하였습니다. 하지만 우리가 지켜야 할 것은 그 남자와 그 여자의 관계에 지켜야 할 신뢰입니다. 신뢰의 사전적 의미는 '믿고 의지함'입니다. 신뢰는 규범만큼 강한 규제력을 가지고 있는 것은 아니지만 신뢰 관계가 형성되면 상대의 기대를 벗어나는 행위는 억제합니다. 그것에 의해 상대의 행위를 예측할 수 있게 됩니다. 남자와 여자 사이에서 신뢰가 무너지면 상대의 부정적인 행위를 예측할 수 있으며 앞으로 닥쳐올 일에 대해서 미리 할 수 있습니다. 시대가 변하여도 신뢰를 지켜나가는 성문화를 유지하고 지켜나가야 합니다.

04

안정된 정체감을 형성하기

Q

10대 사랑이란?

요즘 10대의 생활을 살펴보면 필자의 10대 생활보다는 많이 개방적이라는 것을 일상에서 쉽게 확인할 수 있습니다. 버스정류장, 골목길 또는 횡단보도에서의 뜨거운 키스를 하는 10대를 보는 것은 어렵지 않습니다. 한편으로는 매우 부럽습니다. 제가 10대에는 매우 도덕적이지 못한 행동으로 교육받았기 때문에 하면 안 되는 행동인 줄 알았습니다. 10대에게 사랑이란 어떤 의미일까요?

2011년 2월 출판된 레이철 시먼스 Rachel Simmons 의 책 《소녀들의 심리학》에 의하면 소녀들이 소녀와 소년들에게 인기를 얻기 위한 과정은 마치, 돋보기 없이 레스토랑을 갔다가 메뉴를 읽지 못하는 것과 같다고 하였습니다. 나도 친구들의 관심을 받고 싶지만 내 옆에 있는 친구가 더 인기가 있습니다. 내게 올 관심마저 내 옆에 친구가 다 빼앗아가는 것 같습니다. 시기하는 마음으로 끙끙거리다 보면, 어느새 나의 마음은 친구의 미워하는 마음으로 발전하게 됩니다. 10대에는 난자로부터 물결치는 호르몬의 작용으로 10대 소녀들의 성적인 경쟁심을 부추깁니다. 필자의 경험으로는 10대에는 아무 말도 들리지 않습니다. 그저 나의 사랑을 응원해주길 바랄 뿐이었던 것으로 기억이 납니다.

10대의 사랑을 알아보기 전에 우선 10대 청소년의 기준이 되는 나이는 몇 세일까요? 청소년 adolescence, youth 은 '성장한다 to grow up', '성숙에 이르다 to come to maturity'라는 의미를 가지고 있습니다. 이는 청소년기에는 신체적, 인지적, 심리사회적으로 성장이 급속하게 진행되고 있음을 뜻하기도 합니다.

청소년기는 청년에 중간 시기를 통칭하는 용어로 청소년기 정의도 다양하고 법률마다 대상 연령 기준도 다양합니다. 「청소년 기본법」의 근거하면 청소년은 9세 이상 24세 이하의 사람으로 규정되어 있고, 「형법」에 근거하면 형사미성년자로 성인으로 취급될 나이가 되지 않은 14세 미만인 자를 의미합니다. 「청소년 보호법」에 근거하면 19세 미만, 「아동·청소년 성보호에 관한 법률」에 근거하면 19세 미만으로 정의하였습니다.

심리학 용어: 자아존중감

자존감이라는 용어는 미국 심리학자·철학자 윌리엄 제임스William James가 1892년에 최초로 언급하였습니다. 1982년 당시에는 자존감을 '목표÷자신의 열망'(자신은 얼마까지 이것을 이루고 싶다는 욕구)과 같이 공식화하였습니다. 자존감을 높이는 방법이 무엇인지 사람들이 윌리엄 제임스에게 물어봤습니다. 그는 스스로 추구하고자 하는 높은 목표를 낮추라고 하였습니다. 목표치가 높은 상태에서, 자존감을 높이려면 어떻게 해야 하는지 다시 한번 사람들은 그에게 물었습니다. 그는 자신이 바라는 열망, 개인적인 욕구를 낮추면 된다고 하였습니다. 그러면 자존감이 올라갈 것이라고 하였습니다. 흔히 사람들이 자존감이라고 이야기하지만 자존감의 맞는 표현법은 자아존중감self-esteem 입니다. 예를 들자면 필자는 희망사항으로 만들어진 필자만의 아바타가 있습니다. 필자는 영어를 잘 못하는 필자 대신 아바타는 외국인과 유창하게 대화합니다. 즉 자아존중감이란 자기 자신이 가치 있고 소중하며, 유능하고 긍정적인 존재라고 믿는 마음을 말합니다.

심리학 용어: 자아정체감

필자가 2장에서 자아정체감에 관련 잠깐 언급하였습니다. 성인이 되어 "나를 찾는 여행은 언제 떠나야 하는가?"의 질문은 답은 마흔이라고 하였습니다. 그렇다면 처음 "나는 누구인가"라는 질문에 고민을 해야 하는 시기는 언제인가요? 바로 청소년기입니다. 사회에서 가족 외 사람들과 관계를 맺으며 가지게 되는 '나는 누구인가'에 대한 고민에 대해 에릭슨은 다음과 같이 이야기하였습니다. 청소년기에 가장 큰 과업은 자아정체감으로 자기 자신에 대한 삶의 목표와 나의 의미에 대해서 고민하는 것이라고 하였습니다. 또한 청소년기에는 자기의 대한 주관적인 세계에 눈을 뜨기 시작하며 자신의 정체성에 관하여 최초로 질문을 한다는 점에서 자아정체감의 확립을 위한 노력은 청소년기의 가장 큰 특징으로 꼽힙니다. 자아정체감은 자아가 자기표상을 발달시키는 과정에서 중요한 역할을 담당한다는 사실을 가리키기 위해 정체성이라는 정신분석학적 개념을 심리사회학적으로 확장한 개념입니다. 자아는 아동기 동안에 이루어지는 중요한 동일시를 선택적으로 강조하고, 자아상 self-image 들을 점진적으로 통합해냄으로써 자아정체감을 형성해냅니다. 자아정체감 안에는 개인의 정체감, 개인 성격의 연속성을 유지하기 위한 무의식적 노력, 자아통합, 그리고 집단이 공유하는 이상 및 정체성과의 내적 연대를 유지하는 것 등이 포함됩니다. 개인의 자아정체감은 자신의 견해, 이상, 기준, 행동, 그리고 사회적 역할에서 드러나며, 4개의 기본 차원, 즉 인간성 차원 각 개인은 인간이라는 느낌, 성별 차원 남성 혹은 여성이라는 느낌, 개별성 차원 각 개인은 독특하다는 느낌, 계속성 차원 시간의 경과에도 불구하고 동일한 사람이라는 인식 으로 구성되어 있습니다. 즉, 안정된 정체감을 형성하기 위해서는 신체적·성적 성숙, 추상적 사고능력의 발달, 정서적 안정이 선행되어야 하며, 동시에 부모나 또래 집단의 영향으로부터 어느 정도 자유로울 수 있어야 합니다. 에릭슨은 청소년기에 청소년기 이전 자아에 대한 이해가 부적절해지고 생물학적 성숙과 인지적 변화에 불균형이 생기면서 정체감 위기를 경험한다고 하였습니다. 즉 청소년기 심리사회적 성격발달단계를 8단계로 나누어 설명하였습니다.

청소년기 성장과 사춘기와 관련된 대표적인 호르몬

청소년기 성장과 사춘기와 관련된 대표적인 호르몬으로 에스트로겐, 프로게스테론, 테스토스테론이 있습니다.

첫 번째, 에스트로겐estrogen은 성호르몬의 한 종류로, 여자는 난소에서, 남자는 고환과 부신에서 생성되는 호르몬입니다. 체내의 골밀도를 향상시키고 혈압을 낮추며, 콜레스테롤을 비롯한 지방대사와 체모발달을 제어합니다. 사춘기 이후에 많이 분비되며 여자의 생식주기를 조절하는 등 성적 활동에 많은 영향을 끼칩니다. 도파민, 세로토닌, 옥시토신, 아세틸콜린, 노르에피네프린 등과 같이 기분을 상승시키는 뇌 화학물질과도 연관이 있습니다.

두 번째, 프로게스테론progesterone은 성호르몬으로 여성의 대표적인 스테로이드호르몬의 한 종류로 에스트로겐에 비해서는 간헐적으로 출현합니다. 프로게스테론은 성욕이 억제되는 월경주기의 2주째 중반쯤에 이르러 상승합니다. 간혹 에스트로겐의 효과를 억제하는 역할을 하기도 합니다. 남자 성범죄자 중 성욕을 줄이기 위해서 프로게스테론을 의사에게 처방받아 주사하기도 합니다.

세 번째, 테스토스테론testosterone은 남자의 뇌에 영향을 주는 신경호르몬입니다. 올림포스 12신 중 그리스 신화의 최고신으로 주신主神, 신들과 인간들의 아버지, 제우스Zeus는 남성호르몬의 왕으로 지배적이고 공격적이며 강력합니다. 집중력이 뛰어나고 목표 지향적이며 위계질서 내에서 다른 남자보다 우위에 서려는 충동을 포함한 남자의 모든 특징을 맹렬히 만들어냅니다. 남자의 땀샘에서 성적으로 유혹적인 남자의 냄새인 안드로테네디온

androstenedione을 발산하게 만듭니다. 섹스 및 공격 회로를 활성화하고 원하는 짝을 찾기 위해 하나의 목표에 끈질기게 집중합니다. 자신감과 용기를 발휘하여 유혹에 성공할 수 있지만 너무 민감해지면 무뚝뚝하고 난폭해질 수 있습니다.

10대 청소년들의 몸과 정신적으로는 다양한 변화가 일어나고 있습니다. 소녀에게는 에스트로겐-프로게스테론의 호르몬이 파도치고, 소년에게는 테스토스테론의 폭풍이 일어나고 있습니다. 동시에 자아존중감, 자아정체성, 독립성은 최대한 유지하려고 하지만 갈등은 점점 최고치로 상승합니다. 그 이유는 인기를 얻기 위한 경쟁적인 사랑을 하기 위해서입니다. 에스트로겐 수치가 높아진 소녀들은 동성뿐만 아니라 이성과도 어울리고 싶은 충동이 있습니다. 끊임없이 대화를 하고 친밀성을 추구하는 과정에서 분출되는 도파민과 옥시토신은 그러한 욕망을 자극시킵니다. 하지만 기대와 달리 이성과 친밀한 관계를 맺으려는 시도가 실망스러운 결과로 끝날 수도 있습니다. 그러나 남자친구는 대화를 하는 것보다 온라인 게임을 했으면 좋겠다는 생각을 할지도 모릅니다. 또한 10대 소년은 갑자기 과묵해지고 말이 거의 없으며, 단음절로 말하게 되는 것을 볼 수 있습니다. 그 이유는 테스토스테론이 소년의 뇌를 적셔버리기 때문입니다. 테스토스테론은 10대 소년들에게 사회화에 대한 관심에서 멀어지게 하는 반면에 성적 호기심과 신체 부위에 대한 관심을 상승시킵니다. 이와 같이 10대 소녀는 대화로써 언어적 친밀성을 추구하고 싶어 하지만, 10대 소년은 성적 친밀성을 추구하고자 합니다.

안정된 정체감을 형성하기

　10대에는 자아정체성이 확립되지 않아 사랑이 변덕스러울 수밖에 없습니다. 자신을 빛나게 해줄 수 있는 사람을 보면 금방 사랑에 빠지고, 그 사람이 조금의 실수나 잘못을 해도 견디지 못하고 이별을 통보하고 아무 일 없다는 듯이 쉽게 돌아서서는 곧바로 다른 대상을 찾습니다. 이 시기에 꼭 해야 할 숙제가 있습니다. 이별의 아픔을 스쳐 지나가게 되면 같은 아픔을 또다시 겪을 수 있습니다. 그렇게 되지 않기 위해서는 충분한 애도의 시간을 갖는 것이 중요합니다. 남자와 여자가 서로 사랑한다는 것은 인간관계를 형성하는 과정에서도 가장 어려운 일입니다. 특히 자아정체성이 형성되지 않은 상태에서 사랑을 한다는 것은 돋보기 없이 음식 메뉴를 보고 있는 것과 같습니다. 안정된 정체감을 형성하기 위해서 인간관계를 잘 형성해야 합니다. 달콤한 사랑을 원한다면 인간관계를 어떻게 형성하고 어떻게 이별하는지 배우고 잘 경험해야 합니다.

05

뇌의 충동을 제어할 수 없는 10대를 통제해주어야 합니다

Q

10대는 육체적 사랑을 나누어도 되나요?

2018년 9월 13일 새벽, 어느 시골 마을의 한 호텔에서 고등학교 1학년 H양이 사망한 채 발견되었습니다. 그리고 한 고등학교 남학생의 SNS에는 성폭행 계획을 암시하는 듯한 글이 게재되어 있었습니다.

　9월 13일 새벽, H양은 알고 있던 고등학생 남학생 두 명과 함께 마을 한 모텔방에서 '초성 게임'을 하며, 진 사람이 벌주를 마시는 게임을 하였습니다. '초성 게임'에서 계속 진 H양은 1시간 30여 분 만에 소주 3병가량을 마시고, 만취하여 쓰러졌다고 하였습니다. 고등학교 남학생 2명은 만취해 쓰러진 H양을 성폭행하고, 사진과 동영상을 찍은 범행 이후 H양을 모텔방에 방치 후 도망쳤습니다. 또한 남학생 2명은 다른 고등학생에게 범행을 저지른 모텔에 가서 H양이 살아 있으면 데리고 나오고, 죽었으면 그냥 두라고 하였습니다. 더 잔혹한 것은 H양의 성폭행이 이번이 처음이 아니며, 같은 2명의 남학생이 비슷한 수법으로 수차례 성폭행했을 것으로 추측된다고 하였습니다. 그들은 이와 같은 범행이 얼마나 잔혹한 일인지 알고 있을까요?

심리학 용어: 중독

　국어사전을 검색해보면 중독이란 술이나 마약 따위를 지나치게 복용한 결과, 그것 없이는 견디지 못하는 병적 상태, 어떤 사상이나 사물에 젖어 버려 정상적으로 사물을 판단할 수 없는 상태를 말합니다. 중독이라는 용어가 흔하게 사용되고는 있지만, 구체적으로 중독이 무엇을 의미하는지에 대한 의견은 전문가들 사이에서도 분분합니다. 일반적으로는 특정한 행동이 자신이나 주위에 폐해를 초래해서 이를 조절하려 하지만 통제력을 잃고 반복하는 행동을 의미하며, 중독의 대상인 물질이나 특정 행동에 대한 기억의 활성화가 중추신경계에 영향을 미쳐 부적응적인 인지-행동적 결과를 초래하는 것을 말합니다. 전에는 중독이라는 용어를 주로 술과 담배, 마약 등의 물질과 관련해 사용했지만, 최근에는 인터넷 도박, 섭식, 쇼핑, 성, 형성, 일 등의 행동에 확장해 사용하고 있습니다.

최근 미국 정부가 선정한 10대 건강과제 중 5개, 즉 비만obesity, 물질 남용substance abuse, 성적 난잡성sexual promiscuity, 니코틴nicotine, 폭력violence은 중독과 밀접한 관련이 있습니다.

한국에서도 인터넷 도박, 게임, 구매, 성, 섭식 등 다양한 중독이 중요한 개인 및 사회 문제로 등장하고 있습니다. 이러한 중독은 개인의 문제로만 볼 수 없습니다. 심리적·생물학적·사회적·문화적인 요소들을 함께 고려해야 중독을 제대로 이해할 수 있습니다. 앞으로 중독의 문제는 더욱더 확대될 것이며, 중독에 대한 전문가의 적극적인 참여와 전문성이 요구될 것입니다.

우리는 일상생활에서 흔히 '어디 혹은 무엇에 중독되었다'는 표현을 자주 씁니다. 인터넷 게임이나 채팅 혹은 TV에 중독되고, 커피나 녹차, 담배, 술에 중독되고, 도박이나 운동, 심지어 쇼핑이나 사랑 혹은 일에 중독되었다는 표현도 사용합니다. 복잡한 거리를 운전하면서도 스마트 기기로 소셜 네트워크 서비스SNS, Social Network Service를 사용하는 데 정신이 팔려 있는 사람을 보면 스마트 기기에 중독된 듯 보이기도 합니다.

현대이상심리학 용어: 물질 관련 장애

술, 담배, 마약과 같은 중독성 물질을 사용하거나 중독성 행위에 몰두함으로써 생겨나는 다양한 부적응적 증상을 포함하고 있습니다. 이 장애의 범주는 크게 물질 관련 장애substance-related Disorder와 비물질 관련 장애non substance-related disorder로 구분됩니다. 물질 관련 장애는 물질 사용 장애substance use disorder와 물질 유도성 장애substance-induced disorder로 구분됩니다. 물질 유도성 장애는 다시 물질 중독substance intoxication, 물질 금단substance withdrawal, 물질/약물 유도성 정신장애substance/medication-induced mental disorder로 구분됩니다.

물질-관련 장애는 어떤 물질에 의해서 장애가 나타나느냐에 따라 10가지 항목으로 구분됩니다. 물질-관련 장애를 유발할 수 있는 물질로는 알코올alcohol, 타바코tobacco, 카페인caffeine, 대마계의 칸나비스cannabis, 환각제hallucinogen, 흡입제inhalant, 아편류opioid, 진정제, 수면제 또는 항불안제, 흥분제stimulant, 기타 물질예: 스테로이드, 코르티솔, 카바 등이 있으며, 물질별로 구체적인 진단이 가능합니다.

심리학 용어: 모방학습

모방학습modeling이란 용어는 1977년 미국 스탠포드 대학교 심리학과 앨버트 반두라Albert Bandura 교수가 쓴 책《사회심리이론Social Learning Theory》에서 최초로 주장한 이론의 핵심입니다. '행동'은 자신이 스스로 만들어서 나타내는 것이 아니라 다른 사람이 하는 것을 관찰하고 눈으로 보면서 '모방'과

'학습'을 통해 자신의 것으로 하는 것을 말합니다. 대부분 아이들의 행동은 부모의 말과 행동에 대한 지속적 모방imitation을 거쳐 학습learning되면서 나옵니다.

정신의학진단체계《DSM-5》정의한 알코올 남용은 다음과 같습니다. 알코올 남용alcohol abuse은 잦은 과음으로 인하여 직장, 학교, 가정에서 자신의 역할을 제대로 수행하지 못하거나 법적인 문제를 반복하여 유발하는 경우를 말합니다. 사회문화적 요인으로 우선 가족과 또래의 집단이 음주 행위에 중요한 영향을 미칩니다. 가족이 모두 술을 잘 마시는 경우, 자녀들도 자연스럽게 술을 접하게 되고 부모의 행동을 그대로 모방하게 됩니다.

Segal(1988)에 의하면, 청소년의 경우 술을 마시는 중요한 이유는 '친구들과 어울리기 위해서'라고 합니다. 심리적 원인 중 하나는 모방학습modeling에 있습니다.

혈중알코올농도BAC, Blood Alcohol Content란 혈액 속에 포함된 에탄올의 양을 말합니다. 대략 혈액 100cc 중에 50mg 정도에서 취하고 200mg 이상이면 만취 상태가 된다고 합니다.

혈중알코올농도 측정계산 방법 중 위드마크Widmark Method 공식에 따라 혈중알코올농도가 0.1% 이상이면 활기가 넘치고 과장된 표현을 하게 되고, 0.2% 이상이면 속이 메스껍고 구토를 하면 성욕기 감퇴, 0.3% 이상이면 인사불성이 되고 지각 능력이 떨어지게 되고, 0.4% 이상이면 혼수상태가 되며, 사망의 가능성 높으며, 0.5% 이상은 알코올 중독 또는 사망의 가능성이 상당히 높다고 하였습니다.

뇌의 충동을 제어할 수 없는 10대를 통제해주어야 합니다

H양의 부검 결과 혈중알코올농도 0.405%, 급성 알코올 중독으로 사망한 것으로 밝혀졌습니다. 범행 당시 남학생들은 H양을 취하게 하여 성폭행할 목적으로 '초성 게임'의 답을 미리 계획하고 의도적으로 H양에게 술을 연속적으로 마시게 한 것으로 확인되었습니다.

10대의 뇌는 호르몬의 잦은 변동과 시험을 망치거나 친구들과의 관계, 남자친구와의 관계가 원활하지 않은 등의 스트레스로 전전두엽피질 장애로 엄청난 장애를 일으킬 수 있습니다.

성희롱, 성추행, 성폭행 모두 성폭력입니다. 갑자기 사람들에게 목적 없는 행동을 하도록 한다면 사람들은 당황할지 모릅니다. 왜냐하면 인간은 목적 없는 행동을 할 수가 없습니다. 인간과 동물의 차이점은 '목적'입니다. 목적은 곧 생각입니다. 생각은 언어에 의한 사고 작용입니다. 범행을 저지르기 전 한 남학생의 SNS에 범행을 계획한 글을 올렸다고 하였습니다. 즉 그들은 언론매체 또는 부모들의 행동 등의 기타 원인으로의 학습된 모방학습 modeling 으로 저지르게 된 범행일 수도 있습니다.

  청소년들이 이와 같이 잔혹한 범행을 저지르는 이유는 우리 어른과 부모님들의 책임이 크다고 할 수 있습니다. 올바른 생각을 할 수 있는 환경을 만들고, 이와 같은 범행을 하고 있는 청소년들에게도 깊이 반성하도록 인식시켜 주어야 합니다. 가장 중요한 것은 절대 이러한 일들이 일어나지 않도록 10대의 자녀들을 둔 부모라면 아직 뇌의 충동을 제어할 수 없는 자녀의 뇌를 통제해야 한다는 것입니다.

♥♥♥

06

분리개별화 된 사랑하기

Q

과묵한 10대 남학생은 감정적으로 문제가 있는 것일까요? 소년과 소녀의 사랑의 차이점은 무엇인가요?

2015년 드라마 〈응답하라 1988〉의 한 장면 중 정환(배우 류준열) 엄마는 아들 정환이가 학교 선배에게 운동화를 뺏겼다는 사실을 아들의 친구 엄마를 통해 전해 듣는 장면이 나옵니다. 10대의 소년과 소녀의 뇌의 회로에는 무슨 일이 일어나고 있는 것인가요?

필자가 중학교 2학년 때 수학학원에 수납하러 온 어머니는 수학학원 원장님에게 채원이를 학원에 계속 다니게 해야 할지 고민이라고 한 대화 내용이 기억이 납니다. 온종일 동네 놀이터에서 친구들과 수다를 떨고 와서 밤 8시가 넘어서야 책상에 앉아 있는 필자의 모습에 학원을 다니는 것이 필자의 어머니 입장에서는 의미가 없다고 느끼셨던 것 같습니다. 그 당시 필자가 같이 있는데, 수학학원 원장 앞에서 필자의 엄마가 그렇게 이야기하였다는 것이 화가 났지만 지금 생각해보면 어머니 생각이 이해됩니다. 필자는 공부를 좋아하는 학생이 아니었습니다. 하지만 필자가 좋아하는 것은 끝까지 파고드는 장점을 가지고 있었습니다. 단지 수학을 좋아하지 않았다는 것입니다. 하지만 필자가 중학교 2학년 때 수학학원 원장님이 어머니에게 한 답변을 듣고 수학을 좋아하게 되었습니다. "채원이는 열정적인 아이입니다. 아직 다른 것에 관심이 있어서 그렇지, 수학을 좋아하게 되면 저절로 좋은 점수를 받을 수 있을 것입니다."

　10대 소녀에게 대화를 통해 관계를 맺는 행위는 매우 중요한 일입니다. 대화는 여자의 뇌의 쾌락 중추를 활성화시킵니다. 성적이고, 낭만적인 일들을 속삭이며 비밀을 공유하면 쾌락의 정도는 상승합니다. 10대 소녀의 뇌는 옥시토신 oxytocin과 도파민 dopamine의 호르몬이 넘쳐나도록 분비되기 때문입니다. 대화를 통해 관계를 맺는 행위는 여자에게 오르가슴을 제외하고 가장 크고 빠른 신경화학적인 보상으로 주어집니다. 도파민은 성취욕과 쾌락의 뇌 회로를 자극합니다. 옥시토신은 친밀성을 자극하고, 또한 친밀성에 의해 자극을 받습니다. 반대로 남자가 감정을 드러내지 않는 것은 무의식적으로 일어나는 일입니다.

심리학 용어: 분리

한자어로 풀이해보면 나눌 분分과 이별 리離 두 한자어로 구성되었습니다. 분分은 여덟 팔八 자와 칼 도刀 자가 합하여 이루어졌습니다. 사물이 반으로 갈린 모습을 그린 것입니다. 리離 자는 흩어질 리离 자와 새 추隹 자가 결합한 모습입니다. 짐승의 발자국에 덫을 그린 것으로 '흩어지다'라는 뜻을 갖고 있습니다. 즉 아이가 양육대상으로부터 나누어지는 '흩어지다'를 의미합니다. 정신분석 용어에서, 분리는 또한 분리개별화 과정에 포함된 하나의 심리내적 과정을 가리킵니다. 분리 과정은 특히 개인이 대상으로부터 독립적으로 기능하는 구별된 존재로서 자신을 느끼도록 해줍니다. 분리 능력은 인간의 성장과 발달을 위해 없어서는 안 되는 필수적인 요소입니다. 분리를 받아들일 수 있는 역량은 발달적 성취에 대한 하나의 지표입니다. 아동이 양육 대상으로부터 시기적절하지 않거나, 갑작스럽게 분리되는 것은 외상적일 수 있으며, 만성화된 애도나 정신병리 같은 왜곡된 발달 및 적응을 가져올 수 있습니다. 그러한 외상적 분리는 대상을 신체적으로 또는 정서적으로 사용할 수 없을 때 발생합니다.

심리학 용어: 분리개별화

어린 채원이(생후 1세~만 6세)가 엄마를 벗어나 독립적인 개체성을 확립하는 것을 말합니다. 헝가리 정신분석학자 마가렛 말러 Margaret Schoenberger Mahler의 대상관계 이론에서 언급되었던 용어입니다. 분리개별화는 발달에 대한 이론, 과정 그리고 단계 모두에서 사용됩니다. 분리개별화 단계의 시작(24개월까지 지속)은 5~6개월에 일어납니다. 분리는 아동이 어머니와의 공생적 이중 단일체로부터 벗어나는 심리내적 과정을 말합니다. 이 과정은 자기로부터 독립된 어머니의 정신적 표상을 형성하는 것과 함께 대상관계 발달을 포함합니다. 개별화는 아동이 자신의 개별적 특성을 구별하고, 자기가 대상으로부터 구별된 일련의 자기표상들로서 드러나는 심리내적 과정을 말합니다. 마가렛 말러는 분리개별화를 4개의 하위 단계로 나누었습니다.

1. 분화differentiation, 5~6개월에서 10개월까지 단계

이 단계 동안에 유아는 점차 세상에 대해 커다란 관심을 가지며 더 많은 인식을 합니다. 그리고 마치 공생적 단위로부터 '부화'하는 것과 같은 행동을 보입니다.

2. 연습practicing, 10~15개월 단계

이 단계 동안 유아는 출현하는 인지력 그리고 운동기술을 시험하고 연습하고 신체적 분리의 경험과 그것의 심리적 결과에 대해 익숙해집니다. 그러나 그들은 감정적 연료를 충전하기 위해 어머니를 필요로 합니다(특히 자신들이 지쳤을 때). 이 단계의 주된 기분은 의기양양함입니다. 걸음마 단계의 아기는 자신의 전능함에 대한 믿음이 절정에 달하는데 이것은 모성적 전능함에 대한 믿음의 정도와 비례합니다.

3. 재접근rapprochement, 16~24개월 단계

아동이 어머니(공생적 결합)와 머무르고 싶은 소망과 분리된 개인으로서의 자율성에 대한 소망 간의 심리내적 위기를 해결하는 단계입니다. 인지

발달과 함께 걸음마 단계의 아기는 어머니와 자신이 분리되었으며, 자신이 어머니를 통제할 수 없다는 고통스런 사실을 인식하게 됩니다. 아동은 이제 어머니를 찾기 위해 능동적으로 대응합니다. 그리고 어머니를 통제하기 위해 강압적인 행동을 합니다. 분리불안을 다시 경험하고 자신이 전능하지 않다는 것을 인식한 아기는 자존감을 상실하고, 연습 단계의 전능감을 상실합니다. 이 시기에 아동이 보이는 양가감정과 상반되는 경향은 보다 현실적인 자기감을 발달시키고 자신의 자율성에 대한 믿음을 개발시킴에 따라 천천히 가라앉습니다.

4. 대상항상성 object constancy, 24~30개월 단계

이 시기에 아동은 어머니의 정신 표상의 특질과 기능을 인식합니다. 리비도적 대상항상성을 확립한다는 것은 어머니의 정신 표상이 확고해짐으로 인해 어머니가 실제로 없더라도 어머니가 실제로 있는 것처럼 위안을 줄 수 있음을 의미합니다. 어머니의 심리내적 표상은 심지어 아동이 어머니에게 화가 났거나 얼마 동안 떨어져 있더라도 긍정적인 특성이 쉽게 변화되지 않습니다.

어떤 기억과 정신적 표상도 대상 사랑의 현실감을 완전히 대체할 수 없듯이, '대상항상성의 시기'는 아마도 일생 동안 계속되는 완성될 수 없는 과정으로 남을 것입니다.

1987년에 미시간대학교의 심리학과 로버트 자이언츠 Robert Zajonc 교수 연구팀의 논문 〈배우자의 외양언어의 수렴 Convergence in the Physical Appearance of Spouses〉에 의하면, 부부가 결혼한 지 25년 후에는 두 사람의 표정과 행동의

유사성이 증가한 것을 증명했습니다. 그 이유는 서로 살아가면서 반복적인 공감을 흉내 내면서 얼굴 근육facial muscles이 변화를 일으키는 것으로 나타났습니다.

또한 2016년 이탈리아 고등연구국제대학교 연구팀은 '공감능력'에 관한 연구를 발표하였습니다. 이 연구는 보톡스 주사를 맞은 여성 11명에게 슬픔과 행복에 관한 글과 표정을 보여준 뒤 그 속에 담긴 감정을 평가하도록 하였습니다. 연구 결과 보톡스 주사를 맞은 여성들은 타인의 감정을 잘 읽지 못하는 것으로 확인할 수 있었습니다.

두 연구에서 확인할 수 있었던 것과 같이 얼굴 근육은 뇌의 감정회로에 의해 조절되기 때문에 훈련과 습득을 통해 얼굴의 표정을 언제든지 바꿀 수 있다는 것을 알 수 있습니다. 얼굴에는 약 60개의 근육이 있습니다. 그중에 35개 정도가 중심부에 있어서 300가지 이상의 다양한 표정을 만들 수 있습니다.

그중 웃는 근육인 관골근zygomaticus과 분노를 드러내는 찌푸리는 근육인 추미근corrugator을 통해 남자들이 5분의 1초 정도의 짧은 순간 동안만 감정적인 표정을 드러낸다는 것을 확인하는 연구가 진행된 적이 있었습니다. 어린 시절부터 남자들은 두려움을 감추고 멋있는 모습을 보이기 위해 표정을 관리하는 것을 연습하였기 때문입니다. 특히 대략 13세 테스토스테론 수치가 상승할 때부터 표정 관리하는 것을 배웁니다. 사실 테스토스테론은 소년들로 하여금 사회화에 대한 관심에서 멀어지게 만드는 대신 성적 호기심과 신체 부위에 대한 관심을 증폭시키게 합니다. 반면에 에스트로겐 수치가 높아지는 10대 소녀의 뇌는 점점 더 많은 옥시토신과 도파민을 분비합니다. 그 결과 사회적 유대감을 더욱 증진시키고, 언어력을 강화하며, 친밀성에 대한 욕구를 절정에 이르게 하고, 마침내 쾌락과 행복을 느끼게 해 줍니다.

분리개별화 된 사랑하기

10대의 소년은 사랑이란 테스토스테론 등의 영향으로 성적 호기심과 신체 부위에 대한 관심이 증폭되며, 10대의 소녀의 사랑이란 도파민과 옥시토신 등의 영향으로 사회적 유대감을 더욱 증진시키고 대화에 쾌락을 느낀다는 10대 소년과 소녀의 사랑의 차이점을 확인할 수 있습니다. 하지만 여기서 10대 소년, 소녀의 사랑의 중요한 점은 분리개별화 된 사랑을 해야 한다는 것입니다. 분리개별화란 유아가 어머니와의 공생관계를 벗어나 독립적인 개체성을 확립하는 것을 말합니다. 분리개별화 단계에서 급작스럽고 억지로 된 독립을 한 10대 소년과 소녀는 사람들과의 관계에서 냉소적이고 피상적일 수밖에 없기 때문입니다.

07

첫 경험은 자기 통제력과 회복탄력성을 갖추었을 때 하기

Q

그 남자와 또는 그 여자와 성관계하고 싶습니다.
해도 될까요? 참아야 할까요?

저는 21세 대학생입니다. 동갑인 남자친구와는 사귄 지는 만 6개월 됩니다. 점점 떨어지기 싫고 이 남자와 관계를 맺어도 좋겠다고 생각하지만 한편으로는 순결을 지키고 싶기도 합니다. 성관계를 한다고 생각하면 나의 알몸을 보여주기도 부끄럽다는 생각이 듭니다. 저는 어떻게 하면 좋을까요?

2020년 유학생들도 많고, 성관계에 많이 개방된 시대에 필자는 어쩌면 2020년 성 문화에 따라가지 못하고 있는지도 모르겠습니다. 많이 고지식한 필자는 성관계에 아직도 보수적입니다. 부부의 연을 맺어야 성관계를 해야 한다고 생각하고 있기 때문입니다. 성관계란 무엇이며, 건전한 성관계는 언제 하는 것이 좋을까요?

정신분석 용어: 강박장애

강박强迫이라는 말은 '강한 압박'을 의미합니다. 심리적으로는 무언가 집착되어 어찌할 수 없는 상태를 뜻합니다. 특히 강박관념强迫觀念은 의식 속에 떠오른 어떤 관념을 없애려고 해도 없앨 수 없는 심리 상태를 뜻합니다.

강박 장애 Obsession-Compulsive Disorders 는 정신의학진단체계《DSM-5》에서 불안장애의 한 하위 유형으로 분류되었으나 그와 유사한 증상을 나타내는 장애들이 발견되면서 '강박 스펙트럼 장애 Obsessive Compulsive Spectrum Disorder', 라는 명칭으로 많은 연구가 이루어졌습니다. 강박 스펙트럼 장애는 특정한 주제에 집요하게 집착하며 반복적인 행동을 나타내는 다양한 정신장애를 뜻하며 강박장애를 비롯하여 신체변형장애, 건강염려증, 섭식장애, 병적 도박증, 모발뽑기장애, 도벽증, 뚜렛장애 등이 포함되어 있습니다.

강박장애는 원하지 않는 생각과 행동을 반복하게 되는 장애입니다. 강박장애의 주된 증상은 강박사고 obsession 와 강박행동 compulsions 입니다. 강박사고는 반복적으로 의식에 침투하는 고통스러운 생각, 충동 또는 심상을 말합니다. 이러한 강박사고는 매우 다양한 주제를 포함하는데 순결에 대한 강박증은 보통 어린 시절 교육에 의해 만들어진 성에 대학 강박증으로 성인이 되어서도 성적 자기결정권을 계속 유예하는 특징을 보입니다. 순결에 대한 강박증은 엄격한 가정환경과 종교적인 이데올로기, 유교 문화로 다져진 한국사회 등의 이유로 발생된 것인지도 모릅니다.

2012년 북아메리카 North America 심리과학학술지 Psychological Science에 등재된 연구 결과에 의하면 만 17세 이전에 첫 성관계 경험을 한 사람보다는 만 21세 이후 첫 성관계를 경험한 사람일수록 20% 더 만족스러운 연애를 했다고 합니다. 즉 첫 경험이 늦을수록 연인과 안정적이고 오랜 연애를 할 가능성도 높다는 것을 확인할 수 있었습니다.

텍사스대학교 하든 교수는 첫 성관계를 언제 하면 좋은지 알아보기 위하여 연구하였습니다. 3천298명의 청소년을 성인이 될 때까지 무려 14년 동안 따라다니며 성생활과 남자와 여자의 관계 만족도를 체크하였습니다. 1그룹은 만 17세 이전에 첫 경험을 한 그룹, 2그룹은 만 17~21세에 첫 경험을 한 그룹, 3그룹은 21세가 넘어서 첫 경험을 한 그룹으로 크게 세 그룹으로 나누었습니다. 그 결과 첫 성관계를 늦게 경험할수록 관계 만족도가 높게 나타났습니다. 만 21세 이후 첫 성관계를 늦게 경험한 사람일수록 더 만족스러운 관계를 유지하는 이유는 2가지로 정의할 수 있습니다. 첫 번째, 첫 경험이 늦은 사람일수록 자존감이 높고, 자기 통제력이 강한 성격일 가능성이 높기 때문입니다. 두 번째, 나를 누구보다 아끼고 사랑하는 방법을 알고 난 이후 만남이므로 보다 안정적인 관계를 유지할 수 있다는 것입니다.

정신분석 용어: 자위

자위_{masturbation}란 성기를 스스로 자극하여 성적 쾌락을 얻는 행위로서, 오르가슴에 도달할 수도, 그렇지 않을 수도 있습니다. 자위는 자신이나 다른 사람에게, 혼자서 혹은 다른 사람들 앞에서 이루어지며, 성기가 아닌 다른 성감대를 자극함으로써 이루어질 수도 있습니다. 다른 성감대를 자극하는 자위는 성도착에 해당할 수 있습니다. 자위는 전 생애 동안 행해지며, 다양한 감정들과 의식적 및 무의식적 환상을 수반할 수 있습니다. 프로이트는 자위는 '일차적 중독'이며, 살아가면서 술, 마약, 담배, 기타 다른 물질에의 중독이 자위에의 중독을 대체한다고 생각했습니다.

유아가 성기를 만지며 노는 행위는 다양한 자체성애적 활동의 한 형태입니다. 유아는 이러한 활동을 통해서 긴장을 방출합니다. 이것은 정상적인 활동으로서, 초기 분화, 학습, 자기 탐색, 자의식의 형성을 촉진시키는 기능을 갖고 있으며, 또한 유아가 양육 환경과 만족스런 관계를 맺고 있음을 보여주는 요소입니다. 일반적으로 남아들은 페니스를 만지는 방식으로 자위를 합니다. 여아들은 손으로 음핵을 자극하기도 하지만, 물건을 사용하거나 허벅지를 비벼대는 경우가 더 많습니다.

현재는 과거와는 달리 음핵을 중심으로 하는 성적 활동을 남성적인 것으로 간주하지 않으며, 음핵 중 심의성을 억압하는 것을 질의 우위성 혹은 여성성을 확립하는 데 필요한 선행 요건으로 간주하지도 않습니다.

자위 환상이 행동으로 이어지려면 비교적 성숙한 자아를 필요로 합니다. 어린아이들은 대상항상성이 확립된 이후에야 욕구를 만족시켜 주는 대상에 대한 완전한 환상을 가질 수 있습니다. 오이디푸스_{Oedipus} 환상은 대상과 관련되어 있고, 정복 또는 두려운 보복(거세 불안)에 대해 관심을 갖습니다.

잠재기(6~12세) 단계는 자위 또는 자위 환상과 투쟁하는 시기이며, 이러한 투쟁은 초자아의 발달을 반영합니다. 잠재기 단계에서 억압, 퇴행, 반동형성과 같은 방어들의 활동은 초기의 성격 발달을 촉진시킵니다.

자위와의 투쟁은 청소년기까지 계속되는데, 자위는 전성기적 욕동을 성기적 기능의 통제 아래로 가져온다는 점에서 발달을 돕습니다. 자위에 수반되는 환상은 대상관계를 촉진시킵니다. 그리고 자아의 기능이 새롭게 발달하게 될 때 자위행위가 지닌 퇴행적 속성은 사라집니다.

자연스런 자위는 아동의 정상적인 발달을 위해 필요한 것이며, 전 생애를 통해 다양한 기능과 다양한 의미를 갖습니다.

남성의 성행위를 시작하는 감각신경 자극의 가장 중요한 몸의 부위는 음경 귀두 glans penis 입니다. 귀두는 특별한 성적 형태가 중추신경계로 전송되는 민감한 말단 감각을 가지고 있습니다. 귀두는 성적 감각 sexual sensation 이라고도 합니다. 해부학적으로 남성이 성행위를 시작하게 되면 부교감신경에서 아세틸콜린과 산화질소 또는 혈관작용성 장펩티드 VIP, vasoactive intesinal polypeptide 가 분비됩니다. 남성의 성적 행동의 최고점에서는 교감신경이 충동을 방출하기 시작하고 남성의 절정기 오르가슴 후 1~2분 이내에 해소기로 마무리된다고 합니다. 정상적인 정신적 자극, 즉 성행위를 통해 남성의 능력을 향상시킬 수 있다고 확인되었습니다.

여성의 성행위는 심리적인 자극과 국소적인, 즉 신체의 한 부위의 자극에 의해 이루어집니다. 여성은 매월 성행위 욕구 주기에 변화가 있습니다. 그 이유는 배란기 전 에스트로젠 분비가 상승되어 여성의 배란 시기에 따라 성 주기가 변화하기 때문입니다. 여성의 성행위를 시작하는 가장 중요한 몸의 부위는 질 입구에 위치한 음핵 clitoris 입니다. 해부학적으로 여성이 성행위를 시작하게 되면 부교감신경에서 아세틸콜린과 산화질소 또는 혈관작용성 장펩티드가 분비됩니다. 여성의 성적 행동의 최고점에서는 심리적인 자극과 국소적인, 즉 신체의 한 부위에 의한 성 자극에 의해 여성 절정의 오르가슴을 일으키게 됩니다. 연이은 오르가슴을 경험한 후 완화된 평화로움으로 해소기를 맞이한다고 합니다.

첫 경험은 자기 통제력과 회복탄력성을 갖추었을 때 하기

수업시간 중 이재연 지도교수님이 학생들에게 "자녀가 결혼할 친구를 데리고 왔을 때 동성을 데리고 온다면 허락하겠느냐"고 질문하였습니다. 보수적인 필자는 "허락해주어야 된다"고 대답한 적이 있었습니다. 그러자 이재연 교수님은 아직 필자에게 일어나지 않은 일이라 필자가 쉽게 허락하는 것이라고 말씀하셨습니다. 이 글을 읽고 있는 독자분들은 성관계를 어떻게 생각하는지 필자는 궁금합니다. 성에 관한 보수적인 필자 입장에서는 성에 관한 자유로움이 무의식 속에 억압되어 있으면서도 원초아$_{id}$를 달래고 있고, 현실적인 성관계는 부부의 인연을 맺은 뒤에 해야 한다는 의식과 현실적인 자아$_{Ego}$가 자리 잡고 있다는 것으로 분석할 수 있습니다.

19c 말 독일의 철학자 크리스찬 폰 에렌펠스$_{Christian\ von\ Ehrenfels}$의 연구를 시작으로 20c 독일 형태심리학 막스 베르트하이머$_{Maximilian\ Wertheimer}$가 발전시킨 게슈탈트$_{gestalt}$ 이론에 의하면 자신의 욕구나 감정을 하나의 의미 있는 전체로 조직화하여 지각한 것입니다. 게슈탈트는 전경과 배경으로 구성됩니다. 지각의 전체 그림의 전경이 되고, 그 밖에 나머지는 배경으로 처리됩니다. 여기서 중요한 점은 어떻게 보느냐에 따라 전경과 배경이 달라진다는 것입니다. 자신 스스로 성 문화에 혼란스러운 경우, 선택의 순간이 오는 경우 나의 전경을 바꾸면 됩니다. 나의 전경을 교정하고, 나의 스키마를 조절과 동화로 평형상태를 유지하려고 노력하면 됩니다. 하지만 여기서 가장 중요한 것은 첫 경험은 자기 통제력과 회복탄력성$_{psychological\ resilience}$의 능력을 갖춘 나이에 하는 것이 좋겠습니다.

08
건전하게 해결할 수 있는 나만의 방법을 찾기

Q

노년기 성 고민입니다. 만약 70대가 넘어서 성관계를 맺는다고 생각한다면, 너무 이상할까요? 아니면 황혼의 아름다운 사랑을 한다고 생각하시나요? 노년기의 성적 관계가 고민입니다. 노년기의 건전한 성관계는 어떻게 해야 할까요?

김석영 감독은 1990년대 서울 남산 일대에서 택시기사들에게 박카스 음료수를 팔겠다고 접근하여 차 안에서 성행위 또는 유사 성행위를 해 주던 박카스 아줌마를 내용으로한 영화를 제작하였습니다. 이 영화는 2015년 독립영화제에서 상영되었고, 2016년에도 이재용 감독이 제작한 영화가 같은 주제로 상영된 적이 있었습니다. 이후 화제가 되어 2017년 2월 싱가포르 방송국을 통해 8회기로 상영되기도 했습니다. 노인 성매매로 씁쓸한 결과를 이야기한 박카스 아줌마, 할머니 이야기는 노년기의 사랑과 성관계에 대해서도 긍정적으로 해결할 수 있는 문화를 만들어가야 한다는 것입니다.

2016년 영국의 노화에 관련된 연구를 하는 ELSA English Longitudinal Study of Aging 저널의 연구팀은 50세에서 90세 사이의 총 6천201명을 대상으로 성적 활동 수준, 성기능 문제, 노인의 성 건강 문제, 연령, 건강 및 파트너십 요인과의 연관성을 연구하였습니다. 연구 결과, 건강이 나쁠수록 성적 활동 수준이 낮게 나타났으며, 여성보다는 남성의 성적 기능 문제가 더 많았습니다. 나이가 들어감에 따라 성적 활동 수준은 감소하지만, 소수의 남성과 여성은 80~90세까지 성적으로 활동한다고 하였습니다. 여성은 32%의 성적인 흥분과 27%의 오르가슴을 경험할 정도로 성관계를 한다고 하였으며, 반면의 남성은 39%가 자위를 하면서 욕구를 해결한다고 하였습니다. 성 건강 문제 연구의 결과 여성이 일반적으로 경험하는 문제는 11%가 성적 욕구 수준 8%가 성행위 빈도라고 하였으며, 남성의 경우 15%가 성적 욕구, 14%가 발기에 어려움이었습니다.

약 50~60세 남자들은 테스토스테론과 바소프레신호르몬의 분비가 줄어들기 시작합니다. 남자가 나이가 들수록 테스토스테론에 대한 에스트로겐의 비율이 증가한다는 연구 결과가 있습니다. 즉 호르몬 이론에 근거하면 남자의 뇌는 성숙한 뇌와 거의 유사해진다는 것입니다. 포옹과 친밀함의 호르몬인 옥시토신에 대한 반응도가 더욱 높아진다고 합니다. 반대로 성숙한 여자의 뇌는 대략 51세가 되면 마지막 월경이 있고 난 뒤 12개월 동안, 그리고 배란기 이후 12개월 동안은 커뮤니케이션 및 정서의 신경회로를 자극하던 그리고 배려하고 보살피며 가능한 갈등을 피하라고 하는 호르몬의 생산이 중단됩니다. 그래서 더 이상 타인의 감정을 읽어내지 못하고 그 결과 현실을 인식하는 방식에도 변화가 생깁니다.

성매매

국어사전에서는 성매매를 '일정한 대가를 주고받기로 하고 성행위나 이에 준하는 행위를 하는 일'이라고 정의하였으며, 한국민족대백과에서는 '한국 사회의 성매매 반대 운동과 인식의 변화가 반영된 용어'라고 정의하였습니다. 예전의 성매매를 지칭하는 용어들, 즉 매춘賣春, 매매춘賣買春, 윤락淪落 등은 성을 구매하는 남성을 비가시화하고 성을 판매하는 여성에게만 도덕적, 윤리적 낙인을 찍는다는 점에서 비판을 받았습니다.

페미니스트들은 성이 '매매' 또는 '거래'되고 있다는 측면을 부각시킴으로써 성매매가 범문화적이고 초역사적인 내용을 갖기보다는 서로 다른 역사와 문화의 조건에서 생성되고 변화되어 왔으며 변화될 수 있는 산물이라는 점을 강조하였습니다. 2004년 '성매매 방지법'이 제정된 후 '성매매'는 기존의 '윤락'을 대체하는 공식 용어로 격상되었습니다. 성매매 행위자들 곧 구매자, 매개자, 판매자를 지칭하는 용어들은 말하는 사람들의 관점에 따라 혼용되고 있습니다. 성 구매 남성은 대체로 손님, 고객 등 중립적인 용어로 지칭되어 나쁘게 인식되거나 평가받는 것에 대해 개의치 않습니다. '구매자', '매개자'는 성 판매 여성의 권리를 옹호하는 사람들이 주로 쓰는 용어입니다. 페미니스트들은 이들을 성 착취자, 성매매 가해자, 인신매매자 등으로 부릅니다. 성 판매 여성을 가리키는 용어는 여전히 논쟁 중에 있습니다.

'성매매 방지법'에서 '성매매 피해자'라는 개념이 처음으로 도입되었지만 성 판매 여성의 피해자화는 섹슈얼리티의 위계를 전제하고 성 판매 여성의 행위성을 무시하며 그 목소리를 침묵시킨다는 점에서 비판을 받았습니다. 이에 대응하여 성 판매 여성에 부착된 사회적 낙인을 탈각하려는 시도가 '성노동자'라는 개념에 반영되었지만, 다른 임금노동과 마찬가지로 성 판매가 개인을 구성하는 다양한 정체성을 압도하는 결정적 요소라고 볼 수 없다는 점에서 역시 비판을 받습니다. 성매매 여성이라는 용어는 여성은 거의 성을 사지 않고 팔기만 한다는 현실 사회의 성별 권력관계를 은폐시킨다는 점에서 비판을 받았습니다. 비교적 중립적인 용어로 인식되고 있는 용어는 성 판매 여성이지만, 이 또한 성 판매에 개입하고 있는 매개자를 은폐시킨다는 점에서 한계가 지적되고 있습니다.

정신분석학 이론: 성격의 삼원구조이론

성격의 삼원구조 이론은 원초아, 자아, 초자아를 말합니다. 원초아$_{id}$는 "아~ 배고파, 하지만 돈이 없어", 자아$_{ego}$는 "안 돼. 배고프다고 도둑질을 하면 안 돼", 초자아$_{superego}$는 "나에게는 1000원이 있어. 편의점에 가서 무엇을 먹을까?", 즉 원초아는 36개월까지이며, 본능만 존재하는 나, 자아는 36개월 시기에 형성되며 동물(원초아) 단계를 벗어난 '사람'의 개념을 갖추려는 개념, 초자아는 빠르면 5세, 느리면 7세에 가면(페르소나)을 이야기합니다. 부모, 사회의 규준과 기대 및 가치의 내면화된 표상을 구성하는 것입니다.

정신분석학 이론: 지형학적 모델

인간의 마음을 지형학적 구성에 비유한 것을 말합니다. 1923년 프로이트는 마음의 지형학적 모델을 성격의 삼원구조 이론으로 발전시켰습니다. 지형학적 모델은 프로이트가 인간의 마음을 지형적 구성에 비유해 지각한 내용을 인식하는 수준에 따라 무의식, 전의식, 의식의 층으로 나누어 설명하였습니다. 무의식은 우리가 인식하지 못하는 가장 심층적이고 접근하기 어려운 범위이며, 전의식은 현재는 인식하지 못하지만 집중하면 인식할 수 있는 범위이며, 의식은 현재 의식 범위에 속합니다.

인간의 정신세계는 충동적이고 비합리적인 마음, 현실을 고려하는 합리적인 마음, 도덕과 양심을 중요시하는 마음이 충돌하고, 타협하며 외부세계와 상호작용합니다. 프로이트는 이를 원초아$_{id}$, 자아$_{ego}$, 초자아$_{superego}$라고 명명하였습니다.

자아가 약해지면 다른 세력이 강해지면서 자아는 불안을 느끼며, 방어기제를 사용합니다. 자아가 느끼는 불안은 크게 현실 불안, 신경증적 불안, 도덕적 불안 3가지로 분류됩니다. 현실 불안은 외부의 실제적 위협에 대한 불안이 제거되면 해소됩니다. 신경증적 불안은 원초적 욕구를 지나치게 억압하면 무의식의 원초아 세력이 강해져서 의식으로 침범합니다. 이런 경우 자아가 원초아의 세력을 조절하지 못해 통제할 수 없을 것 같은 불안을 말합니다. 도덕적 불안은 자아와 초자아의 갈등으로 인해 도덕적 가치를 위배하는 것에 대한 두려움을 말합니다.

정신분석 용어: 쾌락원리

프로이트는 마음에 대한 모델을 제안하고 그것이 작용하는 방식을 설명하면서, 정신 기능을 조절하는 기본 원리들이 존재한다고 가정했습니다. 그중 하나가 쾌락/불쾌원리 pleasure/unpleasure principle 입니다. 프로이트는 처음에 불쾌원리 unpleasure principle 라는 용어를, 그다음에는 쾌락/불쾌원리 pleasure/unpleasure principle 라는 용어를 그리고 마지막으로 쾌락원리 pleasure principle 라는 용어를 채택했습니다. 이 용어들은 모든 정신 활동이 쾌락을 추구하고 불쾌를 회피한다는 기본적인 생각을 담고 있습니다. 무의식 속의 리비도를 충족시키지 못한 불쾌를 자아는 어떤 방법으로든 해결하려고 하는데, 보통은 현실적인 상황으로 인해 직접적인 충족이 아닌 꿈이나 대리물을 통한 방식으로 쾌락을 확보한다고 합니다. 이때 현실적인 상황을 프로이트는 '현실 원칙'이라고 명명했습니다.

건전하게 해결할 수 있는 나만의 방법을 찾기

　보건복지부가 정의한 연령대별 나이는 태아기, 유아기(1~7세), 어린이(8~13세), 청소년(14~19세), 청년기(20~25세), 성인기(25~44세), 중년기(45~64세), 노년기(65세 이상)로 구분됩니다. 하지만 세계보건기구가 지정한 노년기 나이는 청년기(~65세), 중년기(66~79세), 신 노년기(80세 이상)로 정의하였습니다. 어떻게 사랑을 시작해야 하고, 첫 성관계를 하는 것도 중요하지만 우리가 노인이 되어 죽음을 맞이하기 전까지 건전한 성문화를 유지하는 것도 중요합니다. 그러기 위해서는 어느 시기에서나 바람직한 성상담과 성교육이 전제되어야 합니다. 나 스스로의 성 욕구를 무의식에 억압하려고 하기보다는 또는 부정적인 방법으로 해소하려고 하기보다는 건전하게 해결할 수 있는 나만의 방법을 찾아야 합니다.

부록

용어정리
참고문헌

용어정리

1장
연애와 결혼의 어려움

1. 양가감정 ambivalence

상실감과 희망, 슬픔과 기쁨, 혐오와 연민 등과 같이 두 가지 감정이 상호 대립되거나 상호 모순되는 감정이 공존하는 상태를 말합니다. 예를 들어 시원섭섭하다, 깨물어주고 싶도록 귀엽다, 웃프다와 같은 일상에서 쓰는 용어 중에 양가감정을 표현하는 용어를 쉽게 접할 수 있습니다.

2. 고슴도치 딜레마 hedgehog's dilemma

프로이트는 1921년 출간한 《집단 심리학과 자아의 분석 Group Psychology and the Analaysis of the Ego》책에서 고슴도치 딜레마를 인용해 인간관계를 설명하였습니다. 예를 들어 자석의 N극과 S극과 같이 조화를 이루지 못할 것 같은 두 극과 같이 서로 친밀함을 원하지만 적당한 거리를 유지하고 싶어 하는 모순적인 심리 상태를 말합니다.

3. 후광효과 halo effect

신체적 매력이 그 사람의 다른 특성을 평가하는 데 긍정적인 영향을 미치는 현상을 말합니다. 옛 속담에 '이왕이면 다홍치마'라는 말이 있습니다. 사자성어로 동가홍상同價紅裳이라고 합니다. 이는 조선 후기의 학자 조재삼趙在三이 지은 《송남잡지松南雜識》에 기재된 말로 이는 "같은 값이면 다홍치마"라는 뜻입니다.

4. 신데렐라 콤플렉스 Cinderella complex

여성 스스로 불안함과 두려움으로 독립하지 못하는 심리적 갈등을 말합니다. 1634년 데이지 피셔Daisy Fisher의 동화《신데렐라》주인공 신데렐라와 반대 캐릭터는 2013년 상영된 미국 월트 디즈니 애니메이션 영화 〈겨울왕국〉의 '엘사'입니다. 여성은 엘사와 같이 스스로 원하면 언제든지 스스로 독립할 수 있습니다. 하지만 부모로부터, 남자들로부터 독립하는 것이 불안하고 홀로서는 것에 대한 두려움에 독립하지 못하는 여성들의 심리적인 갈등을 신데렐라 콤플렉스라고 합니다.

5. 근접성 원칙 principle of contiguity

국어사전에서는 공간적으로 가까운 정도가 일정한 영역을 취득하는 근거가 된다는 원칙이라고 하였습니다. 그 이유는 가봤던 곳, 가볼 곳, 아는 사람이 있는 곳이라는 심리적 근접성이 훨씬 강하게 작용하기 때문입니다. 1940년대 프리츠 펄스Fritz Perls와 그의 아내 로라 펄스Laura P. Perls에 의해 창시된 게슈탈트 주요법칙 중 하나가 근접성의 원칙입니다. 같은 사람을 보더라도 관점과 시각 또는 심리적, 정서적 상태에 따라 전혀 다른 모습으로 인식할 수 있음의 심리적 원리를 근접성 원칙이라고 합니다.

6. 뇌brain의 신경호르몬

내분비계 호르몬					
내분비선 (샘)		호르몬	표적 기관	적용	증가/감소
시상 하부		갑상샘 자극 방출 호르몬 (TRH, thyrotropin-releasing hormone)	뇌하수체 전엽 (Anterior pituitary)	갑상선(샘) 자극 호르몬 (TSH, thyroid stimulating hormone), 프로락틴 (PRL, prolactin) 방출 자극	
		부신피질 자극호르몬 방출 호르몬 (CRH, corticotropin-releasing hormone)		부신피질자극 호르몬 (ACTH, adrenocorticotropic hormone)	
		성장호르몬 방출 호르몬 (GHRH, growth hormone-releasing hormone)		성장호르몬 (GH, growth hormone) 분비	
		성선자극호르몬 방출호르몬 (GnRH, gonadotropin releasing hormon)		난포자극호르몬 (FSH, follicle stimulating hormone), 황체호르몬 (LH, luteinizing hormone) 분비	
		소마토스타틴 (somatostatin)	뇌하수체 췌장 위장관계	성장호르몬 (GH, growth hormone), 갑상선(샘)자극호르몬 (TSH, thyroid stimulating hormone), 위 호르몬 분비 억제, 위 공복 상태 지연, 췌장호르몬 분비 억제, 프로락틴(PRL, prolactin) 분비 억제	
		도파민 (Dopamine)	뇌하수체 전엽 (Anterior pituitary)	프로락틴 (PRL, prolactin) 분비 억제	

내분비계 호르몬

내분비선(샘)		호르몬	표적 기관	적용	증가/감소
뇌하수체	전엽	갑상선(샘)자극 호르몬 (TSH, thyroid stimulating hormone)	갑상샘	트리요오드티로닌 (T3, triiodothyronine), 티록신 (T4, thyroxine), 칼시토닌(Calcitonin) 분비	▲ 갑상샘종
		부신피질자극 호르몬 (ACTH, adrenocorticotropic hormone)	부신피질	당질코르티코이드 (glucocorticoid), 미네랄 코르티코이드 (mineralcorticoid), 성호르몬 분비	▲ 쿠싱증후군 ▼ 에디슨병
		성장호르몬 (hGH, human growth hormone)	뼈, 근육 신체조직	성장, 세포분열 탄단지 대사 촉진	▲ 거인증 말단비대증 ▼ 난쟁이증
		황체호르몬 (LH, luteinizing hormone)	난소, 고환	성호르몬 생산 자극, 배란 자극, 월경 기간 동안 황체 발달에 기여(황체형성), 에스트로겐 생산, 테스토스테론 생산	
		난포자극호르몬 (FSH, follicle stimulating hormone)	난소 고환(세정관)	난소여포 성숙, 에스트로겐 분비, 정자 생산	
		프로락틴 (PRL, prolactin)	유선샘 (황체, 유방)	황체 유지, 유즙 분비 자극	
	중엽	멜라닌세포 자극 호르몬 (MSH, melanocyte stimulating hormone)	피부, 체모	색소 방출, 생산 자극(색소 침착)	
	후엽	항이뇨호르몬 (ADH, antidiuretic hormone)	신장의 원위세뇨관	수분의 재흡수	▼ 요붕증
		옥시토신 (oxytocin)	유방, 자궁, 고환	유즙의 사출 도모, 자궁 수축, 자궁 경부 확대, 사정 시 정자 이동	▲ 분만 촉진 유즙과다 분비

내분비계 호르몬

내분비선 (샘)		호르몬	표적 기관	적용	증가/감소
갑상샘		트리요오드티로닌 (T3, triiodothyronine) 티록신 (T4, thyroxine)	광범위	대사율, 에너지 대사 증진, 성장 조절, 당원신생작용 자극, 지방 이동, 단백질대사	▲ Graves병 ▼ 갑상샘 기능 저하증
		칼시토닌 (Calcitonin)	골격	혈장 칼슘농도 감소	
부갑상샘		부갑상샘 (PTH, parathyroid hormone)	뼈, 신장, 위장관	혈장 칼슘농도 증가 인 배설조절	▲ 부갑상샘기능 항진증 (고칼슘혈증) ▼ 부갑상샘기능 저하증 (저칼슘혈증)
부신 피질		당질코르티코이드 (glucocorticoid)	광범위	탄수화물/단백질/지방 대사, 당원신생작용, 혈당 상승, 지방분해, 스트레스의 반응, 아미노산 이동, 염증반응 억압,	쿠싱증후근 에디슨 병
		무기질코르티코이드 (mineralocorticoid) 알도스테론 (aldosterone)	원위세뇨관	수분균형 유지, 나트륨(sodium) 재흡수, 칼륨(kalium=potassium) 배설	▲ 원발성 알도스 테론증
		성호르몬 (안드로겐, 에스트로겐, 프로게스테론)	성샘	2차 성징 발현과 성장의 영향	

내분비계 호르몬

내분비선 (샘)	호르몬	표적 기관	적용	증가/감소
부신 수질	에피네프린 (epinephrin), 노어에피네프린 (norepinephrine)	광범위	혈관수축, 혈압상승, 교감신경반응, 당원신생작용 대사 활성화	▲ 갈색세포종
췌장	인슐린(Insulin)	광범위	혈당감소, 세포 내로 포도당 이동 촉진 단백질 이화작용 감소	▼ 당뇨병
췌장	글루카곤 (Glucagan)	간, 근육 지방세포	당원 신생작용 당원 분해작용	
췌장	성장 억제호르몬 (GIF, growth hormone-inhibiting hormone) (somatostatin)	췌장, 위	성장호르몬, 글루카곤 분비 억제하여 혈당 낮춤	
신장	레닌 (Renin)	레닌 기질	안지오텐시노겐 ⇒ 안지오텐신 I 전환	
신장	에리스로포에틴 (Erythropoietic)	골수	적혈구 생산	
신장	1,25 다이하이드록시콜레칼시페롤	신장	혈중칼슘농도 증가	

7. 신경호르몬 종류(남성, 여성 호르몬)

내분비계 호르몬				
내분비선		호르몬	주요 작용	결핍증
뇌하수체	전엽	성장호르몬 (GH, growth hormone)	뼈, 근육, 내장기관의 생장, 단백질 합성 촉진	왜소증
		갑상선자극호르몬 (TSH, thyroid stimulating hormone)	갑상선의 요오드 흡수 촉진, 티록신 분비 촉진	갑상선의 기능 저하
		부신피질자극호르몬 (ACTH, adrenocorticotrophic hormon)	부신피질호르몬의 분비 촉진	부신의 기능 저하
		여포자극호르몬 (FSH, follicle stimulating hormon)	생식기관의 발달 촉진, 황체의 발달 촉진, 남성의 정자형성 촉진	생식기능 저하
		황체형성호르몬 (LH, luteinizing hormone)	생식기관의 발달 촉진, 황체 발달 촉진, 여성호르몬=남성호르몬 분비 촉진	생식기의 퇴화
		황체자극호르몬 (LTH, luteotropic hormone)	유즙 분비 촉진, 황체호르몬의 분비 촉진	젖샘의 발육부진
	후엽	옥시토신호르몬 (Oxytocin)	자궁, 소화관 등의 민무늬근 수축	난산
		바소프레신호르몬 (Vasopresin)	말초의 혈관을 수축시켜 세뇨관의 수분 재흡수 촉진	요붕증
갑상선		티록신(Thyroxine)	물질대사 이화작용 촉진	크레틴병 점액수종
부갑상선		파라토르몬 (parathormone)	체액 내의 칼슘과 인의 대사 조절	테타니병
부신	피질	염류코르티코이드 (Mineralocorticoids)	체액 중의 무기질의 조절	
		당 코르티코이드	혈당량의 증가	애디슨병
		안드로겐	남성호르몬과 같은 작용	
	수질	아드레날린 (adrenaline)	혈당량의 증가, 혈압상승, 교감신경과 협조	지방, 당의 대사 이상
		노르아드레날린 (noradrenaline)		

내분비계 호르몬				
내분비선		호르몬	주요 작용	결핍증
췌장 (랑게르한스섬)		인슐린(Insulin)	혈당량의 감소	당뇨병
^^		글루카곤(Glucagan)	혈당량의 증가	
생식선	정소	테스토스테론 (testosterone)	남성의 2차 성징 발현	
^^	난소 여포	에스트로겐 (estrogen)	여성의 2차 성징 발현	
^^	황체	프로게스테론 (progesterone)	배란 억제, 임신 지속 유즙 분비 억제	유산

8. 애착 유형

 국어사전에서는 몹시 사랑하거나 끌리어서 떨어지지 아니함 또는 그런 마음이라고 하였습니다. 애착은 사랑 애愛와 붙을 착着 두 한자어로 구성되어 있습니다. 사랑 애愛는 형성문자로서 천천히걸을쇠발夊과 기운기엄气이 합合하여 이루어졌습니다. 구름이 천천히 걸어가듯 다가간다는 뜻을 가지고 있습니다. 착(着)은 양 양羊 자와 눈 목目 자 두 한자로 구성되었습니다. 즉 구름이 천천히 걸어가듯 붙어 있는 상태를 말합니다. 아이에게 엄마는 24시간 방송되는 광고와 같습니다. 애착 관련 선행 연구 외 Diane Benoit Kevin C.H. Parker(1994)의 〈3대에 걸친 애착의 안정성과 전이 Stability and transmission of attachment across three generations〉 연구 결과에서는 임신기간 중 측정된 어머니의 애착유형이 82% 일치하였고, 친정엄마의 애착유형은 75% 일치하였습니다. 닮고 싶지 않아도 닮아가는 것이 친정엄마, 나, 자녀입니다. 애착은 대물림입니다. 아기가 처음 태어나 형성되는 부모 또는 할

아버지 할머니 등 특별한 양육자와 친밀한 정서적 관계 유형을 말합니다. 애착유형에는 안정애착, 불안정애착, 양면적 애착 크게 세 가지 유형으로 나눕니다.

9. 동기 motive

motive는 move(움직이도록), motivum(움직이게 하다)에서 유래하였습니다. 즉 동기는 행동의 직접적인 원인을 말합니다. 쉽게 말해 대학을 가야만 할 동기, 내적인 이유(행동)가 없다면 대학을 나와야 할 동기부여(과정)가 있어도 의미 없음을 말합니다.

10. 방어기제 defense mechanism

방어기제라는 용어는 프로이트의 6명의 자녀 중 막내딸인 안나 프로이트 Anna Freud 가 1936년도 출간한 자신의 책인《자아와 방어기제 The Ego and the Mechanisms of Defense》에서 처음 사용했습니다.

퇴행, 억압, 반동형성, 격리, 취소, 투사, 내사, 자기 향하기, 역전 9가지 방어기제를 더해 승화, 혹은 전치를 합하여 10가지로 정의하였습니다. 우리가 지금 알고 있는 방어기제는 대부분 안나 프로이트가 정리한 것입니다.

미국의 정신과 의사인 베일런트 George Vaillant, 1971, 1992 는 18개의 방어기제를 설명하였으며, 성숙한 방어로 체계화에 따라 방어기제가 나누어져 있다고 했습니다. 그는《성공적인 삶의 심리학 Adaptation to Life》이라는 2005년 책을 출간하였는데, 성숙한 방어, 신경증적 방어, 미성숙한 방어, 자기애적 방어로 크게 4가지로 나누어 볼 수 있다고 했습니다.

1) 성숙한 방어

　예) 승화, 이타주의, 유머, 억제

2) 신경증적 방어

　예) 억압, 반동형성, 대치, 합리화

3) 미성숙한 방어

　예) 퇴행, 신체화, 동일시, 행동화

4) 자기애적 방어

　예) 부정, 분리, 투사

또한 정신의학진단체계《DSM-5》기준에 방어기제는 대략 50개 이상으로 분류될 수 있습니다. 예를 들어 정신분석적 입장에서 특정한 방어기제를 통해 무의식적 갈등으로 인한 불안에 대처하려 할 때 강박장애가 나타날 수 있다고 간주하였습니다. 이러한 충동 의식에 떠오르게 되면, 불안을 경험하게 되며 이를 통제하기 위해 4가지 방어기제인 격리, 대치, 반동형성, 취소가 사용됩니다.

11. 프루스트현상 Proust phenomenon

그림으로 표현하자면 르네 마그리트의 1996년 작품 '데칼코마니' 그림을 예를 들 수 있습니다. 과거의 경험을 데칼코마니처럼 똑같이 현재에 경험하는 것을 프랑스어로 '데자뷰 Déjà vu 라고 합니다. 프랑스어로 '이미 보았다'는 의미로 영어로는 'already seen'이라고도 합니다. 이와 비슷한 개념의 심리학에서는 프루스트 효과 Proust effect 라는 용어가 있습니다. 냄새는 기본적으로 식욕을 돋우는 역할을 하지만, '기억'을 끄집어내는 역할도 합니다. 냄새를 맡는다는 것은 후각적인 감각을 넘어서 언어의 기억을 살리는 작업을 하는 것입니다. 후각의 경험을 매개로 해서 깊은 곳의 기억을 순간 떠오르게 만드는 현상을 프루스트 효과, 마들렌 효과라고 합니다.

12. 원형 archetype

칼 구스타프 융 Jung, Carl Gustav 의 분석심리학에 의하면 정신(마음)구조는 크게 의식과 무의식으로 나뉩니다. 의식에서 나는 그대로의 나, 자아 ego 와 가면을 쓴 나, 페르소나의 두 모습이 있습니다. 무의식에서는 개인 무의식, 콤플렉스, 그림자, 집단 무의식, 원형, 아니무스&아니마 등으로 구성되었습니다. 그중 원형이란 한마디로 계속해서 반복되어 나타나는 정신적 이미지를 말합니다. 원형은 집단 무의식의 기본 요소로 엄청난 에너지를 방출할 수 있는 능력으로 감동, 공포 등 강렬한 사회적이고, 집단적인 반응으로 나타나게 됩니다. 하지만 원형은 꼭 집단 무의식에만 활성화되는 것이 아니라 페르소나 원형, 그림자 원형, 아니마, 아니무스 등이 있습니다.

13. 이마고 imago, 내상

정신분석에서 자기표상 또는 대상표상을 의미하기도 합니다. 예를 들어 구박만 받고 자란 아이는 성인이 되어서도 구박받는 사람이 자기표상입니다. 자기표상이란 스스로가 느끼는 이미지를 말합니다. 대상표상은 나의 기분 mood 결과에 따라 내가 좋은 기분일 때 상대방도 좋은 대상으로 채색되고, 내가 기분이 나쁘면 상대방은 나쁜 대상이 됩니다. 즉 아기 때부터 나와 대상과의 관계 반복하는 것을 미국 정신분석학자 컨버그 Otto Friedmann

Kernberg는 대상관계합입단위라고 하였습니다.

14. 전치·전이 displacement

부부싸움을 한 아내가 남편이 사랑하는 강아지에게 화를 내는 경우를 말합니다. 또는 "종로에서 뺨 맞고 한강에서 눈 흘긴다"라는 속담과 관계가 있습니다. 보통 부정적인 감정을 전치한다는 의미가 있지만 내가 타인을 좋아하게 된다거나 사랑과 인정을 받으려고 할 경우 긍정적 전이가 나타납니다. 즉 긍정적인 감정과 부정적인 감정을 포함하여 감정을 돌리는 것을 말합니다.

15. 자이가르닉 효과 Zeigarnik effect

벼락치기로 공부를 하고 시험을 보면 어떤 문제가 나왔는지 기억할 수 없습니다. 하지만 공부를 열심히 했는데 그 문제를 풀지 못하고 시험장을 나오면 평생 그 시험 문제는 머릿속에 기억에 남습니다. 즉 미해결 과제, 마치지 못한 일을 마음속에서 쉽게 지우지 못하는 현상을 말한다는 뜻을 가지고 있습니다.

16. 인지적 불평형 상태 disequilibrium state

인지적 불균형이란 만약 문제가 해결되지 않으면 긴장은 지속되고, 해결되지 않은 문제와 관련된 기억은 생생하게 남습니다. 즉 문제해결이나 상황 이해가 불가능하다는 사실을 인식할 때 발생하는 현상을 말합니다. 쉽게 말해 기존의 생각과 편견으로 돌아가느냐와 기존의 생각과 편견을 깨고 추가적인 정보를 받아들이고 수용하느냐 하는 인지적 갈등 상태를 말합니다. 즉 동화와 조절의 두 과정을 통해 끊임없이 인지체계와 외부세계는 균형 상태를 향해 나아가는 것을 말합니다.

17. 공황장애 Panic Disorder

주로 지하철, 엘리베이터, 지하실과 같은 폐쇄성 공간이나 사람이 많은 곳에서 일어나며 한번 공황발작을 겪고 나면 언제 또 경험하게 될지 모른다는 불안감에 일상생활 내내 초조함과 긴장감을 느끼게 됩니다. 또한 특정 장소나 상황에 대한 트라우마로 일상에서의 불안이 가중되어 외출이 줄어들고 사람들과 만남을 피하게 됩니다. 공황장애는 심한 불안과 발작과 이에 동반되는 다양한 신체증상들이 아무런 예고 없이 갑작스럽게 발생하는 공황발작이 일어나고 이에 대한 과도한 걱정이 이어지는 불안장애의 일종입니다. 정신의학진단체계 《DSM-5》에 따라 범불안장애, 특정공포증, 광장공포증, 사회불안장애, 공황장애, 분리불안장애, 선택적 함구증, 함묵증으로 분류됩니다.

18. 관계성 욕구 relatedness need

독일계 미국인인 유대인 사회심리학자 에리히 프롬 Erich Fromm 은 인간의 기본적 욕구로 관계성, 초월, 소속감, 정체감, 지향 틀, 흥분과 자극 등을 제시하였습니다. 부부 자녀, 친구, 애인, 부부 등 관계를 형성하고 유지하며 안정적으로 사랑하려는 욕구를 말합니다.

19. 위독약 효과 노시보효과, nocebo effect

플라시보 효과와 반대되는 효과입니다. 강한 의심을 하거나 강하게 믿지 않을 때에는 치료약을 복용하더라도 효과를 볼 수 없는 효과를 말합니다. 약뿐만 아니라 심리상담도 받아들이는 사람의 마음이 중요합니다. 아무리 좋은 약, 상담을 받아들이는 사람의 마음이 닫혀 있으면 전혀 효과가 없습니다.

20. 위약 효과 플라시보 효과, placebo effect

가짜약효과플라시보 효과, placebo effect라고도 합니다. 한자어로 위약 효과라고도 합니다. 2009년 출간된 이시카와다쿠지의 《기적의 사과》라는 책이 있습니다. 농약과 비료를 안 쓰고 사과 농사를 성공한 한 농부의 이야기입니다. 농부는 사과나무들이 태풍 등으로 힘들어하고 있을 때 안쪽에 있는 사과나무 하나하나 붙잡고 이렇게 이야기하였습니다. "조금만 힘내 우리는 반드시 살아남을 거야" 그 결과 안쪽의 사과나무들은 살아남았지만 바깥에 있는 사과나무들은 살아남지 못했습니다. 즉 생물학적으로는 작용하지 않지만 효과가 있다고 긍정적으로 믿는다면 실제 효과를 나타내는 약물이나 물질을 말합니다.

21. 소유효과 endowment effect

소유효과라는 용어는 미국 행동경제학자 리처드 탈러Richard H.Thaler가 한 말입니다. 소유효과는 소유한 물건에 대한 집착으로 나타나는 것이 아니라 자신이 가진 물건을 타인에게 넘기는 것을 손실로 느끼는 심리 때문입니다. 2008년 스탠퍼드대 브라이언 넛슨B. Knutson은 24명의 남녀 뇌에서 전두엽에 자리 잡은 측좌핵 등을 기능성 자기공명영상fMRI 장치로 들여다보는 실험을 통해 인간의 뇌에는 손실을 회피하는 부위가 있어서 소유 효과가 나타난다고 하였습니다. 즉 사람의 뇌는 물건을 얻으려고 할 때는 측좌핵nucleus accumbens과 내측전전두엽frontal lobe에서, 그리고 고통과 손실을 예상하는 경우에는 뇌섬엽insula에서 부위가 작동하게 됩니다.

22. 자기애성 성격장애narcissistic personality disorder

내가 제일이다! 나는 너희들과 다르다! 입니다. 정신의학진단체계 《DSM-5》에 따라 성격장애는 크게 A군, B군, C군 3가지 군집으로 분류됩니다. 그중 B군 성격장애는 정서적이고 극적인 성격을 나타내는 유형으로 1) 반사회, 2) 히스테리적, 3) 자기애성, 4) 경계성 4가지로 나뉩니다. 자기애성 성격장애는 외현적, 내현적 두 가지로 나뉩니다. 외현적 특징은 외모를 중요하게 생각하고 감정적으로 안정성이 부족합니다. 심한 경우 폭탄이 옆에 있는 듯한 불안한 느낌을 줍니다. 특별한 대접을 받기를 원합니다. 또한 자신의 목적을 위해서 타인을 이용하고 항상 무시하는 대상이 존재합니다. 즉 자기중심적인 사람을 말합니다. 내현적 특징은 겉으로는 드러나지는 않지만 자신의 결핍으로 수치심이 심하고 사람들의 평가에 예민하게 반응하게 됩니다. 즉 분열성적인 성향을 보이는 경우를 말합니다.

23. 자기애narcissism

자기애는 스스로 애自와 몸 기己, 사랑 애愛 세 한자어로 구성되었습니다. 즉 자기에 대한 사랑을 뜻합니다. 자기애라는 심리용어는 두 가지 의견으로 나뉘어 해석됩니다. 프로이트 입장에서는 자기성애 이론을 바탕으로 병리적으로 보았습니다. 반면에 미국 정신분석학자 하인츠 코헛Heinz Kohut의 입장에서는 자기를 사랑하는 것은 굉장히 건강한 것이라고 하였습니다.

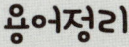

용어정리

2장
연애와 결혼의 배경

1. '좋아하는 것', '사랑하는 것'

심리학에서는 '좋아하는 것'과 '사랑하는 것'을 구분합니다. 남을 통해 내가 행복해지려고 하는 마음은 '좋아하는 것'이고, 나를 통해 남을 행복하게 만들고 싶어 하는 마음을 '사랑하는 것'으로 구별합니다.

2. 거울 자기대상 mirroring self object

자기대상은 거울 자기대상, 이상화 자기대상, 쌍둥이 자기대상 세 가지로 분류됩니다. 특히 칭찬과 인정을 받고 싶어 하는 자기대상을 거울 자기대상이라고 합니다. 예를 들어 취업 또는 시험 합격의 스스로의 만족을 기뻐하기보다는 자기의 거울 대상자인 선생님, 부모님, 친구 등에게 감탄과 칭찬을 들은 경우 심리적 안정감을 얻는 경우를 말합니다.

3. 욕망 desire

프랑스 정신분석학자 자크 라캉 Jacques Marie Emile Lacan은 욕망은 타자의 욕망이라고 하였습니다. 욕망은 무의식적으로 작동하며 본질적으로 채워질 수 없다고 하였습니다. 2010년 개봉된 나탈리 포트먼 주연의 〈블랙 스완〉의 여주인공 '니나'는 백조와 흑조 1인 2역을 연기하면서 완벽한 발레리나가 되어가는 이야기입니다. 하지만 백조의 역할을 완벽하게 해야 한다는 것은 니나 엄마의 욕망에서 비롯되었으며, 흑조의 역할을 잘 해내야 한다는 것은 감독의 욕망이었습니다. 즉 요구와 충족된 것 두 가지 벌어진 사이 마음속에 쌓인 감정을 욕망이라고 합니다.

4. 리비도 Libido

프로이트는 1905년 출간한 《성욕에 관한 세 편의 에세이 Drei Abhandlungen zur Sexualtheorie》에서 리비도 개념을 처음 소개하였습니다. 즉 정신분석학에서는 리비도를 신체적 욕구와 창조적 구성요소 등 본능 에너지를 말합니다.

5. 아니무스 Animus 와 아니마 Anima

칼 구스타프 융 Jung, Carl Gustav 의 분석심리학에 의하면 정신(마음)구조는 크게 의식과 무의식을 나눕니다. 무의식에서는 개인 무의식, 콤플렉스, 집단 무의식, 원형, 그림자, 아니무스&아니마 등으로 구성되었습니다. 남성이 가지고 있는 여성적 요소의 내적 인격을 아니마라고 합니다. 반대로 여성에게 있는 남성적인 요소의 내적 인격을 아니무스하고 합니다. 특히 아니무스와 아니마는 집단 무의식의 원형으로 남자와 여자 모두에게 해당이 됩니다.

6. 신체변형장애 BDD, body dysmorphic disorder

2006년 개봉한 영화 〈미녀는 괴로워〉는 신체변형장애를 주제로 다뤄 큰 화제가 되었습니다. 배우 김아중(강한나)이 169cm, 95kg. K-1이나 씨름

판에 나가도 거뜬할 체력을 가졌습니다. 그런데 어느 날 강한나가 흔적도 없이 사라집니다. 그 후 S라인 '제니'로 전신 성형 후 아찔한 일상을 경험하는 이야기입니다. '눈꺼풀이 처져 보여요', '코가 좀 삐뚤어 보여요' 등 사소한 결점에 과도하게 몰두하면서 반복적인 행동(예: 거울 보기)이나 정신적 활동(예: 타인과 외모 비교하기)하게 되며, 스스로 심리적 고통을 겪고 일상생활과 대인관계 사회적 적응에 어려움을 겪는 것을 말합니다.

7. 미적 민감성 aesthetic sensibility

사소한 결점에 과도하게 몰두하면서 반복적인 행동(예: 거울 보기)이나 정신적 활동(예: 타인과 외모 비교하기)하게 되는 것을 말합니다.

8. 초두 효과 primary effect

필자가 자주 가는 한의원이 있습니다. 그 이유는 초두 효과로부터 비롯되었습니다. 수많은 한의원이 있지만 서울에서 거주하고 있는 필자가 경기도에 있는 한의원을 가는 이유는 한의사 선생님이 친절하고 섬세한 설명 때문입니다. 한의원을 가기 전 진료를 본 사람들이 두 한의원 중 A 한의원은 다 좋은데 직원들이 불친절하다고 하였고, B 한의원은 직원과 원장님이 친절하게 알려주면서 진료해서 좋다고 한 이야기들이 필자가 한의원을 선택하는 데 중요하게 작용하였습니다. 즉 동일한 정보에도 먼저 제시된 정보보다 더 큰 힘을 가지고, 뒤의 정보에 영향을 미치는 것을 심리학 용어로는 '초두 효과 primacy effect'라고 합니다.

9. 열등 콤플렉스 inferiority complex

열등감은 자기 자신이 모자란다고 느끼는 것으로, 의식적이든 무의식적이든 타인과 비교하면서 자신이 타인보다 못하다고 약하다고 느끼는 것입니다. 콤플렉스는 정신분석학자 융이 처음 사용하였습니다. 콤플렉스란 무의식 속에 억압되어 있는 것을 의미합니다. 열등 콤플렉스란 사회에서 타인과 나와 비교하고 타인에게서 보이는 나의 모습에서 자연스럽게 느끼는 상대적인 열등감을 말합니다.

10. 자아존중감 self-esteem

자아존중감을 줄인 말을 자존감이라고 합니다. 자기 스스로 자아를 단단하게 함으로써 존재 자체에 느끼는 것을 말합니다. 즉 자아존중감은 상황과 관계없이 스스로에 대한 존중이 확고한 것입니다. 자아존중감과 유사한 용어로 자존심과 자부심이 있습니다. 자아존중감과 자존심은 스스로를 존중한다는 의미에서 유사하지만 그러한 존중의 원천이 무엇인가라는 측면에서 차이가 있습니다.

11. 자존심 self-respect

자존심은 타인의 평가를 통해 자기만족감을 얻는 것입니다. 스스로 자 自와 높을 존 尊, 마음 심 心 세 한자로 구성되어 있습니다. 즉 타인이 인정했을 때 마음에 칭찬 또는 지지라는 보상을 받았을 때를 만족하게 되는 것을 말합니다. 심리학에서는 사람의 마음을 창문 window 모양으로 비유한 조하리의 창 Hohari's window 이라는 용어가 있습니다. 마음의 4가지 창으로 첫 번째 개방된 영역, 두 번째 눈먼 영역, 세 번째 숨겨진 영역, 네 번째 어두운 영역으로 나뉩니다. 특히 자존심은 두 번째 눈먼 영역에 해당이 됩니다. 눈먼 영역은 나는 모르는데 남이 아는 영역에 해당합니다. 예를 들어 눈치 없는 사람을 말합니다. 자존심은 부하직원, 또는 가족, 또는 친구들이 이 친구는 전문분야에 다섯 손가락 안에 드는 사람이다, 사장님은 경제 분야에 모르는 사람이 없다 등의 사람들 앞에서 칭찬을 받기를 기대하는 것을 말합니다.

12. 자부심 pride

자부심은 상황에 따라 나타나는 일시적인 자기만족감입니다. 자부심은 특히 자신의 능력이나 노력에 의해 좋은 성과가 나타났을 때 나타나는 긍정적인 자기 평가입니다. 반면 자아존중감은 상황과 관계없이 일생 동안 이어집니다.

13. 기질 temperament

예를 들어 채원 어린이는 걱정이 없고 낙천적이다. 남들 보기에는 성급하다 등과 같이 선천적인 경향성을 가집니다. 즉 심리학에서 기질 temperament은 성격의 한 부분으로 개인의 정서적 반응 또는 환경과 상호작용하는 데 있어서의 행동양식을 말합니다. 자세히 말하면 생애 초기부터 관찰되는 정서, 운동, 반응성 및 자기 통제에 대한 안정적인 개인차를 말합니다.

14. 이중구속 double bind

오랜 시간 동안 정신분열증과 가족 간에 주고받은 대화, 상호작용에 대해 연구했던 체계이론가 파울 바츨라빅 Paul Watzlawick과 그레고리 베이트슨

Gregory Bateson은 이중구속을 구성하는 3가지 요소가 있다고 하였습니다. 첫 번째 긴밀한 관계에서 이루어집니다. 정말 이 사람에게는 이렇게 해도 될 것 같다는 사람에게만 합니다. 예를 들어 가까운 가족에게 사용합니다. 두 번째 겉으로 보여지는 의미와 암묵적 메시지와 갈등이 있어야 합니다. 예를 들어 "집 앞에 꽃들만 봐도 행복해"는 겉으로 보여지는 의미이고, "그래도 직접 가서 보면 더 좋겠지 가고 싶다"는 암묵적 메시지를 말합니다. 세 번째 대화가 모순이 되어 있지만 그럼에도 불구하고 직접 언급할 수 없는 체계적인 규칙이 있습니다. 이렇게 3가지 요소가 충족된다면 이중구속이라고 할 수 있습니다. 나도 모르게 타인을 헷갈리게 해서 정신병적 증상을 일으키고 있었다면 지금부터라도 솔직하게 표현해야 합니다.

15. 애정결핍 lack of affection

2016년 5월 tvN에서 방영된 월화 드라마 〈또! 오해영〉의 오해영(전혜빈)은 이혼과 재혼을 반복하는 부모 사이에서 자신에게 아무 관심도 없는 어머니에게 끊임없이 상처를 받습니다. 애정결핍형 어머니는 자녀를 방임하고 사랑을 주지도 표현하지도 않아서 평생 자녀가 우울증 속에서 살아가게 만드는 어머니를 말합니다. 학창시절 또 다른 오해영(서현진)에 비해 외모도 성적도 뛰어났던 오해영(전혜빈)은 급우들에게 선망의 대상이었지만 항상 지인이나 연인에게서 버림받을지도 모른다는 깊은 두려움을 가지고 있었습니다. 즉 어릴 때 부모에게 충분한 애정을 받지 못하고 주변 사람들과도 친밀한 관계를 형성하지 못하여 불안정한 정서를 가지게 되는 것을 말합니다.

16. 자기도식 self schema

도식 schema 이라는 용어는 인지심리학에서 사용되는 용어입니다. 간단히 말하자면 생각의 틀을 이야기합니다. 한 사람이 과거에 어떤 경험을 가졌냐에 따라 인지구조와 지식구조가 화석처럼 굳어져서 자리 잡은 것을 도식 schema 또는 프레임 frame 이라고 합니다.

17. 프레임 frame

프레임이란 시대별 패러다임 속에 살아가는 사람들은 개별적인 경험과 환경에 따른 자신만의 틀을 가지게 되는데 그것을 프레임이라고 합니다. 마치 네모난 액자에 화분을 볼 때와 꽃을 볼 때와 나의 모습을 볼 때와 같이 액자 안의 '시각'을 형상화하는 '액자 형상'하는 것을 말합니다.

18. 패러다임 paradigm

패러다임이란 용어는 1950년 토마스 쿤 Thomas Kuhn 이 쓴 책 《과학 혁명의 구조 The steucture of Scirntific Revoluton》에서 처음 사용된 용어입니다. 국어사전에서는 어떤 한 시대 사람들의 견해나 사고를 근본적으로 규정하고 있는 테두리로서의 인식의 체계 또는 사물에 대한 이론적인 틀이나 체계로 정의합니다. 쉽게 말하면 패러다임이란 각 과학적 발전에 따른 우리의 생각의 범위라고 할 수 있습니다. 선조들이 하늘의 별이 떨어졌을 때 나라의 왕이 돌아가셨다고 생각하였지만 망원경이 발견되었을 때, 별의 구조와 이동을 알게 되면서 별이 떨어지는 이유를 다른 '관점'으로 보게 됩니다.

19. 감정표현 불능증 Alexithymia

　Alexithymia는 단어 그대로 단어를 뜻하는 'lexi'와 영혼을 의미하는 'thym'이라는 단어에 부정의 의미가 있는 'a'로 구성되어 있습니다. 단어 뜻 그대로 영혼을 설명하는 단어가 없음을 말합니다. 증상이 반복되면서 감정을 느끼지 못하고 심한 경우 신체화 장애라는 정신질환을 일으키는 원인이 될 수 있습니다. 내가 느낌 감정을 어떻게 표현해야 할지 막막하거나, 내 심장 안에서 나오는 뜨겁고 쓰라린 감정을 혼자 해결하려고 하는 것을 말합니다.

20. 착한아이증후군 Good boy syndrome

　필자가 어렸을 때 많이 들었던 말입니다. 현재 부모님들도 많이 하는 말이 있습니다. 필자의 친구들도 엄마로서 많이 하는 말입니다. '너한테 들어가는 학원비가 얼마인데~', '엄마, 아빠가 없으면 네가 우리 집 가장 역할을 해야 하는 거야~~'라고 말입니다. 성인이 된 필자의 입장에서는 이해가 되는 말이기도 합니다. 하지만 중요한 점은 아이가 의존적 결핍이 채워지지 않은 채 독립을 하면 성인이 되어 자신의 감정을 솔직히 표현하지 못하고, 타인에게 착한 사람으로 남기 위해 부단히도 노력하게 됩니다. 정신분석학에서는 어린 시절 주 양육자로부터 버림받을까 봐 두려워하는 유기공포 fear of abandonment가 심한 환경에서 살아남으려는 방어기제의 하나입니다.

21. 레드 퀸 효과 Red Queen Effect

나 스스로 앞서 나가려고 해도 주변 환경과 경쟁 대상 역시 끊임없이 변화하기 때문에 상대적으로 뒤처지거나 제자리에 머무는 심리 효과입니다. 즉 속도와 노력으로 경쟁하는 것을 말합니다. 예를 들어 내려가는 엘리베이터를 타고 제자리에서 열심히 뛰고 있어도 제자리에 머물거나 뒤로 물러나는 경험과 같습니다.

22. ABC 모델, ABCDEF 이론

'A' 일어나는 사건 activating event

'B' 믿는다 believe, 생각하다 thinking

'C' 결과 consequence

'D' 논리적 반박 disputation

'E' 결과 effects

'F' 감정 feeling

미국 심리학자 앨버트 엘리스 Albert Ellis 는 행복이냐 불행이냐, 기쁨이냐 두려움이냐와 같은 상반된 감정의 결과는 우리가 어떻게 생각하고 Thinking, 어떻게 믿느냐 Believing 에 영향을 받는다고 이야기하였습니다.

삶을 살아가면서 한 번쯤은 아픔을 겪게 됩니다. 하지만 합리적인 밧줄을 잡으려고 하다 보면 행동의 습관처럼 생각의 습관도 감정에 직접적으로 영향을 미치게 됩니다. 생각의 습관을 교정하고 합리적인 생각의 힘을 길러주면 분명히 어두운 감정은 치료받을 수 있습니다.

23. 자아정체감 ego-identity

국어사전에서는 자아란 자기 자신에 대한 의식이나 관념이라고 하였습니다. 정체감이란 자신의 본질에 대하여 갖는 느낌이라고 하였습니다. 즉 자아정체감은 과거와 현재, 미래에 자기 자신에 대한 이해하는 개인의 심리 상태를 말합니다. 1990년 개봉한 영화 〈죽은 시인의 사회〉에서 故 로빈 윌리엄스(존 키팅 선생)가 새 영어 교사로 부임하게 됩니다. 그를 통해 학생들은 '참된 인생'이 무엇인지를 조금씩 느끼게 됩니다. 사람은 영아기 때부터 나는 누구인가? 스스로 질문하고 고민하며 삶의 목표에 대해서 고민하게 됩니다. 대부분의 자아정체감 연구자들은 청소년기 자아정체감 연구의 근원을 에릭 에릭슨 Erik Erikson, 1902-1994 으로부터 찾고 있습니다. 에릭슨은 8단계 심리사회적 발달단계로 나누어 설명하였습니다. 1) 신뢰감 대 불신감, 2) 자율성 대 수치심과 회의감, 3) 주도성 대 죄책감, 4) 근면성 대 열등감, 5) 정체감 대 정체감 혼미, 6) 친밀감 대 고립감, 7) 생산성 대 침체성, 8) 통합 대 절망감입니다.

제임스 마샤 James Marcia 는 에릭슨의 이론을 경험적 연구로 만들기 위해 노력하였습니다. 마샤는 이에 근거하여 정체감 지위를 정체감 성취 achievement, 유예 moratorium, 폐쇄 foreclosure, 혼미 diffusion 의 네 가지로 나누어 설명하였습니다.

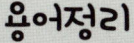

용어정리

3장
연애와 결혼의 시작

1. 에로스 Eros
   - 지그문트 프로이트 Sigmund Freud 는 인간의 본능
   - 에로스 Eros 반대는 타나토스 Thanatos
   - 생명, 삶,

2. 타나토스 Thanatos
   - 지그문트 프로이트 Sigmund Freud 는 인간의 본능
   - 타나토스 Thanatos 반대는 에로스 Eros
   - 죽음, 공격의 본능

3. 편도체 amygdala

프로이트가 처음 이야기한 무의식과 해부학적으로 살펴본 편도체 안에 잠겨있는 감정적 기억은 유사하다고 할 수 있습니다. 편도체는 변연계의 여러 구조 중 해마의 끝부분에 위치하고 있습니다. 기분과 감정을 조절하고, 공포에 대한 학습 및 기억의 중요한 역할을 합니다.

4. 외로움 loneliness

형영상조 形影相弔라는 사자성어가 있습니다. 한자어로 풀이해 보면 모양 형形 그림자 영影, 서로 상相, 빌 양相, 조상할 조, 이를 적弔으로 구성되었습니다. 자기의 몸과 그림자가 서로 불쌍히 여긴다는 뜻으로, '몹시 외로움'을 일컫는 말입니다. 국어사전을 찾아보면 외로움이란 '홀로 되거나 의지할 곳이 없어 쓸쓸하다'를 뜻합니다. 즉 혼자 있어서 고통스러움을 나타내는 것을 의미합니다.

5. 고독 solitude

1952년《존재의 용기 The courage to be》의 필자로 유명한 독일 철학자 폴 틸리히 Paul Johannes Tillich는 고독은 혼자 있어도 기쁨을 가지는 것입니다. 고독은 타인이 아닌 나의 의지로 스스로 사회공동체에서 떨어지는 것입니다. 자발적으로 고립은 '자유로움'을 품고 있습니다.

6. 감각박탈 sensory deprivation, 감각격리

평상시에 경험하게 되는 햇빛, 소리, 냄새와 같은 감각을 일정하게 받지 못할 때 일어나는 감각적 박탈 현상을 말합니다. 1930년대 독일의 심리학자인 볼프강 메츠거 Wolfgang Metzger는 시각 자극을 박탈했을 때 환각을 보는 현상을 규명하고 이를 '간츠펠트 효과 Ganzfeld effect'라고 이름 붙였습니다. 처음 밀폐된 공간에 갇히게 되면 공포감이나 흥분과 같은 상태를 가지게 되지만 이후 시간이 지나면 심리적으로 안정감을 가지게 되는 감각적인 박탈감을 가지게 됩니다.

7. 흔들리는 다리를 실험 다리 experimental bridge

사람은 심리적으로 불안한 상황 등에서 나타난 신체적인 변화를 자신의 감정으로 쉽게 착각합니다. 심리학에서는 이를 '귀인오류'라고 하는데, 이는 어떤 행동의 원인이 객관적 상황에 있는데도 개인 특성에 과도하게 의미를 부여하는 것을 뜻합니다. '흔들리는 실험 다리'라는 실험은 흔들리는 다리 위에서 만난 이성에 대한 호감도가 안정된 다리 위에서 만났을 때보다 더 높아진다는 것을 말합니다. 흔들리는 다리 위에서 만난 이성에 대한 호감도가 안정된 다리 위에서 만났을 때보다 더 높아진다는 이론을 말합니다.

8. 확인편파 confirmation bias

한자어를 보면, 굳을 확確, 알다 인認, 치우칠 편偏, 자못 파頗 네 단어로 구성되어 있습니다. 사람의 마음이나 언행이 매우 확고하며 한쪽으로 치우쳐 있다는 뜻입니다. 확인편파에 빠지게 되면, 정말 보고 싶은 것만 보게 됩니다. 확정편파, 확정편견 또는 확증편향이라고도 하는 확인편파는 자신의 믿음이나 신념에 유리한 정보에는 지나치게 관대하고, 그와 반대인 정보에는 지나치게 적대적이거나 인색한 것을 말합니다.

9. 공감 empathy

국어사전에서는 남의 감정, 의견, 주장 따위에 대하여 자기도 그렇다고 느낌이라고 정의하였습니다.

부모와 자녀와 상담사와 내담자와 나와 직장동료들과 나와 타인과 공감을 빠르게 할 수 있는 대화 방법 세 가지가 있습니다. 첫 번째 거울효과 mirroring effect 대화방법이 있습니다. 예를 들어 상대방이 머리를 손으로 넘기는 포즈를 한다면 나 또한 같은 동작을 하도록 합니다. 이러한 행동을 함으로써 라포르 형성을 하는 것입니다. 즉 상대방의 몸짓과 버릇 등의 제스처를 따라 함으로써 상대방이 나인지 자기도 모르게 마음을 열게 하는 통로를 만들어줍니다. 두 번째 방법은 역추하기_{backtracking} 입니다. '~하셨군요', '~이러한 일이 있었군요', 즉 말로서 타인의 이야기에서 처음으로 돌아가서 요약하는 것입니다. 내가 상대방의 말을 반복해 주면 타인은 자신이 했던 말을 다시 한번 돌이켜 재확인해 볼 수 있습니다. 세 번째 맞추기_{pacing} 입니다. 타인의 말의 속도와 음조를 맞추는 것을 말합니다. 마라톤을 할 때, 옆에서 페이스를 맞추는 사람이 있으면 훨씬 수월하게 목표를 달성할 수 있습니다. 그 이유는 사람은 자신의 말의 속도와 음조가 맞는 사람에게 동질감과 편안함을 느끼게 되기 때문입니다.

10. 조망수용능력 perspective taking ability

조망수용능력은 '역지사지'의 능력을 말합니다. '남이 보고 느끼는 것을 상대방의 입장에서 똑같이 볼 수 있는가'라는 능력을 말합니다. 또한 자기 자신의 관점과 타인의 관점을 별개의 것으로 구분하여 타인의 생각, 감정, 지식 등을 타인의 관점에서 이해하는 능력을 의미합니다.

11. 시기심 envy

1985년 영화 〈아마데우스〉는 천재를 시기한 평범한 궁정음악가 '안토니오 살리에리'의 질투에서 시작됩니다. 천재 작곡가 볼프강 아마데우스 모짜르트의 천재성을 시기하게 되고 자신에게 재능을 주지 않은 신에게 분노하며 자유분방한 모짜르트를 파멸시킬 음모를 준비합니다. 시기심은 시기할 시猜, 꺼릴 기忌, 마음 심心 세 한자어로 구성되었습니다. 타인의 여린 점, 약점, 야비한 점, 등을 헐뜯고 끌어내리려는 미운 마음과 증오심으로 시작됩니다. 즉 타인이 소유하고 있는 것을 빼앗거나 훼손함으로써 타인이 비참해지는 것을 보고 마음의 안정을 찾는 마음을 말합니다.

12. 피터팬증후군 Peter Pan syndrome

피터팬 신드롬이라는 용어는 1983년 출간된 미국의 심리학자 댄 카일러 Dan Kiley가 쓴 《피터팬 신드롬 The Peter Pan Syndrome—절대 자라지 않는 남자들》 책에서 유래된 것입니다. 피터팬은 동화 속에 나오는 나의 어린 모습에 고착하고 어른이 되기 싫어하는 심리를 말합니다.

13. 카멜레온 효과 Chameleon effect

카페에 앉아 즐거운 시간을 보내고 있는 두 연인을 관찰해 보면, 흥미로운 발견을 하게 될 때가 있습니다. 남자가 하품을 하면 여자도 하품을 합니다. 한쪽 테이블 위에 손을 올리면, 옆에 앉은 여자도 손을 테이블 위로 올립니다. 남자가 머리를 만지면 여자도 머리를 만집니다. 이와 같은 현상은 보디랭귀지 중에 보디싱크로니 Body Synchrony라고 합니다. 심리학에서는 카멜레온 효과라고 하며 사회적 행동 모방 현상을 말합니다.

용어정리

4장
연애와 결혼의 필수 요소 건강한 성

1. 무의식 unconsciousness

프로이트의 정신분석학에서 '무의식'은 1900년에 발표한 '꿈의 분석 The Interpretation of Dreams', 1917년에 '정신분석 입문 Introduction to Psychoanalysis'을 통해 이를 설명하고 분석했습니다. 즉 기억해 낼 수 없는 것들 무의식에 존재하는 것이라고 정의하였습니다.

2. 심리성적발달단계 psychosexual development

프로이트의 성격발달이론을 말합니다. 프로이트의 성격발달이론을 심리성적발달단계라고 하는 이유는 근본적인 욕망인 리비도를 만족시키는 신체기관에 따라 이론을 정의하였기 때문입니다. 구강기, 항문기, 남근기, 잠재기, 생식기 총 5단계로 나누어졌습니다.

3. 도파민 dopamine

도파민은 사랑의 호르몬이라고도 하며 흥분, 쾌락, 전율을 주는 호르몬입니다. 뇌의 "변연계"에서 화학적 작용이 시작되면서 신경전달물질인 도파민이 만들어집니다. 도파민을 분비하는 도파민 신경들은 중뇌midbrain의 복측피개영역ventral tegmental area, 흑질substantia nigra, 시상하부 궁상핵arcuate nucleus of hypothalamus 등에 위치합니다. 남자가 성적으로 흥분하면 시상하부에 위치한 부뇌실핵PVN, paraventricular nuclei이 도파민을 분비하고 발기와 관련된 신호를 척추신경을 따라 남성의 음경penis로 전달됩니다.

4. 에스트로겐estrogen vs 프로게스테론progesterone

에스트로겐과 프로게스테론은 여성호르몬입니다. 첫 번째 프로게스테론은 다양한 경우 약으로 처방받거나 복용하게 됩니다. 예를 들어 피임약, 출혈이 멈추지 않은 경우, 생리를 하지 않은 경우, 인공 수정, 실험관 아기 등 매우 이해하기가 어려운 호르몬이 프로게스테론입니다. 프로게스테론은 양쪽 콩팥 위에 위치하고 있는 부신기관에서 만들어집니다. 자궁 내에서 임신이 잘 되게 주로 활동하고 뇌에서도 심신의 안정 및 혈압의 안정을 조절하기도 합니다. 그 밖에 콜라겐을 합성을 하는 데 역할을 하기도 합니다.

두 번째 에스트로겐은 여성의 난소 안에 있는 여포와 황체에서 주로 분비되고, 태반에서도 분비됩니다. 또한 부신피질이나 남성의 정소에서도 약간 분비됩니다. 스테로이드호르몬 중의 하나로, 정자와 난자가 만나 자궁에 잘 착상하게 하는 아주 중요한 역할을 합니다.

5. 오르가슴orgasm

흥분이 최고조에 이른 상태 또는 그때의 흥분. 주로 성교 때에 성적 쾌감이 최고조에 이른 상태나 그때의 쾌감을 이릅니다.

6. 옥시토신 oxytocin

happiness, 즉 행복호르몬으로 옥시토신, 도파민, 엔돌핀, 세로토닌 4가지 호르몬이 있습니다. 특히 옥시토신은 뇌하수체 후엽에서 분비되는 호르몬으로 젖 분비를 유발하고 출산 시 자궁을 수축시키는 작용을 합니다.

7. DSM-5

미국정신의학회에서 2013년 발간한 《정신장애의 진단 및 통계편람 Diagnostic and Statistical manual of mental Disorders》의 5번째 개정판입니다. 심리적 증상과 증후군 위주로 정신장애의 분류체계와 진단기준을 제시하고 있습니다.

8. 물질 관련 장애 Substance-Related and Addictive disorder

물질관련장애와 비물질관련장애 크게 두 가지로 나뉩니다. 특히 비물질 장애에 해당하는 도박장애는 정신의학진단체계 《DSM-5》에서 진단명으로 명명되었습니다. 물질 관련 장애는 마약, 알코올, 담배 등 중독성 물질을 내 몸에 직접 사용함으로 나타나는 장애를 말합니다.

물질 관련 장애		
물질사용장애 DSM-4 : 의존-남용 DSM-5: 심각도에 따라 경중도	물질 의존	1) 반복적, 강박적, 물질 남용 2) 내성이 생겨 금단증상을 느낌 3) 정신적으로 문제가 발생할 것을 알지만 멈출 수가 없음
	물질 남용 (=오용)	과다한 반복적 물질 사용으로 가정 대인관계 사회적 문제가 발생할 것을 알지만 멈출 수가 없음
물질유도성장애	물질복용으로 인해 파생된 부정적인 심리 관련 증상 예) 섬망, 불안장애, 기분장애 등	
DSM-5에서 규정된 물질	대략 10가지에 해당이 됩니다. 알콜, 암페타민(엑스터시), 카페인, 대만, 코카인, 환각제, 흡입제, 니코틴, 아편류, 항불안제 등	

9. 중독 addiction

가운데 중中과 독 독毒 두 한자어로 구성되어 있습니다. 즉 산모母에게 약초艹를 너무 많이 먹이면 몸에 나쁘다는 뜻입니다. 국어사전에 의하면 술이나 마약 따위를 지나치게 복용한 결과, 그것 없이는 견디지 못하는 병적 상태라고 하였습니다. 즉 건강하지 못한 집중은 중독입니다.

예를 들어 사람이 눈으로 사물을 보고 후두엽에서 정보를 받아들여 전두엽으로 정보를 처리하게 됩니다. 현재 스마트폰 사용의 중독으로 즉각적인 반응을 요구하는 경우 후두엽에서 바로 일을 처리하기 때문에 전두엽을 발달시킬 수 있는 기회를 주지 않습니다. 그렇게 되면 사고, 판단, 집중력이 떨어지게 됩니다.

10. 모방학습 modeling

모방학습이란 용어는 1977년 미국 스탠포드 대학교 심리학과 앨버트 반두라 Albert Bandura 교수가 쓴 책 《사회심리이론 Social Learning Theory》에서 최초로 주장한 이론의 핵심입니다. '행동'은 자신이 스스로 만들어서 나타내는 것이 아니라 다른 사람이 하는 것을 관찰하고 눈으로 보면서 '모방'과 '학습'을 통해 자신의 것으로 하는 것을 말합니다. 대부분 아이들의 행동은 부모의 말과 행동에 대한 지속적 모방 imitation 을 거쳐 학습 learning 되면서 나옵니다.

11. 분리 separation

아기가 태어나서 보통 6개월 정도 엄마와 아기가 충분히 관계성을 경험해야 합니다. 정서적으로 분리가 길어지면 아기는 분리불안을 느껴서 의존 우울증에 빠지게 됩니다. 국어사전에서는 서로 나뉘어 떨어짐이라 하였습니다. 즉 아이가 양육대상으로부터 나뉘어 흩어진다는 것을 의미합니다. 정신분석 용어에서, 분리는 또한 분리-개별화 과정에 포함된 하나의 심리 내적 과정을 가리킵니다.

12. 분리개별화 separation-individuation

어린 채원이(생후 1세~만 6세)가 엄마를 벗어나 독립적인 개체성을 확립하는 것을 말합니다. 헝가리 정신분석학자 마가렛 말러 Margaret Schoenberger Mahler의 대상관계 이론에서 언급되었던 용어입니다.

13. 강박 및 관련장애 Obsessive-Compulsive and Related Disorders

강박장애의 주 증상은 강박사고와 강박행동입니다. 강박장애를 주제로 한 대표적인 영화는 1997년 상영된 영화〈이보다 더 좋을 순 없다〉입니다. 잭 니콜슨이 멜빈 유달 역할로 강박증 증세가 있는 로맨스 소설 작가로 등장합니다. 그의 강박행동은 많이 특이합니다. 길을 걸을 땐 보도블럭의 틈을 밟지 않고, 사람들과 부딪히지 않으려고 뒤뚱뒤뚱거립니다. 식당에 가면 언제나 똑같은 테이블에 앉고, 가지고 온 플라스틱 나이프와 포크로 식사를 합니다. 2013년 개봉된 영화〈플랜맨〉에서 배우 정재영(한정석)은 이름 그대로 플랜맨입니다. 강박사고 그대로 모든 일에 계획을 세우고 알람을 맞춰 생활하는 남자입니다. 그 생활이 성실한 삶이지 전혀 이상하다고 생각하지 않습니다. 즉 강박 및 관련 장애는 강박장애는 원하지 않는 생각과 행동을 반복하게 되는 장애입니다.

14. 성격의 삼원구조 이론

프로이트는 인간의 정신적 구조를 3가지 주요 체계로 나누어 정의하였습니다. 원초아$_{id}$, 자아$_{ego}$, 초자아$_{superego}$를 말합니다. 캐나다 출신의 정신과 의사이자 교류분석 창시자 에릭 번$_{Eric\ Berne}$의 에고그램$_{Egogram}$과 함께 정의하자면 다음과 같습니다.

1) 초자아$_{superego}$

= 아버지 자아 'P' parent ego

비판적 아버지 자아 'CP' critical parent

양육적 자아 'NP' nurturing parent

2) 자아$_{ego}$

= 어른 자아 'A' adult ego

3) 원초아$_{id}$

= 어린이 자아 'C' child ego

자유 어린이 자아 'FC' free child

적응적 어린이 자아 'AC' adapted child

15. 마음의 지형학적 모델

인간의 마음을 지형학적 구성에 비유한 것을 말합니다. 지형학적 모델은 프로이트가 인간의 마음을 지형적 구성에 비유해 지각한 내용을 인식하는 수준에 따라 무의식, 전의식, 의식의 층으로 나누어 설명하였습니다. 무의식은 우리가 인식하지 못하는 가장 심층적이고 접근하기 어려운 범위이며, 전의식은 현재는 인식하지 못하지만 집중하면 인식할 수 있는 범위이며, 의식은 현재 의식 범위에 속합니다.

16. 스키마 schema

스키마라는 용어는 여러 학문에서 다양한 의미로 사용하고 있습니다. 심리학에서는 사용되고 있는 보편적인 의미는 어린 시절부터 지금까지 삶을 살아오면서 보고 듣고 경험한 여러 정보들이 내 마음속에 차곡차곡 쌓여가면서 길을 만들어 갑니다. 각 개인이 경험하는 삶이 다르기 때문에 마음의 길은 다양합니다. 이렇게 쌓인 마음의 정보들은 개인 고유의 심리 도식을 만들게 됩니다. 심리 도식이란 개인의 생각이나 감정 행동을 통해서 표현됩니다.

17. 정동장애 affective Disorder

기분 조절이 어렵고 비정상적인 기분이 장시간 지속되는 장애를 의미합니다. 대표적으로 우울증과 조울증이 있습니다. 뇌는 뇌의 신피질 neocortex 이 변연계의 외부를 둘러싸고 있으며 변연계는 자율신경계 및 뇌간을 다시 둘러싸고 있습니다. 이때 신피질은 사고능력 또는 인지와 관련되어 있고 자율신경계와 뇌간은 생리적 욕구와 관계있으며, 변연계는 정동을 담당하고 있습니다.

참고문헌

1장 연애와 결혼의 어려움

Chopik, W. J&O'Brien. E, 2017, Happy you, healthy me? Having a happy partner is independently associated with better health in oneself, Health Psychology, 36(1), pp21–30.

Hefner, Veronica, and Barbara, J Wilson, 2013, From Love at First Sight to Soul Mate: The Influence of Romantic Ideals in Popular Films on Young People's Beliefs about Relationships, Journal Communication Monographs, pp150–175.

Knapp M. L, Wiemann J. M&Daly J. A., 1978, Nonverbal communication: Issues and appraisal. Human Communication Research, 4(3), pp271–280.

Maike Luhmann, Louise C. Hawkley, 2016, Age Differences in Loneliness from Late Adolescence to Oldest Old Age, Developmental Psychology, 52(6), pp943–959.

Visserman M. L., Righetti F., Impett E. A., Keltner. D.&Van Lange, P. A. M., 2017, It's the Motive That Counts: Perceived Sacrifice Motives and Gratitude in Romantic Relationships, American Psychological Association, Emotion, 18(5), pp625–637.

2장 연애와 결혼의 배경

김혜숙, 1993, 신체 매력이 대인지각과 인상평정에 미치는 영향, 한국심리학회지 사회 및 성격, 7(2), pp46–62.

Aron Arthur, Meg Paris and Elaine N Aron, 1995, Falling in love: Prospective studies of self-concept change. Journal of Personality and Social Psychology, 69(6), pp1102–1112.

Bulent Turan, Amanda M Vicary, 2010, Who Recognizes and Chooses Behaviors That Are Best for a Relationship? The Separate Roles of Knowledge, Attachment, and Motivation, Personality&Social Psychology Bulletin, 02 Nov 2009, 36(1), pp119–131.

Buss, D. M, 1989, Sex differences in human mate preferences: Evolutionary hypotheses tested in 37 cultures, Behavioral and Brain Sciences 12(01), pp1–14.

Buunk, B. P., Dijkstra, P., Kenrick, D. T.&Warnjes, A. 2001, Age preferences for mates as related to gender, own age, and involvement level Evolution and Human Behavior. 22, 4, pp241-250.

Christopher P. Fagundesa AND Ines Schindler, 2012, Making of romantic attachment bonds: Longitudinal trajectories and implications for relationship stability Personal Relationships, pp723-742.

Dunn, M. J., Brinton, S.&Clark, L., 2010, Universal sex differences in online advertisers age preferences: comparing data from 14 cultures and 2 religious groups. Evolution and Human Behavior, 31(6), pp383-393.

Feinberga, D. R., Jones, B. C., DeBruineac, L. M., Moorea, E. R., Smith, M. J. L., Cornwell, R. E., et al., 2005, The voice and face of woman: One ornament that signals quality?, Evolution and Human Behavior, 26(5), pp398-408.

Freedmana, R. E. K., Carter, M. M., Sbrocco, T.&Gray, J. J., 2004, Ethnic differences in preferences for female weight and waist-to-hip ratio: A comparison of African-American and White American college and community samples. Eating Behaviors, 5(3), pp191-198.

Hinz, V. B., Matz, D. C.&Patience, R. A., 2001, Does Women's Hair Signal Reproductive Potential?, Journal of Experimental Social Psychology 37, pp166-172.

Jocklin, V., McGue, M., Lykken, D. T., 1996, Personality and divorce: a genetic analysis. Journal of Personality and Social Psychology, 71(2), pp288-299.

Kelly, E. L., & Conley, J. J. (1987). Personality and compatibility: A prospective analysis of marital stability and marital satisfaction. Journal of Personality and Social Psychology, 52(1), pp27-40.

Kenrick, D. T., & Keefe, R. C. (1992). Age preferences in mates reflect sex differences in human reproductive strategies. Behavioral and Brain Sciences, 15(1), 75-133.

Kenrick, D. T., Trost, M. R.&Sheets, V. L., 1996, Power, harassment, and trophy mates: The feminist advantages of an evolutionary perspective. Sex, power, conflict: Evolutionary and feminist perspectives, Oxford University Press, pp29-53.

Li, N. P.&Kenrick, D. T., 2006, Sex similarities and differences in preferences for short-term mates: What, whether and why, Journal of Personality and Social Psychology, Vol. 90(3), pp468-489.

Lewis, Robert A, 1973, A Longitudinal Test of a Developmental Framework for Premarital Dyadic Formation, Journal of Marriage and Family, Vol. 35, No. 1, pp6-25.

Murray, Sandra L., Rose, Paul, Bellavia, Gina M., Holmes, John G., Kusche, Anna Garrett, 2002, When rejection stings: How self-esteem constrains relationship enhancement processes. Journal of Personality and Social Psychology, 83(3), pp556-573.

Perilloux, H. K., Webster, G. D.&Gaulin, S. J. C., 2010, Signals of Genetic Quality and Maternal Investment Capacity: The Dynamic Effects of Fluctuating Asymmetry and Waist-to-Hip Ratio on Men's Ratings of Women's Attractiveness, Social Psychological and Personality Science, 1(1), pp34-42.

Puts, D. A., 2005, Mating context and menstrual phase affect women's preferences for male voice pitch, Evolution and Human Behavior, V26(5), pp388-397.

Singha, D., Dixson, B. J., Jessop, T.S. Morgan, B.&Dixson, A. F., 2010, Cross-cultural consensus for waist-hip ratio and women's attractiveness. Evolution and Human Behavior, V31(3), pp176-181.

Clifford J, Sager, Marriage contracts and couple therapy: Hidden forces in intimate relationships, 1976, pp64-265.

Temperament and development. Thomas, A.&Chess, S., psycnet.apa.org. 1977.

3장 결혼의 시작

Dutton Donald G and Arthur P. Aron, 1974, Some evidence for heightened sexual attraction under conditions of high anxiety, Journal of Personality and Social Psychology, 30(4), pp510-517.

Erin R. Whitchurch, Timothy D. Wilson, Daniel T. Gilbert, 2010, He Loves Me, He Loves Me Not: Uncertainty Can Increase Romantic Attraction When does playing hard to get increase romantic attraction?, Psychonomic Science, 22(2), pp172-175.

Eckhard H. Hess, James M. Polt, 1964, Pupil Size in Relation to Mental Activity during Simple Problem-Solving, Science, 143(Whole No. 3611), pp1190-1192.

Fhionna Rosemary Moore, Clare Cassidy, Miriam Jane Law Smith, David Ian Perrett, 2006, The effects of female control of resources on sex-differentiated mate preferences, pp193-205.

George Loewenstein, 1987, Anticipation and the Valuation of Delayed Consumption The Economic Journal 97(387), pp666-684.

George F. Michel, 1981, Right-handedness: a consequence of infant supine head-orientation preference?, Science 1981, 212(4495), pp685-687.

Roy F. Baumeister, Wotman Sara R, Stillwell, Arlene M, 1993, Unrequited love: On heartbreak, anger, guilt, scriptlessness and humiliation. Journal of Personality and Social Psychology, 64(3), pp377-394.

Lambert. GW, Reid. C, Kaye. DM, Jennings. GL, Esler. MD, 2002, Effect of sunlight and season on serotonin turnover in the brain. The Lancet, 360(9348), pp1840-1842.

Skyler S. Place M. et al, 2009, The Ability to Judge the Romantic Interest of Others, Psychological Science, 20(1), pp22-26.

Skyler S. Peter M. Todd Jinying Zhuang, Lars Penke, Jens B. Asendorpf, 2012, Judging romantic interest of others from thin slices is a cross-cultural ability, Evolution and Human Behavior, 33(50), pp547-550.

Victoria Leonga, Elizabeth Byrnec, Kaili Clacksona, Stanimira Georgievaa, Sarah Lama and Sam Wass, 2017, Speaker gaze increases information coupling between infant and adult brains, PNAS, 114(50), pp13290-13295.

Wagner, Jenny Becker, Michael Lüdtke, Oliver Trautwein, Ulrich, 2015, The First Partnership Experience and Personality Development: A Propensity Score Matching Study in Young Adulthood, Social Psychological and Personality Science, 6(4), pp455-463.

Xianchi Dai, Ping Dong, and Jayson S. Jia, 2014, When Does Playing Hard to Get Increase Romantic Attraction? Journal of Experimental Psychology: General, 143(2), pp521-526.

4장 연애와 결혼의 필수 요소 건강한 성

David M. Lee, James Nazroo, Daryl B. O'Connor, Margaret Blake&Neil Pendleton, 2016, Sexual Health and Well-being Among Older Men and Women in England: Findings from the English Longitudinal Study of Ageing. Archives of Sexual Behavior 45, pp133-144.

Eva C. Luciano, Ulrich Orth, 2017, Transitions in romantic relationships and development of self-esteem. Journal of Personality and Social Psychology, 112(2), pp307-328.

K. Paige Harden, 2012, True Love Waits? A Sibling-Comparison Study of Age at First Sexual Intercourse and Romantic Relationships in Young Adulthood. Psychological Science, 23(11), pp1324-1336.

Russell D. Clark, Elaine Hatfield, 1989, Gender Differences in Receptivity to Sexual Offers. Journal of Psychology&Human Sexuality, 2(1), pp39-55.

EPILOGUE

숨을 쉴 수 있는 여유

2011년 10km 마라톤에 참가한 적이 있었습니다. 필자는 운동을 꾸준하게 하는 사람이 아닙니다. 마라톤을 나가기 전 3개월 동안 10km를 빠른 걸음으로 걷다가 뛰는 식으로 매일 연습하였습니다. 마라톤 당일 한 3km 쯤 뛰고 있는데 눈앞에 구급차가 보였습니다. 필자는 숨도 차고, 너무 힘이 들어 구급차를 타고 집에 가고 싶다는 생각을 했습니다. '뛰다가 숨이 차서 죽을 것 같다'고 말하는 것과 '나 정말 죽고 싶다'는 생각의 공통점은 무엇일까요? 숨을 쉴 수 있는 여유입니다.

2019년 6월 필자는 폐렴 진단을 받고 고열과 근육 통증으로 심하게 고생한 적이 있었습니다. 원인은 마음의 아픔으로 나타난 신체적인 질환이었습니다. 살아가면서 한 번 이상은 숨을 쉬고 있다는 것이 원망스럽고 힘든 시기가 있습니다. 필자가 가장 싫어하는 말은 참으라는 말입니다. "채원이가 누나잖아" "이모들은 엄마가 없잖아" "채원이는 동생이잖아" "선배인 채원샘이 참아" "누가 더 힘들까요?" "채원 선생님이 참으세요" 등의 이유로

참아야만 했습니다. 하지만 지금은 참으려고 하면 몸이 아픕니다. 아픔을 억누르고 견디려고 하지만 이제는 몸도 마음도 너무 아픕니다.

이제는 더 이상 참지 않습니다. 지금 필자가 하고 싶은 일을 하는 것, 울고 싶을 때 우는 것, 아플 때 아프다고 하는 것, 모든 것을 표현해보고자 합니다.

심리학 용어 중에 감정표현 불능증이라는 용어가 있습니다.

필자가 결혼에 대한 충격적인 일을 경험하고도 아프다고 표현하지 않는 것과 같습니다. 즉 정신신체 장애나 중독 또는 외상 후 상태로 인해 고통을 겪는 환자들에게 나타나는 인지 및 정동장애를 말합니다.

이 책을 쓰기 시작한 지 1년이 다 되어갑니다. 사랑에 대한 분노와 원망, 절대 사랑을 하지 않겠다는 부정적인 생각에서 필자는 사랑에 대한 점점 긍정적인 생각으로 글을 쓰게 되었습니다. 이재연 지도교수님은 필자에게 "'승화'하셨군요. 생각보다 빠르게 변화하는 모습이 기쁩니다. 이제 마음껏 사랑을 하세요. 거절도 하고, 필자를 함부로 하는 사람과는 좋은 이별을 하세요"라고 조언해주셨습니다.

필자는 좋은 사랑하기 위해 먼저 숨을 쉴 수 있는 여유를 찾아가는 연습 중입니다.

감사의 글

  이 책을 완성하기까지 많은 관심과 격려를 베풀어주신 많은 분들께 감사드립니다. 이 작은 결실을 맺기까지 뒤돌아 생각해보면 반사적으로 감사할 분들이 떠올라 절대로 혼자서는 올 수 없었던 여정이었음을 다시 한번 깨닫게 됩니다. 뒤에서 밀어주고, 앞에서 끌어 주시고, 옆에서 지지해주신 분들 덕분에 앞으로 나아갈 수 있었고, 때때로 주저앉지 않고 버틸 수 있었습니다.

  필자의 여정을 함께하며 도움을 주셨던 많은 분들께 감사의 마음을 담아 글을 올립니다. 심리학에 입문할 수 있게 장을 마련해주신 정사무엘 총장님께 감사드립니다. 불가능할 것 같았던 상황에서 이 책을 시작할 수 있게 해주신 이재연 지도교수님께 '감사'라는 단어보다 '죄송'이라는 단어로 인사드립니다. 사양지심(辭讓之心)이 무엇인지 직접 보여주시고 항상 자신을 낮추고 제자를 먼저 생각하는 마음에 진심으로 감사드립니다.

    2020년 5월 초 필자가 매우 힘들어하는 모습으로 꿈에 나왔다고 안부의 전화를 주신 백석문화대학교 간호학과 김상희 선생님께 감사드립니다. 항상 할 수 있다, 가능성이 있다 긍정의 메시지를 주셔서 감사드립니다. 언제나 함께 응원해주고 힘들면 언제든지 대구로 놀러오라고 힘을 주신 한국웃음임상치료센터 대표 정해성, 박명화 선생님께 고마운 마음을 전하고 싶습니다.

    삶의 지혜와 사회생활에 타고난 친구 경희에게 고마움을 전합니다. '나 못 할 거 같아'라고 할 때면 '언니 다 왔어. 그러면서 결국은 해내잖아'라고 이야기해주는 마음이 참 고맙습니다.

    배움을 같이하고 고민하며 즐거움을 함께 나누었던 대학원 동료 선생님에게도 고마움을 전합니다.

    이 책을 쓰게 된 동기부여의 주인공인 채원이 어머니에게 이 책을 바칩니다. 딸래미 책 쓴다고 매일 아침 당근과 생강을 갈아 주스를 만들어주시고, 좋은 책이 나오려면 밥 세끼 잘 먹어야 한다며 고3 수험생처럼 챙겨주셔서 감사합니다. 언제나 묵묵히 옆에서 응원해주시는 아버지, 든든한 후원자 승준 오빠에게도 사랑과 감사를 전합니다.

　마지막으로 책을 쓰는 데 아이디어를 제공해주신 독수리 모임 팀, 닉네임 햇살님, 대학 동기들, 책이 완성되기까지 도움을 주신 장길수 대표님, 김혜련, 최지희 선생님께 진심으로 감사드립니다.

2020년 9월 **염채원** 올림